最新｜［第6版］ 日本経済入門

Komine Takao Murata Keiko
小峰隆夫・村田啓子

日本評論社

はじめに

　この本は、なるべく新しい情報に基づいて日本経済の最新の姿を解説したものです。

　本書の第1版は1997年に出版されました。この時、私（小峰）は、本書の特色として次の二つを指摘しています。

　一つは、できるだけ最新のデータと問題意識に基づいて解説をするということです。しかしこれには問題があります。最新の経済問題について、最新のデータを使って議論すればするほど、本の内容が古くなってしまう速度が速いということです。しかし、本書ではあえて、執筆時点で最も重要な問題と最新のデータを取り込むように心掛けることにしました。

　もう一つは、執筆者の正直な考えに基づいて、日本経済の問題を説明するということです。この点については「100人のエコノミストがいれば、100通りの日本経済論があり得る」と割り切って考え、「通説」と執筆者の考え（私説）が対立した時には、迷わず「私説」を採用することにしました。

　そもそも経済というものは、論じる人によって結論が異なる場合が多く、「覚えればよいという、一つの標準的な結論があるわけではない」という分野なのです。読者の皆さんには、異説に触れることによって、このことを積極的に知っておいて欲しいという気持ちもありました。

　今回、こうした二つの狙いは継続しつつ、2016年の第5版以来の書き直しを行いました。第5版を出してからそれほど日時が経っていないようにも思われますが、アメリカのTPPからの離脱、消費税率の引き上げ、マイナス金利の採用など、日本経済には次々に新しい動きが登場しています。まったく経済の変化の激しさには目を見張るものがあります。今回の改訂では、こうした新しい動きをできるだけ取り込むようにしました。

　日本評論社の斎藤博氏は、筆者（小峰）が『経済セミナー』に本書の内容を連載していた頃の同誌の編集長でした。その後も本書の出版から改訂版に至るまですべて斎藤氏に担当していただきました。同氏の御尽力に心から感謝します。

本書をまとめながら感じることは、日本経済は常に変化し続け、次々に新しい課題が現われつづけているということです。これからも日本経済は、現時点で誰もが考えていないような課題に直面し変身を遂げるに違いありません。そのプロセスを観察し続けることは、苦労は大きいものの、興味もまた尽きないものがあります。私たちは、これからも本書の改訂を通じながら、こうした日本経済の変化の行方を追跡し続けたいと考えています。

　本書を目にした方が、こうした考えを共有していただき、「日本経済を観察するのもなかなか面白いものだ」と感じていただければ著者としてこれほど嬉しいことはありません。

2020年1月

著者を代表して

小峰隆夫

目　　次

第5章 | **産業構造の変化と日本型企業経営の行方**———— 97

第6章 | **物価の変動とデフレ問題**————————— 121

図表一覧

序　章 | 日本経済と経済の基本

　日本経済を考えるということは、経済学の応用問題だと言えます。経済学が教えてくれる理論や経済的なものの考え方を踏まえて、日本経済の姿を見直してみると、それを踏まえないよりはずっと明瞭に経済の動きを理解することができます。日本経済についての記述を始める前に、私が「経済の基本」と考えていることを紹介しておきましょう。以下で述べる「経済の基本」を理解していただければ、本書で私が述べようとしていることはより分かりやすくなるはずです。

　私が考える「経済の基本」は、次の四つです。

整理して考えよう

　そもそも「経済」とは何でしょうか。「経済」と聞いた時、まず頭に思い浮かべることは、人によって様々です。「お金の動きが経済だ」「商売が経済だ」「株で儲けることが経済だ」などなどです[1]。

　しかし、経済というものは一般に考えられている範囲よりはずっと広いものなのです。我々が朝起きてから、大学（または勤務先）に行くまでを考えても、必ず何かを買って消費しており、そのためにお金を払っています。朝食を食べれば、パンや牛乳を買い、洋服を着てバスに乗ります。ということは、そのパンや牛乳を生産し、それによって生計を営んでいる人がいるということです。大学に行ってからも、授業に出るということは、学生が教育サービスというサービスを購入し、大学がそのサービスを生産しているということです。これら全てが経済活動なのです。

　こうして考えを広げていくと、我々を取り巻くほとんど全ての事象が、お金を

1）実際大学で教えてみてやや驚いたことは、学生に「なぜ経済を勉強するのか」と質問してみると、「いずれは株式投資で儲けたいから」という答えが多かったことです。

1

表 0 - 1　日本経済の課題

	国内	国際
短期（1〜2年）	・戦後最長の景気拡大は実現するのか ・物価 2 ％目標は実現するか ・賃金は上がるか	・米中貿易戦争の行方は ・新型コロナウィルスの影響は ・英のEUからの離脱（ブレグジット）はどうなる
長期（5〜10年）	・財政再建は進むのか ・年金・医療などの社会保障改革は進むか ・成長戦略はどうあるべきか	・トランプ大統領の保護貿易の影響は ・中国の成長は減速が続くのか
超長期（20〜50年）	・少子・高齢化、人口減少にどう対応するか ・世代間格差の拡大をいかに防ぐか	・地球温暖化への対応は進むのか ・世界全体で進む高齢化の影響は

（備考）筆者が2019年12月当時の状況を元に作成。

払い、生産活動を行い、所得を得るという経済的な側面を持っていることが分かるでしょう。それだけに新聞の経済欄を見ると、企業経営、産業活動、経済政策、年金、雇用、物価など実に多様な内容のものが並んでいます。

　こうした多様な経済問題を扱うとき、ぜひ心がけるべきことは「整理して考える」ということです。自分が取り入れようとしている情報、自分が扱おうとしている問題は、経済のどこに位置づけられるのかを常に考えておく必要があります。では、どのように位置づければよいでしょうか。私は、経済を整理するには四つの軸があると考えています。「誰が行うのか」という経済主体軸、「どんな経済活動を行うのか」という経済活動軸、「国内問題か国際問題か」という国境軸、そして「どんなタイムスパンで考えるか」という「時間軸」の四つです。主体軸と活動軸については、第 1 章で説明しますので、ここでは時間軸と国境軸についての整理の仕方を紹介しておきます。

　日本経済は多くの課題に直面していますが、私はこれを時間軸と国境軸で整理して考えることにしています。表 0 - 1 は、執筆時点（2019年12月頃）での日本経済の課題を、私なりに時間軸と国境軸によるマトリックスで整理してみたものです。

データに基づいて考えよう

　経済問題を議論する時は、できるだけ客観的なデータに基づいた議論を展開することが重要です。この「データに基づいて考える」ということは、経済を観察する上で大変重要なことです。これは、私の見るところ、経済学の本質的な部分に根ざしているように思われます。

　まず、学問を物理、科学、数学などの自然科学と、経済学、社会学、政治学などの社会科学に分けると、社会科学という学問の大きな特徴は、「唯一の正解はない」ということであることが分かります。その証拠に、世の中には山のように経済的問題があふれていますが、論じる人によって問題解決のための処方箋は異なっています。年金制度をどうするか、デフレの原因は何か、消費税を引き上げるべきか、どの問題も意見が分かれます。これは社会科学は「実験ができない」という根本的な限界があるためだと思います[2]。自然科学であれば、条件をコントロールした実験を行うことによって、因果関係を厳密に証明することができ、疑問に思った人は追試をすればよいのです。しかし、社会科学ではそうは行きません。そこで、たくさんの議論がある中で、自分の主張を納得してもらうためにはどうしてもデータで裏付ける必要があるのです。

　もう一つ、経済問題というのは「誰もが論じることができる」という特徴があります。前述のように、我々の日常生活はそのまま経済活動につながっています。だから誰でも経済について何か言おうと思えば言えるのです。「アベノミクスで景気は良くなっている」と言えば、「いや、自分が住んでいる地域では経済は低迷したままだ」と反論することができます。

　そこでデータが登場します。私は、「データで根拠を示しているか」ということは、その議論が単なる「茶飲み話」か、きちんとした「経済的な議論」かを区別する一つの基準となるものだと考えています。「A社の人が、ようやく商売も上向いてきたと言っていた。景気もどうやら底を打ったらしい」というのは「茶飲み話」です。どんな景気が悪いときでも売り上げを増やしている企業はありますし、どんな景気が良いときでも売り上げを減らしている企業はあるものです。A社の売り上げが増えたのは、A社だけの特殊事情かもしれません。したがって、

2）ただし、近年では経済学の分野でも、市場を擬似的に働かせてその機能や政策効果を検証しようとする試みが盛んになっています。実験経済学という分野です。

データで確認し、「生産指数が増加した、経済成長率も高まった」と言わなければ経済的な議論にはなりません。データは、議論の客観性をテストするために必要不可欠だと言えます。

　また、データで結論を分かりやすく示すことは、議論の説得力を高めるという効果があります。単に「21世紀は高齢社会になる」と言うより、「今（2019年）は65歳以上の人口比率は28.5％だが、約30年後の2050年には37.7％に達する[3]」と言ったほうが明瞭です。

　しかし、データは分かりやすいだけに、誤った結論を人々に信じさせる場合もあります。例えば、2017年1月に就任したアメリカのトランプ大統領は「アメリカでは日本車の市場シェアが高いのに、日本におけるアメリカ車のシェアは低い」として、日本の自動車市場は閉鎖的だと主張しました。一見もっともらしく聞こえますが、アメリカ人が自国車と日本車を比較して日本車を選択する消費者が多いのですから、日本の消費者が日本車を選択するのは当然のことです。

　データを活用した議論は、切れ味の良い庖丁のようなものです。正しく使えば美味しい料理を作るための便利な道具となりますが、使い方を誤るととんでもない凶器ともなるのです。データを説明し始めると、「細かい議論はいいから、結論だけ言ってくれ」と言いたげな反応を示す人もたくさんいます。しかし、データを凶器に変えないためには、我々一人一人がデータの内容を吟味しながら経済の議論に加わっていくことが必要です。

「自由」が経済の基本

　経済学を勉強した人は、価格理論を学んだはずです。完全競争市場であること、公共財ではないこと、情報の非対称性がないことなど、一定の前提を置くと、自らの利益の最大化を目指して行動することによって、社会的に見ても資源の最適配分が実現するという理論です。文字通り経済学の基礎中の基礎ですが、私は、現実の日本経済を論じる場合にも、この議論は基礎中の基礎だと考えています。

　この理論は、ともすれば「理論的に想定されるような完全な市場はありえないのだから、この理論もそのまま適用するわけには行かない」と説明されることが多いようです。しかし、私は逆に、「現実の経済はこの理論で説明される通りだ」

3）総務省「人口推計」（2019年5月1日現在）、および国立社会保障・人口問題研究所「日本の将来推計人口」（2017年4月）による。

と考えたほうが物事の理解が進むと考えています。

　というのは、我々の経済行動は原則として、自らの利益の最大化を求めて自由に行われているからです。我々は、どんな仕事をして、どんな所得を得ようとしても、何を購入しようとも、どこに住もうとも、どこに行こうとも、誰と結婚しようとも、何人子供を持とうとも、全て自由です。企業の側も、原則としてはどんなものを作って販売しても、どんなに儲けても自由です。大部分の経済活動は自由であり、制約されるのが例外なのです。こうして誰もが自由に活動して特に不都合はなく、むしろ経済はだからこそうまく動いています。儲かりそうな分野が現われると（例えば携帯電話）、多くの企業がその分野に参入し、さらに多様なサービスが展開され、価格は安くなります。儲かりそうな分野とは、すなわち人々の需要が向かっている分野だということです。需要が多様にかつ安価に満たされれば、人々の満足度は向上します。まさに価格理論の教える通りです。

　このことから次のような考えが導かれます。

　一つは、何か経済的な目的を達成しようとする場合は、インセンティブで誘導したほうが良いということです。例えば、飲料の缶容器を効率的に回収しようとすれば、回収に協力した人が有利になる仕組みにすれば良いのです。購入時に10円価格に上乗せしておき、缶を10円で回収すれば、空き缶が放置されるという問題はたちまち解消するでしょう。「自由」が経済の基本なのですから、自由に行動した結果が望ましいような結果を導くようにすれば良いのです。

　もう一つは、「小さな政府が望ましい」「規制はなるべく少ない方が良い」ということです。人々の自由な経済活動の結果が望ましい経済パフォーマンスを導くというのであれば、公的部門の出番はできるだけ小さくし、公的規制もできるだけ少なくする方が良いということになります。よく言われる「市場原理主義」的な考えですが、それを「市場原理主義」だと言うのであれば、私は喜んで自らを「市場原理主義者だ」と言うつもりです。

一般均衡的なものの考え方をしよう

　経済には多くの分野があり、それぞれに様々な理論があります。理論的なフレームワークで考えるということも重要なことです。各分野の理論はそれぞれ勉強してもらうしかないのですが、ここでは、その中でも私が基礎中の基礎だと考えている点を一つだけ指摘しておきます。それは「一般均衡的に考える」というこ

とです。

　「一般均衡」という言葉は、「部分均衡」に対応する言葉で、経済理論的には難しい議論になっていくのですが、ここでは厳密な理論的な概念ではなく、「ものの考え方だ」ということにします。すなわち、「部分均衡的に考える」ということは、何か一部が変化した時、他の部分は一定として、その変化した部分の影響だけを考えるという考え方です。これに対して、「一般均衡的に考える」ということは、何かが変化したとき、できるだけ多様な変化の経路を考慮して、全てが変化し終わったときに何が起きるのかを考えるという考え方です。

　具体的な例で説明したほうが分かりやすいでしょう。98年に景気対策として「地域振興券」が配られたことがあります。これは、景気対策として消費を喚起するために、15歳以下の児童のいる世帯、65歳以上の高齢者のいる世帯に、一人当たり2万円の商品券を配るというものでした。ではなぜ、減税（または現金）ではなく「商品券」でなければならなかったのでしょうか。

　それは次のように説明されます。減税の場合、家計はそれによって増えた所得を、消費することも貯蓄することもできます。貯蓄に回ってしまうと、せっかく消費を増やすための減税の効果がその分弱まってしまうことになります。しかし、商品券であれば貯蓄はできず、消費に回すしかないわけですから、消費は確実に増えるはずです。「減税より、商品券のほうが消費刺激効果は大きい」こう考えて商品券が配られたのでした。

　ところがこうした考えは必ずしも成立しません。というのは「商品券も貯蓄できる」からです。ほとんどの家計は2万円以上消費活動を行っています。すると、それまでの消費のうちの2万円分を、もらった商品券で代替すれば、2万円浮きますから、これを貯蓄すればよいのです。つまり、減税で2万円もらっても、商品券で2万円もらっても同じことだということになります。

　詳しい説明は省略しますが、この点については実際に商品券を受け取った人にアンケートした結果に基づく実証研究があり、「減税と商品券では消費刺激効果はほとんど変わらなかった」という結論が得られています。

　これは「部分均衡的に考えるか」「一般均衡的に考えるか」という違いが出た例だと言えます。商品券の方が効果があるという議論は、商品券のことだけを考え、「それまでの所得の使い方は不変」という暗黙の前提を置いています。変化した部分だけを見て、他は不変としているのですから、部分均衡的な考え方その

ものだと言えます。現実には、人々は、商品券をもらうと、それまでの所得の配分を変え、ある程度は貯蓄に回してしまったのです。関連する他の分野の変化まで考慮して考える、という一般均衡的な考え方をすれば、商品券の効果は減税と同じ、という結論が得られるのです。

　一般均衡的に考えて、出来るだけ間接的な影響を考慮していくと、当初考えられていたこととは異なる効果が現われることを発見するのは、経済的な物の考え方の醍醐味だとさえ思われます。

　他にも重要な点はあるのですが、あとは実際の日本経済の問題を扱いながら考えていくことにしましょう。

参考文献

　本章全体で述べられているような、日本経済全体の動きについては、「日本経済新聞」などの新聞、『週刊エコノミスト』、『東洋経済』などの週刊誌、『経済セミナー』などの月刊誌を読むのが良いと思います。

　価格理論についてはミクロ経済学を扱った教科書を見てください。基本的には内容は同じですが、「面白さ」「分かりやすさ」という点では、グレゴリー・マンキュー（2019）『マンキュー経済学Ｉ　ミクロ編』（第4版）（東洋経済新報社）が出色です。

　経済的なものの考え方については、

大竹文雄（2010）『競争と公平感』（中公新書）

スティーヴン・D・レヴィット、スティーヴン・J・ダブナー（2006）『ヤバい経済学』（東洋経済新報社）、同（2010）『超ヤバい経済学』（同）

が良いと思います。

▶▶課題

1. 現時点で日本経済が直面している諸問題を、自分なりに短期と長期、国内と国際のマトリックスに整理してみましょう。

2. 自由に活動することでうまく行った例、うまく行かなくなった例をそれぞれ考えてみましょう。自由にしていたらうまく行かない場合があるとしたら、それはなぜかを考えてみましょう。

3. 自由にしていたらうまく行かない問題があったとき、人々のインセンティブに働きかけることによってその問題を解決できないかを考えてみてください。例えば、「医療費の抑制」「温暖化ガスの排出抑制」などです。

4．「部分均衡的な発想」と「一般均衡的な発想」について、高校生にも分かるように
　説明しなさいと言われたらどう説明するかを考えてみてください（物事を理解する最
　善の方法は、他人に説明してみることです）。

第1章 日本経済の全体像

　経済をめぐっては、様々な人々が、様々な経済活動を行っています。ここでは、その全体像を概観してみることにします。

　経済を概観するには、まず、「経済活動を行っている人々（経済主体）にはどのようなものがあるのか」「その経済活動にはどのようなものがあるのか」を整理しておく必要があります。経済主体は、①家計、②企業、③政府、④海外の四つに分けられます。厳密に言うと、海外にも家計、企業、政府が存在しますが、簡単化のため一括して「海外」という人がいるのだと考えます。

　経済活動は、①モノやサービスを作り出して提供する「生産」、②経済活動の成果を受け取る「所得」、③所得から必要なものを購入する「支出」の三つに分けられます。経済学的な言葉を使えば、生産を「供給」、支出を「需要」と言い換えてもいいでしょう。

1　国民経済計算で見る日本経済の姿

日本経済の鳥瞰図

　こうして、日本経済の中では、家計、企業、政府、海外という四つの主体が、生産、所得、支出という三つの経済活動を行っているわけです。では、こうした全体像を見るにはどうしたらいいでしょうか。その時最も有用なのが、「国民経済計算（GDP 統計）」です。そのために開発された統計なのですから、当然のことだと言えるでしょう。

　国民経済計算は、経済を構成する各分野がいかにお互いに関連し合いながら経済が営まれているかを教えてくれます。この時重要なのが、「三面等価の原則」

です。日本経済という存在は一つですが、それは「生産面」「支出面」「所得面」という三つの側面からとらえることができ、この三つは全体としては必ず一致するというのが「三面等価の原則」です[1]。

　例えば、誰かが200万円の乗用車を買ったとしましょう。この時「200万円の支出（需要）」が実現しています。これを別の角度から見ると、200万円の自動車が作られているわけですから、「200万円の生産（供給）」が実現しています。さらに、自動車が売れて、200万円が支払われたのですから、「200万円の所得」もまた実現しています。

　ただし、生産に関しては、各企業の生産額をそのまま合計すると、途中段階での取引が重複して計算されてしまうので**「付加価値」**を合計する必要があります（16ページの**コラム**参照）。では、生産、所得、支出の流れを2017年の実際の数字で追ってみましょう（**図1-1**参照）。

　「生産」（財貨サービスの供給）から始めることにしましょう。2017年1年間の生産額は合計1024兆円です。しかしこれは、部品などの中間投入が重複計算されています。中間投入を除いた付加価値ベースの国内生産の合計は545兆円で、これが国内総生産（GDP）となります。

　この生産は、種々の産業によって担われています。2017年の場合は、このうち第1次産業（農林水産業）のシェアが1.2％、第2次産業（鉱業、建設業、製造業）が26.7％、第3次産業（電気・ガス、卸小売、金融・保険、不動産、運輸・通信、サービス、公務など）が72.1％となっています。これがいわゆる「**産業構造**」の姿です（**表1-1**①）。

　この生産金額は基本的には誰かの「所得」となります。付加価値の合計545兆円に海外からの所得20兆円（主に利子所得です）を加え、固定資本の減耗分121兆円を除いた443兆円が「市場価格表示の国民所得」です。わざわざ「市場価格表示の」と断るのは、こうして評価された国民所得は、補助金の分だけ低く、生産・輸入品に課される税（例えば消費税）の分だけ高く評価されているからです。

1）三面等価の原則に従うと、「需要」と「供給」は常に一致しています。しかし教科書に出てくる「需要−供給曲線」は、需要と供給は1点でしか一致していません。これは、「需要−供給曲線」は経済活動が行われる前の「事前的」な世界をみたものであるのに対して、国民経済計算などの現実のデータは、経済活動が行われた後の（つまり市場による調整が終わった後の）「事後的」な姿を捕らえているからです。

したがって、市場価格表示の国民所得から「生産・輸入品に課される税－補助金」（これを純間接税といいます）43兆円を控除した401兆円が実際の経済的成果であり、「要素費用表示の国民所得」と呼ばれています。この要素費用表示の国民所得は、企業の営業利益に相当する「営業余剰・混合所得」（混合所得というのは個人企業の所得を指します）と、賃金に相当する「雇用者報酬」に分けることができます。すなわち、付加価値の合計額（GDP）は、営業余剰、雇用者報酬、純間接税、固定資本減耗に分かれることになります。これが「分配の第1段階（1次分配）」です。

　「要素費用表示の国民所得」についてはさらに続きがあります。企業は生産のために資本を調達したり、資金を借り入れたり、土地を借りたりしているので、営業余剰の中からその対価である利子、配当、地代などを支払います。この支払いを済ませた残りが「企業所得」であり、これが企業会計上の「経常利益」にほぼ等しいものとなります（ただし前者は支払配当を含みますが、後者は含まないという違いがあります）。支払を受けた側では、これが「財産所得」となります。ただし企業同士の支払いと所得は相互に相殺されますから、財産所得が記録されるのは家計と政府部門だけです。ここまで来ると、国民所得（要素費用表示）は、雇用者報酬、企業所得、財産所得に分けることができます。これが「分配の第2段階（2次分配）」です。通常はこの構成を「**分配構造**」と呼んでいます。2017年度の分配構造は、雇用者報酬68.2%、財産所得6.4%、企業所得25.4%となっています（表1-1②）。このうち、国民所得に占める雇用者報酬の割合は、特に「**分配率**」と呼ばれています。

　最後は「支出」です。前述の付加価値は、必ず誰かが支出したものです。2017年度は、総支出のうち「民間最終消費（家計の消費）」が55.4%、「政府最終消費支出」が19.6%、「国内総資本形成（民間設備投資、住宅投資、公共投資など）」が23.9%、「財貨・サービスの輸出」が17.9%となっています。これが「**需要構造**」です（表1-1③）。日本の需要構造を他の先進諸国と比べると、投資の割合が高く、消費の割合が低いという特徴がありますが、この点は後で説明します[2]。

　この三つの側面が相互に依存し合い、影響し合いながら国民経済が流れている

2）図1-1は、暦年ベースですが、文章中の所得、支出の構成比については、年度ベースを使っています。暦年ベースの詳しい内訳が入手しにくいためです。話の大筋としては大差ないと考えていいでしょう。

図1-1　2017年の

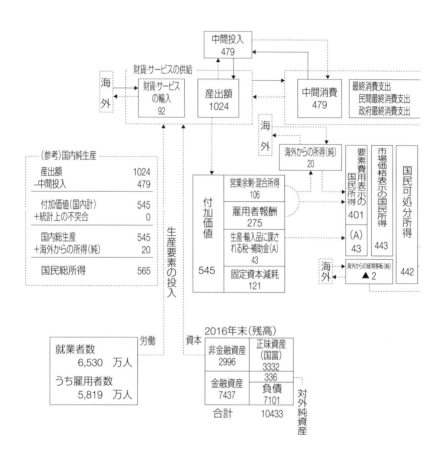

(備考)内閣府「国民経済計算」より。

日本経済の姿

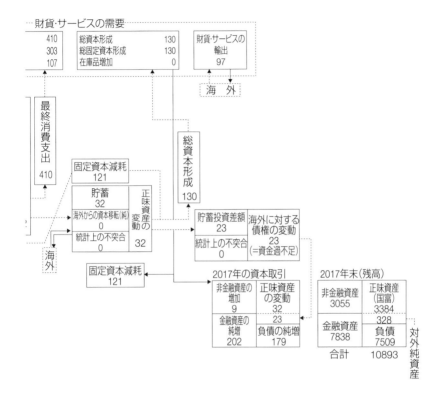

表1-1　産業構造、分配構造、需要構造の姿（2017年度）

①産業構造

	シェア（％）
第1次産業	1.2
第2次産業	26.7
鉱業	0.1
製造業	20.8
建設業	5.8
第3次産業	72.1
電気・ガス・水道業	2.6
卸売・小売業	14.0
金融・保険業	4.2
不動産業	11.4
運輸業	5.1
情報通信業	4.9
サービス業	24.9
公務	5.0
国内総生産	100.0

②分配構造

	シェア（％）
雇用者報酬	68.2
財産所得	6.4
企業所得	25.4
国民所得（要素費用表示）	100.0

③需要構造

	シェア（％）
民間最終消費支出	55.4
民間住宅投資	3.1
民間企業設備投資	15.7
民間在庫品増加	0.1
政府最終消費支出	19.6
公的固定資本形成	5.0
公的在庫品増加	0.0
財貨・サービスの輸出	17.9
財貨・サービスの輸入（控除）	17.0
国内総支出	100.0

（備考）内閣府「国民経済計算」により作成。産業構造は2017暦年。

わけです。家計や企業が何を需要するかに応じて、産業部門が生産活動を行います。生産と需要が現実に結び付くと、対価が支払われ、それが家計や企業の所得となります。その所得が次の需要を生みます。こうして、「生産」「支出」「所得」は一体となって国民経済を形成しているのです。

貯蓄と投資への資源配分

　こうして経済が流れていく中で重要な点は、資源がどのように使われるかです。限りある経済的資源を現在の「**消費**」のために使えば、将来の生産のための「**投資**」に振り向ける余地はその分小さくなります。効率的な投資が行われれば、それだけ生産力を高め、生産性を引き上げる力が強まりますから、長期的には経済成長を高めることができます。

　この点を再び図1−1でみてみましょう。前述のようにして形成された付加価値のうち、国民が自由に使える金額は、固定資本減耗、海外への移転所得を引いた442兆円であり、これが「国民可処分所得」と呼ばれています。このうち現在の消費のために使ったのは410兆円です。所得と消費の差の貯蓄は32兆円の増加となりました。これに固定資本減耗分などを加えた153兆円が、投資のために使える金額であり、このうち130兆円は実際に国内での投資活動（企業の設備投資、公共投資、住宅投資）に当てられました。残りの23兆円は海外に投資されました。

　投資と消費の基本的な違いは、支出された結果が**ストック**（17ページの**コラム**参照）として残るかどうかです。消費支出の効果はその時限りですが、投資されたものはストックとして残ります。2017年の場合は、投資額が130兆円で資本減耗が121兆円でしたから、ストックは9兆円の増加となりました。海外に投資された23兆円はそのまま対外純資産の増加となります。

　さて、日本は海外に対して23兆円の投資を行いました。これは経常収支の黒字に等しくなります。経常収支の黒字は、国内の貯蓄と投資の差額であるという、「**貯蓄−投資バランス**」の議論がこれです。この関係は定義的なものであり、「1足す1は2である」と言っているのと同じです。しかし、「輸出した金額と輸入した金額の差が経常収支である」という明瞭な関係に比べると、「国内の貯蓄と国内の投資の差が経常収支である」という関係は実感として頭に浮かべにくいため、どうしても一般の理解を得るのが難しく、かつ議論が混乱しやすい面があります。この関係は、①「国民支出」は、家計の消費、政府支出、輸出の合計であ

コラム　国民経済計算（GDP）を考えるための概念

　国民経済計算（GDP）を見る上では、いくつかの重要な概念を頭に入れておく必要があります。例えば、以下のような概念で、いずれも GDP だけでなく、経済的論議の中にしばしば登場する考え方です。

　付加価値：その段階で付け加えられた経済価値のことです。例えば、200万円の自動車を作るためには、関連部品メーカーなどがたくさんあります。これらの生産額を単純に合計すると、200万円よりずっと大きくなってしまいます。しかし、各メーカーで付け加えられた「付加価値」（例えば、自動車メーカーが部品、原材料費を150万円支払って、200万円の自動車を製造すれば、自動車メーカーの付加価値生産額は50万円となります）だけを合計すれば、200万円で売れた自動車の関連メーカーを含めた生産額の合計は、ちょうど200万円となります。こうして、生産、支出、所得は常に等しく、一体となって動いているのです。

　同じ自動車を生産しても、より性能が高く、高い値段で売れる自動車は、それだけ他の車よりも付加価値が高いわけです。その意味では、付加価値を高めることがより高い所得を実現する鍵だともいえます。

　名目と実質：私達が普段目にしている表面的な金額で表示したものを「名目値」、物価上昇を差し引いたものを「実質値」といいます。本章で紹介した国民経済計算の数字は全て名目値です。GDP の増加率を経済成長率といいますが、これは実質値で見るのが普通です。単に物価が上がっただけで実現した経済規模の拡大には意味がないと考えるからです。しかし、90年代半ば以降のデフレ経済の下では、むしろ物価が下がり、名目値が縮小することが特徴となっており、名目値の方も注目されるようになっています。

り、②「国民所得」が処分される道は、消費、投資、税、輸入しかない、③その「国民支出」と「国民所得」は等しい、という三つの関係から必然的に導かれるものです。

　また同じ関係から、経常収支の黒字は、家計部門、企業部門、政府部門の貯蓄・投資差額を合計したものである、という関係を導くこともできます[3]。この

　フローとストック：経済活動の結果が、ある一時点限りの場合を「**フロー**」、その成果が残るものを「**ストック**」といいます。企業が製品を製造するために機械を購入したとします。これは設備投資ですが、機械を購入し、そのためにおカネを支出するという経済活動は、その時だけで完結していますから「フロー」の活動です。しかし、機械そのものは設備として次の期にも残り、同じように生産活動を繰り返しますから、ストックとなります。これに対して、家計が日々の食料を購入するといった消費活動は、フローでありストックとしては残らないということになります。

　部門別の貯蓄・投資差額の GDP 比の近年の推移をみたのが**図 1 - 2** です。2017年度の場合、家計の貯蓄超過が GDP の2.0％、企業（非金融法人企業）の貯蓄超過が4.6％、政府の投資超過（財政赤字）が2.7％、海外への投資超過（経常収支の黒字）が4.1％となっています[4]。

　この貯蓄 - 投資バランスからどんなことが言えるでしょうか。日本は98年度以降、家計と企業（非金融法人企業）が貯蓄主体、一般政府と海外部門が投資主体となっています。家計が貯蓄主体であることは自然なのですが、企業も貯蓄主体となっているのはやや異常です。通常、企業は家計が貯蓄した資金を使って投資するはずだからです。これは、企業部門が過去の借金を返済したり（借金は負の貯蓄ですから、借金を返すことは貯蓄しているのと同じことになります）、設備投資もキャッシュ・フロー（現金収入）の範囲で行う傾向が続いているためです。

　一般政府の投資超過が非常に大きいのは、財政赤字が大きく、これがマイナスの貯蓄となっているからです。海外への投資は前述のように経常収支の黒字に等しくなります。つまり、日本では、あり余った家計の貯蓄を国内では生産的に投資できず、財政赤字の補填や海外への投資に振り向けているということになります。まさに、日本経済の問題点がこの貯蓄 - 投資バランスに集約されていると言

3）国内総生産＝家計消費＋企業投資＋政府支出＋経常収支
　　国民所得　＝家計消費＋家計貯蓄＋企業所得＋政府収入
　　国内総生産＝国民所得
　　これを変形すれば、経常収支＝家計貯蓄超過＋企業の投資超過＋政府の財政バランスという関係が導かれます。
4）統計上の不突合があるため合計が一致しません。

図1-2　部門別ISバランスの推移（名目GDP比）

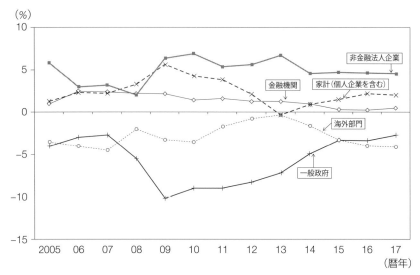

（出所）内閣府「国民経済計算」による。

えるでしょう。

GNIについての議論

　国民経済全体を表すものとしてはGDPを使うのが一般的ですが、近年、GNI（国民総所得：Gross National Income）という概念も注目されつつあります。GDPは「国内」でどの程度の経済活動が行われたのかを示すものですが、GNIは「国民」がどの程度の所得を稼ぎ出したかを示すものです。

　このGNIが注目されるようになったのには次のような理由があります。

　一つは、人口減少、少子高齢化などの中で、これからの日本経済は、国内だけでなく、海外でも積極的に経済活動を行い所得を増やしていくことが求められていることです。具体的には、海外投資を積極的に展開して利子や配当などの所得を増やしていくことがこれに当たります。これら海外から得られる利子や配当は「国内」で生み出された物ではないので、GDPには含まれませんが、「国民」が稼ぎ出したものですからGNIには含まれます。そこで、GNIを見ようという動きが出てきたわけです。

　もう一つは、日本ではしばらくの間、実質GDPの割には実質GNIが増えない

という現象が見られたことです。前述の「三面等価の原則」からすると、GDP
と GNI は（国内と国民概念の差を別とすれば）おなじように動くはずです。と
ころが、「実質生産」と「実質所得」は食い違う場合があるのです。例えば、輸
出価格が上がらずに、輸入価格が上昇した場合を考えます。この時、日本全体で
は、輸入するのにより多くの負担をしなければならないこととなり、実質生産は
変わらないのに、実質所得が減るということが起きます。

これは交易条件の変化による交易損失（逆の場合は交易利得）と呼ばれていま
す。つまり、交易条件が改善（輸入価格よりも輸出価格が相対的に上昇率が高い
場合）すると交易利得が、交易条件が悪化すると交易損失が生ずるのです。

そこで、実質 GDP の成長率と実質 GNI の伸び率を比較してみますと、実質
GDP の方は2016年度0.9％増、17年度1.9％増ですが、12年度実質 GNI は、16年
0.8％増、12年1.6％増となるなど、実質 GNI の伸びが実質 GDP の伸びをやや下
回っていることが分かります。これは、石油価格の上昇などの中で、日本の交易
条件が悪化したからです。簡単に言うと、日本は「働き（GDP）の割には稼ぎ
（GNI）が悪い」状態だったわけです。

2　日本経済の到達点

以上見てきたような日本経済は、国際的にみてどのような位置に到達している
のでしょうか。

経済規模と一人当たり所得

日本経済の規模、国際的な到達点をみるために、経済規模を国際比較してみま
しょう。

まず、通常私達が目にしているデータから見ます。表1-2の①名目ドルで見
た国際比較を参照してください。2018年の日本の GDP は、5.0兆ドルでした。
アメリカの GDP は20.5兆ドルです。日本の GDP はアメリカ、中国に次いで世
界第3の規模です。2010年に中国が日本を抜いて世界第2の経済大国になりまし
た。この点については後述します。

ただ、こうして経済規模だけを比較するのは一面的であり、必ずしも経済的に
意味があるとは言えません。経済規模は、国土や人口規模との相対的な関係で見

表1-2　日本経済の国際的地位（2018年）

① 名目ドルで見た場合

順位	名目GDP（億ドル）		順位	一人当たり国民所得（ドル）	
1	アメリカ	204,941	1	スイス	83,580
2	中国	136,082	2	ノルウェー	80,790
3	日本	49,709	3	ルクセンブルグ	69,420
4	ドイツ	39,968	4	アイスランド	67,950
5	イギリス	28,252	5	アメリカ	62,850
6	フランス	27,775	6	カタール	61,190
7	インド	27,263	7	アメリカ	62,850
8	ブラジル	18,686	8	デンマーク	60,190
9	カナダ	17,125	9	アイルランド	59,770
10	ロシア	18,606	10	シンガポール	58,770
			21	日本	41,340

（71.　中国　9,470）

②購買力平価で見た場合

順位	名目GDP（億ドル）		順位	一人当たり国民所得（ドル）	
1	中国	253,617	1	カタール	124,130
2	アメリカ	204,941	2	シンガポール	94,500
3	インド	104,985	3	ブルネイ	85,790
4	日本	54,147	4	クウェート	83,390
5	ドイツ	44,561	5	アラブ首長国連合	75,300
6	ロシア	40,508	6	ルクセンブルグ	71,420
7	インドネシア	34,948	7	スイス	68,370
8	ブラジル	33,658	8	ノルウェー	68,310
9	フランス	30,374	9	香港	67,700
10	イギリス	30,245	10	アイルランド	65,290
			28	日本	44,420

（79.　中国　18,140）

（資料）世界銀行 HP より。

る必要があります。この点で重要な指標となるのが「**一人当たり国民所得（また
は一人当たり GDP）**」です。この指標は二つの側面を示しています。第1に、
これは国民一人一人がどの程度効率的に働いているかを示しています。所得の総
和は GDP と同じ動きをするはずですから、一人当たりの国民所得は、国民の平
均的な生産性を示していることになります。第2に、これは国民一人一人の生活
水準を示しています。基本的には所得が高いほど生活水準も高いと考えられるか
らです。

　そこでもう一度、表1-2に戻ってみます。2018年の日本の一人当たり国民所
得は41,340ドルで世界第21位となっています。これはそれほど高いとは言えませ
ん。

　世界の中で、日本は面積ではたったの0.3%、人口では1.6%（2019年）を占め
るに過ぎないのですが、世界有数の経済大国となり GDP では6.5%程度（2016
年、総務省「世界の統計　2018」による）のシェアを占めています。このことは、
日本経済が単に図体が大きいというだけではなく、一人当たり、土地面積当たり
の生産性が高く、効率性が高いことを意味しています。経済的にはこちらの方が
重要だと言えます。

　その効率的な経済が、一人当たりの所得水準を高め、国際的に見ても高い国民
生活水準を実現させているのです。

購買力平価で見た日本経済の実力

　さて、ここまでは、通常私達が目にしているデータに基づいて日本経済の国際
的地位を見てきました。しかし、実はこれは正しい国際比較になっているとは言
えないのです。それは、評価の際に使っている円レートに問題があるからです。

　私達は国際比較のために、各国の通貨をドルに換算しますが、その時のレート
は市場で取り引きされている為替レートを使うのが普通です。しかし、第9章で
述べるように、日常私達が目にしている為替レートは、長期的には、貿易財（製
造業製品）の価格（または生産性）を反映しているので、必ずしも一般的な通貨
の実力（購買力）を示しているとは言えません。

　こうした問題点を避けるには、**購買力平価**を使ってドル換算すればよいことに
なります。「同じ商品やサービスのバスケットを購入するのにいくらかかるか」
ということを基準に換算レートを設定するのです。ある商品・サービスの組み合

わせを購入するのに、アメリカでは100ドル、日本では１万２千円かかったとしますと、１ドル120円が購買力平価となります。ただ、この購買力平価は簡単には計算できません。どんな商品バスケットを使うか、いつを基準にするかなどでいろいろ違った数字が出るからです。しかし、幸いなことに、世界銀行が毎年、購買力平価ベースでドル換算した各国のデータを公表しています。

　この世界銀行の購買力平価を使って、もう一度さっきと同じ国際比較をしてみたのが表１−２の②です。今度はだいぶ様子が違っているのが分かるでしょう。

　まず、経済規模は中国が既にアメリカを抜いて世界第１位となっており、日本はインドにも抜かれて第４位となっています。

GDP 規模の日中逆転をどう考えるか

　2010年から11年にかけて「GDP 規模の日中逆転現象」が大きな話題になりました。購買力平価ベースでは、中国の GDP はアメリカをも上回っています。こうして経済規模で中国に抜かれたことは、多くの日本人にとってショックだったようです。日本は長い間「世界第２の経済大国」だと思っていたのが「世界第３（購買力平価ベースでは第４）」になってしまったのですから、それも無理のないことかもしれません。

　しかし私は、GDP 規模で日本が中国やインドに抜かれたことはあまり意味はないと考えています。その理由としては、次の二つがあります。

　一つは、当たり前で驚くに値しないということです。というのは、GDP の規模は「人口」と「一人当たり GDP」の積です。2017年の時点で、中国の人口は約14億１千万人、日本は１億３千万人です。中国の人口は日本の約10倍以上もあるのですから、中国の一人当たり GDP が日本の10分の１を超えた段階で、中国の GDP は日本を上回ることになります。

　中国経済が発展すれば、一人当たり GDP が日本に近づいてくるのは当然であり、それがようやく日本の10分の１のレベルを超えただけのことです。

　同じように、インドの人口も13億４千万人ですから、これまたインドの一人当たり GDP が、日本の10分の１を上回った段階で、インドの GDP 総額は日本を抜くことになり、これも驚くようなことではありません。

　要するに、経済規模という点では、日本は人口規模が圧倒的に多い国にかなうはずがないのです。にもかかわらず日本がこれまで世界第２の経済大国であった

のは、日本が他の人口大国に先駆けて経済発展を遂げていたからであり、むしろこちらのほうが驚くべきことだったのです。

　もう一つは、そもそもGDPの規模そのものにそれほど大きな意味はないということです。前述のように、意味があるのは「一人当たりGDP」です。この点を経済福祉という点からもう少し考えてみましょう。

　そもそも経済の目的は人々の福祉のレベルを高めることにあります。一人ひとりの生活をより豊かにすることだと言ってもいいでしょう。その考え方から、「一人当たりGDP」と「GDP規模」を比較すると、国民の豊かさと関係するのは「一人当たりGDP」であることは明らかでしょう。一人当たりGDPが高ければ、国民の平均所得は高くなります。所得が高ければ必ず豊かになるとは言えないかもしれませんが、所得が増えたほうが豊かになりやすいことは間違いないでしょう。

　一方、GDP規模が大きければ大きいほど人々の生活は豊かになるかといえば、そうは言えません。基本的には経済規模と国民の豊かさは無関係だといったほうがいいと思います。

　実例で考えましょう。例えば、前掲の表によると、スイスの一人当たり所得は世界一（8万3,580ドル）ですが、人口は世界で99番目（8517万人）なので、GDP規模は世界で20番目です。では、私たちは、「所得は低いが人口が多いので、GDP規模は大きい」という国と「所得は高いが人口は少ないので、GDP規模はそれほど大きくない国」のどちらに住みたいと考えるでしょうか。答えは明らかに一人当たり所得の高い国です。経済規模を追求したり、それが世界で何番目かを気にすることはあまり意味がないことなのです。

　私は、GDPの規模よりも、「日本は世界で5指に入る一人当たり所得の高い国だ」「日本は世界で最も国民の生活水準が豊かな国だ」と言える方がよほど良いと思います。その点で言えば、一人当たり所得が世界のベストテンに入らないということは、われわれには所得水準を向上させていく余地がまだまだ大きいとも言えるのです。

3　ストックから見た日本経済とバブル

　次に、日本経済をストックから見てみましょう。フローとストックの違いにつ

いては本章のコラムで説明しました。「経済成長率が何％になった」「生産が増えた」「ボーナスをいくら貰った」などなど、私達が日頃思い浮かべる経済活動は、フローの活動がほとんどです。しかし、ストック（資産）という観点から日本経済を見ることも重要です。資本、労働のストックは国全体としての生産能力を決め、社会資本、住宅などのストックは国民全体の生活の質を決定づけるからです。また、資産価格の上昇として特徴づけられる80年代後半のバブルは、日本経済に長く残る大きな傷跡を残すことになりました。

日本の資産の現状

　まず、日本の資産の現状を概観してみましょう。国民経済全体の資産がいくらあるか、その中身はどうなっているのか、誰がそれを保有しているのかといったことは、国民経済計算の中の**国民貸借対照表**によって知ることができます。表1-3は、2017年末時点での日本の国民資産・負債の残高を見たものです。

　国民貸借対照表で取り上げている資産は、金融資産と非金融資産です。国の資産には広く言えば、これ以外にも「人的資産」「知識・技術」「自然環境」などもあるのですが、統計的・金額的に把握するのが難しいためここには含まれていません（富士山の眺めにいくらの価値があるかを問われても答えられないでしょう）。2017年末の**非金融資産残高**は3055兆円です。このうち有形固定資産が1779兆円ですが、これは住宅、工場などの建物、橋、港湾などの構築物、機械設備などから成り立っています。無形固定資産はコンピュータのソフトウェアです。土地の割合も高く、1199兆円を占めています。**金融資産**の残高は、7838兆円です。これは、家計や企業が保有する現金、預金、債券、株式などの金額です。

　このうち金融資産は一国全体としての資産だとは言えないという点に注意する必要があります。ある人の保有する金融資産は必ず他の誰かの負債になっており、一国全体としては相殺されてしまうからです。例えば、私達が銀行に預けている預金は、家計の金融資産ですが、それは銀行が私達からお金を借りているということですから、金融機関の負債になっているのです。ただし、外国に対する金融資産・負債は、国内では相殺されないので、国全体としても資産（または負債）としてカウントされます。しばしば、「日本には1800兆円の家計資産があるからこれを活用すべきだ」といった主張が見られますが、負債もそれだけあるわけですから、これを資産とみなすことは必ずしも正しくありません。

表1-3　国民貸借対照表（2017年末）

（単位：兆円、%）

項　目	金　額	シェア	項　目	金　額	シェア
1．非金融資産	3,055	28.0			
(1)　生産資産	1,850	17.0			
a．在庫	71	0.7			
b．有形固定資産	1,779	16.3			
住宅	373	3.4			
住宅以外の建物	172	1.6			
その他構築物	862	7.9			
輸送用機械	37	0.3			
機械・設備	179	1.6			
c．無形固定資産	32	0.3			
(2)　有形非生産資産	1,206	11.1			
a．土地	1,199	10.1			
2．金融資産	7,838	72.0	3．負債	7,509	68.9
現金・預金	1.971	18.1	現金・預金	1,959	18.0
貸出	1,423	13.1	借入	1,453	13.3
株式以外の証券	1,620	14.9	株式以外の証券	1,783	16.4
株式	891	8.2	株式	1,182	10.9
金融派生商品	58	0.5	金融派生商品	64	0.6
保険・年金準備金	550	5.0	保険・年金準備金	550	5.0
その他	1,319	12.1	その他	517	4.7
			4．正味資産	3,384	31.1
総資産	10,893	100.0	総負債・正味資産	10,893	100.0

（資料）内閣府「国民経済計算」

　前述の総資産から、結局は相殺されてしまう金融資産を除いたものが、**正味資産**（または**国富**）です。2017年末時点での日本の正味資産は3384兆円でした。

80年代後半のバブル

　日本の資産は、80年代後半に急拡大し、その後急減するという激しい波がありました。これがいわゆる**「バブルの発生」**と**「バブルの崩壊」**です。

　表1-4に示したように、86〜90年の間は正味資産が200〜400兆円台もの増加を示し、逆に91年以降はほとんど連続して減少し続けています。

　さて、資産金額が変動するには、二つの理由が考えられます。一つは、投資に

表1-4　正味資産（国富）の推移と内訳（兆円）

暦年	正味資産の増加	資本取引	調整勘定
1985	111.6	55.8	55.8
1986	302.8	58.5	244.3
1987	465.7	58.9	406.8
1988	257.1	68.7	188.4
1989	394.4	74.4	320.0
1990	300.4	79.8	220.6
1991	−108.7	82.5	−191.2
1992	−157.2	77.7	−234.9
1993	−72.6	69.5	−142.1
1994	−42.9	61.9	−104.8
1995	−70.3	59.0	−129.3
1996 ～ 2000 平均	−39.3	49.3	−88.5
2001 ～ 2005 平均	−46.2	28.3	−74.6
2006 ～ 2010 平均	15.9	18.0	−2.1
2011 ～ 2017 平均	26.6	14.0	12.6

（資料）内閣府「国民経済計算年報」

　よってストックが増加することです。この分は、フローの GDP 統計と完全に整合的な部分です。国民経済計算の体系では、フローの需要のうち投資に振り向けられた分がストックとしての資産の増加に対応しているからです。

　もう一つは、資産価格の変動です。資産価格が変化すると、資産金額も変化しますが、これは投資・貯蓄という経済活動を伴っていないので、GDP 体系の中ではうまく整合的にとらえられません。そこでこの部分は「調整勘定」として処理されているのです。これがいわゆる**「キャピタル・ゲイン（資産の値上がり益)」**、**「キャピタル・ロス（資産の値下がり損)」** に相当するものとなります。GDP が「国民の働き」を示すと考えると、調整額の分は、誰も働かずに価値が増えた分であり、まさに「不労所得」だと言えます。80年代半ば以降の資産の大きな増減は、主に調整額の変動（つまり資産価格の変動）によってもたらされたものです。

　表1-5は、この「調整額」をさらに、株式の分と土地の分に分けたものです。85〜89年には、株価も地価もかなり高い上昇を続け、その結果、株式でも土地でも巨額のキャピタル・ゲインが生じており、その後は逆に、株価、地価の下落により、今度は巨額のキャピタル・ロスが発生していることが分かります。この間

表1-5　株式・土地のキャピタル・ゲイン、ロス（兆円、％）

暦年	株式	土地	株式・土地	同GDP比
1985	40.8	80.8	121.6	34.5
1986	121.6	273.5	395.1	116.0
1987	83.8	412.7	496.5	140.2
1988	157.8	185.0	342.8	90.0
1989	194.8	321.6	516.4	125.9
1990	−327.4	206.8	−120.6	−27.2
1991	−34.8	−186.9	−221.7	−47.2
1992	−146.8	−222.0	−368.8	−76.7
1993	35.1	−98.0	−62.9	−13.0
1994	45.0	−65.1	−20.1	−4.1
1995	−7.5	−90.0	−97.5	−19.7
1996〜2000 平均	−6.3	−63.4	−69.7	−13.7
2001〜2005 平均	61.9	−66.8	−4.9	−1.0
2006〜2010 平均	−67.3	−11.2	−78.5	−31.7
2011〜2017 平均	70.1	−0.6	69.6	14.3

（資料）内閣府「国民経済計算年報」

のキャピタル・ゲイン、ロスの規模は、ほぼ1年分の名目GDPに匹敵するものでした。86〜89年の4年間には、毎年日本国民全体が働いて稼ぎ出した総所得に匹敵するほどのキャピタル・ゲインが生まれ続けていたのですから、驚くべき巨額さだと言えるでしょう。

資産価格変動の特徴

ではなぜこのように大規模なバブルが生じたのでしょうか。これを考えるには、まず、資産価格の変動が、どんな特徴を持っているかを理解しておく必要があります。

資産の価格は、他の金融資産との競合の結果として決まってきます。投資家は、資産に投資した場合の収益とキャピタル・ゲイン、確定利子の金融資産に投資した場合の金利収入などを比較しながら、資金を土地や株式に振り向けるか、金融資産の購入に振り向けるかを決めているからです。

すると、土地や株式などの資産の価格は、「その資産を保有することによって得られる収入（土地であれば地代、株式であれば配当）」と、「資産を保有しないで、確定利付きの金融資産として保有した場合の収益率、つまり金利」と「その

資産の予想価格上昇率」によって決まるという関係が導かれます。これは、資産から得られる収益を、ストックの価値に換算するという考え方であり「**収益還元価格**」と呼ばれています。これを式で示すと、

$$p = R/(i-g)$$

となります。（p は資産価格、R は資産から得られる収入、i は利子率、g は資産価格の期待上昇率）。この式から得られる、資産価格の特徴は次のような点です。

第1は、わずかな金利の変動でも資産価格は大きく動くことです。予想価格の部分を無視して考えると、金利が4％から2％に下がっただけで、資産価格は2倍となります。

第2は、資産価格は人々の期待によって大きく変動することです。例えば、利子率4％の場合、人々の資産価格上昇期待がゼロから2％へと高まっただけで、地価はやはり2倍となります。

第3は、資産価格は無限大になりうることです。金利よりも資産価格上昇期待の方が大きい場合には、地価がどんなに高くても、預金利子以上の値上がり益を得ることができるからです。

バブル発生の背景

以上のような資産価格の特徴を頭に入れた上で、80年代後半のバブルがなぜ発生したのかを考えてみますと、それは、次の三つの条件が重なった結果だと考えられます。

第1は、最初の段階で、バブルではなく経済的に正当な理由で資産価格が上昇していったことです。当時の資産価格を取り巻く経済的条件を振り返ってみますと、①87年以降、景気が急回復する中で企業収益が大幅な増益を続けたこと（期待収益を引き上げることによって株価上昇要因となります）、②情報化、金融の国際化などの中で東京都心部におけるオフィスビル需要が増加したこと（地代を引き上げることによって、地価の上昇要因となります）、③金利が大幅に低下したこと（競合関係にある資産の利子率を引き下げることによって、資産価格を上昇させます）など、資産価格上昇要因が重なっていました。つまり、当時は、バブルなしでも、かなり資産価格が上昇してもおかしくない経済環境だったのです。

第2は、資産価格についての上昇期待が自己増殖的に高まっていったことです。

経済的条件に応じて、資産価格の上昇が続くにつれて、企業・個人の間に、「資産価格はこれからも上昇し続けるだろう」という期待が強まって行きました。不動産ブーム、財テクの動きは、まさに資産価格上昇期待が強かったことを示しています。資産価格上昇期待は、現実に土地・株式の需要を生み、それが現実に株価・地価を上昇させ、結局当初の期待が実現してしまったのです。

　第3は、金融機関の積極的な融資活動が、資産価格の上昇を可能にしたことです。

　まず、資金を供給する側から見ますと、80年代に入って金融の自由化が進展しました。83年に設置された「日米円ドル委員会」の場で、アメリカ側は金融市場の自由化を強く求めてきました。こうしたいわば「外圧」に促されて、85年7月には政府のアクションプログラムが示され、預金金利規制の自由化、債券先物市場の創設、外国証券会社による東証会員権取得などの措置が取られていきました。こうして自由化、国際化が進むと、当然ながら金融機関の競争は激化し、金融機関は「従来型の受け身の業務展開では収益を確保できない」という危機感を強めていったのです。

　一方、資金を需要する側では、80年代以降、高度成長期のような大規模投資需要が減り、かつ資金の調達手段も多様化していったため、特に大企業の「銀行離れ」が目立つようになりました。

　こうして、それまで大企業向けの貸し出しのウェイトが高かった都銀、長信銀、信託の主要行は、中小企業向けの貸し出しを積極的に増やそうとしたのです。ところが、これら主要行にとって、中小企業は情報の蓄積のない新しい顧客でした。このとき問題になるのが**情報の非対称性**です。つまり、経営内容、財務内容などについての情報は、資金の借り手である企業の方が豊富で、資金の貸し手である金融機関はどうしても情報が不足するという非対称性が生まれるのです。このため、金融機関は貸出先の業務内容、財務内容を十分調査した上で貸し出しを実施し、その後も融資先の業務実績を常にモニターしていなければなりません。こうして情報の非対称性をカバーするために生ずるコストが**エージェンシー・コスト**です。

　さて、バブル期には、土地を担保とした融資が積極的に行われました。当時は誰もが「地価は値下がりしない」と信じていましたから（いわゆる「土地神話」）、金融機関も「土地さえ担保に取っておけば大丈夫」と考えました。つまり、土地

が担保になっていればエージェンシー・コストはゼロですますことが出来ると考えたのです。バブルが地価を上昇させ、地価の上昇は土地の担保価値を高め、金融機関のエージェンシー・コストを軽減させました。こうして、80年代後半には、土地を担保とした中小企業向け貸し出しが急増したのです。

　80年代後半のバブルは、以上の三つの条件が複合して発生しました。この三つのうち、どれか一つが欠けていれば、この時ほどの激しいバブルは生じなかったでしょう。

バブルの経済的影響

　80年代後半、日本経済がバブルの渦中にあった時、マクロ経済は表面的には極めて良好なパフォーマンスを示しました。

　まずバブルの発生は、いくつかのルートで成長率を高めました。第1は、キャピタル・ゲインによる需要刺激効果（いわゆる「**資産効果**」）です。消費関数を使った実証的な分析によっても、特に家計の耐久消費財支出については「資産効果」の存在が確かめられています。「株で儲かったので車を買う」というような行動があったということです（「株で儲かったので、野菜を買う」という人はいないということです）。80年代前半に耐久消費財支出が盛り上がり、その後反動的に減少したのには、こうした資産効果が影響していたと考えられます。

　第2は、住宅投資の活発化です。土地所有者の不動産の担保価値の上昇が、資金の調達を容易にしたからです。80年代後半に特に東京圏でのマンション建設が活発化し、リゾートマンション・ブームが起きたのはこのためだったと思われます。

　第3は、設備投資の高まりです。地価の上昇は、企業の金融機関からの借り入れ能力を高め、株価の上昇によってワラント債（一定の価格で株式に転換できる社債）の発行などによる資金調達が容易になりました。これが80年代後半の設備投資を盛り上げたのです。

　こうして、86〜89年の日本経済は、5〜6％もの高い成長率を記録し、これによってそれまでの日本経済の課題が次々に解決していきました。まず、名目成長率も5〜8％台まで上昇したことによって税収が増え、財政バランスは好転しました。83年度に7兆円程度の規模で発行されていた特例公債も、90年度にはついにゼロとなりました（当初ベース）。また成長率の高まりは輸入を増やし、日本

経済にとっての大きな課題であった経常収支の黒字は減少しました。経常収支黒字の名目GDP比率は、86年の4.4%から、90年には1.1%にまで低下しています。雇用情勢も好転し、86年に2.8%だった失業率は90年には2.1%まで低下し、同じく0.59倍だった有効求人倍率（ハローワークの求職者に対して、求人が何倍あるかをみたもので、高いほど需給が逼迫している）は1.43倍にまで上昇しました。むしろバブル末期には人手不足となって、「人手不足倒産」が出たほどでした。

　その後、90年代に入ってバブルは崩壊し、80年代後半とはうって変わって、経済パフォーマンスは悪化しました。この停滞の90年代はしばしば「失われた10年」さらには「失われた20年」とも呼ばれます。これを打開しようとしたのが2012年暮れからのいわゆる**アベノミクス**なのですが、執筆時点（2019年秋）ではまだ「デフレから脱却した」と胸を張れるような状況ではありません。この点については第2章で解説することにします。

参考文献

　日本経済全体を論じたものとしては、次のようなものがあります。

小峰隆夫（2018）『ビジュアル　日本経済の基本（第5版）』（日経文庫）

大守隆編（2019）『日本経済読本［第21版］』（東洋経済新報社）

　次に、バブルに関する文献を挙げます。世界的なバブルの歴史を分かりやすく述べたものとして、

ジョン・K・ガルブレイス（1991）『バブルの物語』（鈴木哲太郎訳、ダイヤモンド社）があります。

　日本のバブルを歴史的に分かりやすく記述したものとして、

野口悠紀雄（2008）『戦後日本経済史』（新潮選書）があります。

　また、バブルの姿を総合的に検討したものとしては次のようなものがあります。

西村清彦・三輪芳朗編（1990）『日本の株価・地価』（東京大学出版会）

岩田一政・内閣府経済社会総合研究所編（2011）『バブル／デフレ期の日本経済と経済政策』（佐伯印刷株式会社）

　日本のバブルがなぜ生じたかについては、単に経済政策としてだけではなく、マスコミ、世論、行政、政治システムなどの総合的な検討が必要ですが、バブル前後の政策については、

軽部謙介・西野智彦（1999）『検証　経済失政』（岩波書店）

西野智彦（2003）『検証　経済暗雲』（岩波書店）
永野健二（2016）『バブル　日本迷走の原点』（新潮社）
があります。

▶▶課題

1. この章は、主に2018年11月に公表された「2017年度国民経済計算確報」に基づいて書いたものです。経済の姿は毎年変化しますから、新しい確報が出たら、本書の内容を新しいデータで辿ってみてください。

2. 我々の経済活動は、図1−1の循環図の中に必ず現れてきます。特定の経済活動（例えば、野菜を買う、スーパーでアルバイトをする、海外旅行に行くなど）を思い浮かべてみて、それが循環図のどこに位置づけられるのかを考えてみましょう。

3. 世界銀行のホームページの中を探していくと、世界各国のGDP、購買力平価GDP、人口など多くのデータを見つけることができます。「名目GDP」「購買力平価GDP」「人口」「面積」などについて上位20カ国をリストアップしたりすると、面白い発見があるかもしれません。やってみてください。

4. 「フローとストック」「付加価値」「名目と実質」などの概念を、高校生にも分かるように説明してみましょう。

5. 毎年新しい国民貸借対照表が明らかになりますので、改めてストックから見た日本経済の姿を確認してみてください。

6. 収益還元価格の考え方について、自分なりの地代、金利、期待地価上昇率の組み合わせを考えて、説明してみてください。

7. 80年代後半のバブルは、歴史上めったに経験できないような時代でした。学生諸君は想像がつかないでしょうから、当時の人はどう考えていたのか、周りの人に取材してみてください。

戦後日本の経済成長

成長と循環についての考え方

　日本経済が、経済規模という点でも、国民一人当たり所得という点でも、世界の中でかなりの水準となっていることは第1章で説明しました。こうした日本経済の姿は、戦後の**経済成長**によってもたらされたものです。ただ、この成長過程は、一様なものではなく、高い成長の時期と低い成長の時期（マイナス成長を含む）が交互に繰り返されてきました。いわゆる**景気循環**です。

　第2章と第3章では、こうした日本経済の「成長」と「循環」を考えることにします（第2章で「成長」、第3章で「循環」）。以下では、「成長」とは長期的、構造的な問題であり、「景気」とは短期的、循環的な問題であると割り切って考えることにします。この長期的な「成長問題」と短期的な「景気問題」については、次のような点に留意する必要があります。

　第1に、アプローチの仕方がかなり違います。経済には「需要」と「供給」がありますが、長期的な成長についての議論は主に供給面から接近し、短期的な景気循環の議論は主に需要面から接近するのが普通です。これは、長期的には資本、労働などの資源は、いずれは適切に利用されると考え、そのストックとしての存在量が基調的な成長の姿を決めるとする一方、短期的には、資本、労働などの資源の量は所与とし、どの程度需要が生み出されるかが成長を決めると考えるからです。この点を混同すると、「日本経済は成熟段階に達し、消費需要が飽和しつつあるから、長期的に成長率も鈍化するだろう」といった議論が出ます。しかしこうした議論は、成立したためしがありません。本来供給面から説明すべき長期的成長問題を、需要面から説明しようとしているからです。

　第2に、短期的な目先の景気状態が長期的な成長論議を支配することも多く見

られます。73年の第1次石油危機後には、「日本経済は資源の制約でゼロ成長が続くだろう」と言われました。80年代前半のバブル景気の時には、「景気の変動は克服され、日本経済の繁栄が続く」という議論が出ました。さらに、バブル後の90年代以降の低迷期には「日本経済は沈没してしまって立ち直れないのではないか」とも言われていました。しかしいずれも正しくありませんでした。これは、短期的な景気の状況をそのまま長期的な成長論に結びつけてしまったからです。

　第3に、ある現象が起きた時に、それが経済的にどう影響するかを考える時にも、長期的な視点と短期的な視点を区別することが重要です。例えば、「消費性向（可処分所得に対する消費の割合）が上昇すれば消費が増えて、経済にプラスだ」と言われます。しかし、消費性向が上がるということは、貯蓄率が低下するということです。貯蓄水準が低下すると資本形成が少なくなり、経済にマイナスだという議論も成立しそうです。これは、短期的に需要面から考えればプラスですが、それが長期的に続くと、供給面からマイナスとなると考えれば良いのです。

1　戦後の高度成長と成長率の屈折——通説の点検

戦後の成長をめぐる二つの論点

　日本の戦後の経済成長については、二つの大きな論点があります。一つは、「戦後日本の高度成長はなぜ可能となったのか」という問題です。1950～60年代にかけての日本経済は、平均約10％もの経済成長を記録しました。10％成長が20年近く続くということは、経済的には途方もない出来事です。複利計算をすれば分かるように、10％成長が20年間続くと、経済規模は6.11倍となります。日本の所得水準を高め、日本を経済大国の地位に押し上げたのは、まさにこの高度成長でした。もう一つは、「日本の成長率が70年代前半に屈折したのはなぜか」という問題です。図2－1にみるように、60年代の平均成長率は10％程度でしたが、70～80年代には4～5％程度になっています。明らかに基調的な成長率が屈折しているのです。

　こうした二つの論点に関しては、すでに多くの議論があります。しかし、私は、この二つの論点は、合わせて議論されるべきだと思います。それは次のように考えるからです。

図2-1　戦後の経済成長率の推移

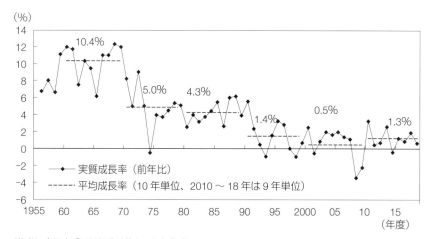

（備考）内閣府「国民経済計算」により作成。

戦後の高度成長の背景の検証

　まず、50～60年代にかけての高度成長の背景として、これまでどんな点が指摘されてきたかを考えてみましょう。これについては、すでに多くの議論があり、成長要因を山のようにリスト・アップすることができます。代表的なものだけ挙げても、「終戦直後に実施された農地改革、財閥解体、労働三法の制定といった経済改革が成功した」「勤勉な日本人は労働力として質が高かった」「労使の協調体制が維持された」「優秀な官僚が国をリードした」「技術革新の波が次々に現れた」「貯蓄率が国際的にみても高かった」「市場機能と経済計画との適切な組み合わせがあった」「平和な国際環境のおかげで防衛支出が少なくて済んだ」「政治的にも社会的にも安定していた」「家電製品など耐久消費財への消費需要が拡大した」「自由貿易を基本とする世界経済の中で、輸出を伸ばすことができた」等々があります。

　こうした理由は、いずれももっともなように見えます。おそらくいずれも高度成長と無関係だったとは言えないでしょう。しかし、思いつく要因を並べつくせば良いというものではない、と私は思います。重要なのは「何が主因だったのか」ということです。しかし、高度成長の主因を特定することは大変困難です。

コラム　タイム・シリーズとクロス・セクション

　ある仮説の正当性をデータでチェックする方法は二つあります。一つは、タイム・シリーズによるもので、時間の経過にしたがってチェックしていくというものです。例えば、「所得が増えると消費も増える」という仮説をチェックするとき、時間の経過にしたがって、所得が増えていくと消費も増えて行ったかをチェックするような方法がこれです。

　もう一つは、クロス・セクションです。これはある時点における、異なったサンプルを比較するものです。例えば、同じように「所得が増えると消費も増える」という仮説をチェックするとき、ある時点で所得の高い人と低い人の消費を比較してみるという方法がこれです。

　それは、経済には「実験ができない」という宿命があるからです。極端に言えば、戦後の日本経済は成功したのですから、戦後の経済社会現象、制度的仕組みなど、戦後新たに生まれたことはすべて経済的成功の背景だったと言おうと思えば言えてしまうのです[1]。

　そこで、本書得意のデータでチェックしてみようということになります。ある仮説をデータでチェックするには、「タイム・シリーズ」で見る場合と「クロス・セクション」で見る場合があります（**コラム**を参照してください）。

　タイム・シリーズでチェックしてみましょう。この時、70年代における成長率の屈折を合わせて考えれば、高度成長の背景を間接的に検証することができます。というのは、高度成長期にも安定成長期にも変わりなく存在しているようなものは、高度成長の強い要因だとは言えないからです。それが高度成長の強い要因であれば、その要因が作用している限り、高度成長は続くはずです。

　こうした観点から見ると、戦後の高成長を説明するものとして指摘されてきた

1）　経済的パフォーマンスの原因を国民性に求めるという傾向は昔からあるようです。1880〜1910年頃、英国はドイツを評して「ドイツと競争できるはずがない。ドイツ人は仕事が好きで、その文化は仕事以外の何ものでもない」と言ったそうですし、1950年頃には、フランスやイギリスはアメリカを評して「アメリカとはとても競争できない。我々は文明国であり、品位がある。アメリカ人は仕事しかしない」と言っていたそうです（日本放送出版協会「NHK スーパーセミナー　時代を読む」におけるスティーブン・コーエン氏の発言）。

要因の多くは、成長率の屈折の説明としては無力である場合が多いように思われます。例えば、「日本人の勤勉性」「官僚の優秀性」といった理由は、成長率の屈折の説明には役に立ちません。70年代に入って急に日本人が勤勉でなくなったり、官僚が馬鹿になったとは考えられないからです。労使の協力、平和な国際環境といった理由も同じです。ということは、こうした要因は高度成長の理由としてはそれほど強いものではなかったことになります。

成長率屈折についての通説の検討

　成長率が屈折した理由として、一般に通用している考え方は、「高度成長期にはなかったことが安定成長期になって現れてきた」というタイプの説明です。しかし、私はこれらの考え方にはあまり賛成できません。

　そうした説明の中で、一般に最も受け入れられているものは、資源の制約でしょう。成長率の屈折は、ちょうど石油危機をはさんで生じたため、「資源の制約によってそれまでの高度成長が不可能になった」と考えている人は多いようです。しかし、次のような理由によってこれは誤りだと思います。第1に、石油資源の量的な制約はほとんどありませんでした。第一次石油危機の直後を除けば、代金さえ払えば石油はいくらでも買えたからです。第2に、東アジア地域は、70年代以降高度成長を記録しています。資源制約が日本にだけ作用して、日本以外のアジア諸国には作用しなかったとは考えられません（これがクロス・セクションによるチェックです）。そして第3に、石油価格そのものが高度成長期並みに戻っています。

　この点を見たのが、**図2-2**です。これは、円ベースの日本の石油輸入価格を名目ベース、実質ベースで見たものです。90年以降は消費者物価がほとんど上昇していないため、名目と実質はほとんど同じ動きとなっています。普通、石油価格の推移はドルベースで議論されます。ドルベースで見た場合、石油価格は第1次石油危機で4倍になり、第2次石油危機でそのまた2倍になりました。確かに、国際的な取引価格という点では、こうしたドルベースの議論は必要です。しかし、日本の企業、家計にとって意味があるのは、円ベースでの石油価格です。さらに経済的に意味があるのは実質価格です。石油以外の価格が石油と同じように上昇していれば、石油価格は実質的には上昇しなかったのと同じとなるからです。そこで消費者物価で割り引いた円ベースの実質価格を見ると、85年から2000年前後

図 2 - 2　円ベースの実質で見た石油価格の推移

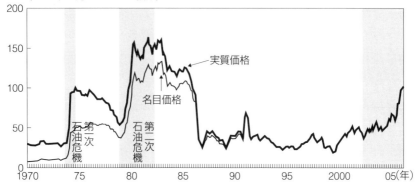

（2005年10月＝100とした指数）

（備考）実質価格は、円ベースの原油の輸入価格を、消費者物価（生鮮食品を除く総合）で実質化したもの。
（資料）内閣府「日本経済2005-06」より

まで石油の輸入価格は高度成長期のレベルと実質的にはほとんど同じとなるまで低下しているのです。

　もし、石油価格の上昇が成長率屈折の主因であるとすれば、その石油価格が元に戻れば、成長率も元の高度成長に戻るはずですが、そうはなりませんでした。このことは、石油価格の上昇、資源制約は成長率屈折の主因ではなかったということになります。

　もう一つ、「輸出主導型の経済成長が限界に突き当たった」という説明もしばしば目にします。これも、①70年代に入ってから、360円の固定レートが終わり、変動レートに移行して、輸出産業が大きな調整を迫られたこと、②70年代に入ってから、経済摩擦が本格化してきたこと、などを考えると一見正しいように見えます。しかし、現実のデータによってチェックすると、これも誤りであることが分かります。

　表 2 - 1 は、高度成長期（1956〜72年）とその後の安定成長期（1973〜94年）の需要項目別の経済成長寄与度をみたものです。「財貨・サービスの純輸出」として示されているものがいわゆる「外需」です。これによると、高度成長期の外需の成長寄与度は「マイナス」でした。これは、この間の輸出の伸び（平均14.0%）よりも輸入の伸び（平均14.7%）が高かったからです。外需がプラスに

表 2 - 1 　戦後日本の経済成長の需要項目別寄与度

年度 項目	高度成長期 (1956〜72) 平均	安定成長期 (1973〜94) 平均
国内総支出	9.3	3.4
民間最終消費支出	8.7 (5.5)	3.4 (2.0)
民間住宅	15.5 (0.8)	2.0 (0.1)
民間企業設備	17.3 (1.6)	4.2 (0.6)
民間在庫品増加	(0.2)	(−0.0)
政府最終消費支出	4.4 (0.6)	3.3 (0.3)
公的在庫品増加	(−0.1)	(0.0)
財貨・サービスの純輸出	(−0.2)	(0.2)
財貨・サービスの純輸出	14.0 (0.6)	6.6 (0.6)
(控除) 財貨・サービスの購入	14.7 (0.8)	4.8 (0.4)

＊各期間の成長率の平均（各年度成長率の合計／合計した年度数）
＊（　）内は各期間の国民総支出に対する寄与度の平均（各年度寄与度の合計／合計した年度数）
（出典）経済企画庁（戦後日本経済の軌跡　経済企画庁50年史）（1997年3月）

なったのはむしろ安定成長期に入ってからです。

2　生産要素から見た高度成長と成長率の屈折

　では、高度成長と成長率の屈折の両方を整合的に説明するにはどうしたら良い
でしょうか。ここでは、「長期的な成長問題は、供給面から接近する」という原
則に従って、生産要素の投入という供給面から成長要因を点検してみましょう。
生産要素は「労働」「資本」「技術」の三つによって代表されます。基本的にはこ
の三つの生産要素が、どのようなスピードで投入されてきたかが、成長率を決め、
それがどのようなレベルにあるかが、経済力を支えるのです。戦後の高成長も70

年代における成長率の屈折も、基本的にはこの三つの生産要素によって説明することができると思います。

労働力の投入

まず、労働力から考えましょう。生産要素として労働力を考える場合には、三つの側面を考慮しなければなりません。

第 1 は、量的な側面、すなわち単純な頭数です。「量」としての労働力の推移を見ると、高度成長期と安定成長期では差があります。すなわち、1950〜70年の労働力人口の伸び率は平均1.4%でしたが、1970〜90年にはこれが1.1%に低下しています。これは、基調的に出生率が低下して人口そのものの増加率が低下している上に、終戦直後のベビーブーム世代の労働力人口への参入が終わったためです。率で言うとそれほどの差には見えませんが、頭数で言うと、50〜70年の増加数が1550万人、70〜90年の増加数が1240万人であり、310万人もの差があります。

第 2 は、労働力の「質」です。労働力の質を決めるものは、年齢構成と教育水準です。

年齢構成という点から見ると、70年代までの労働力人口の増加は、若年層中心でした。人口の増加率も高く、戦後のベビーブーム世代（45〜47年生まれ）の参入があったからです。技術進歩の度合いが速い時には、古いタイプの技術を身につけた労働者層よりも、若年層の方が適応力が高いため、生産性の伸びも相対的に高くなります。

教育水準という点では、成長にとって重要なのは、「水準」ではなく「水準の高まり」です。高度成長期には、日本の教育水準は急速にレベルアップしました。高校進学率（男子の場合、以下同じ）は1960年で6割程度だったものが、75年にはほぼ9割となり、大学進学率は15%から34%まで急上昇しました。こうした教育水準の急上昇が、企業内での教育投資とあいまって、質的に高い労働者層を次々に供給していったのです。しかし、安定成長期に入ると、高校進学率は97%程度でほとんど変化はなく、大学進学率も40%前後でほとんど横ばいとなりました。労働者の教育水準が高いという点では変化はありませんが、それ以上高まるということもなくなったのです。

第 3 は、「労働移動」です。今、生産性の低い分野で労働力が余っていたとします。この余剰労働力が、生産性の高い分野に移動すると、労働力の総量、個々

図 2-3　大都市圏への転入超過数の推移

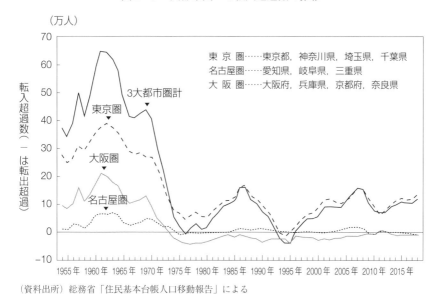

（資料出所）総務省「住民基本台帳人口移動報告」による

　の業種における生産性が変わらなくても、経済全体としてはより高い生産水準を実現することができます。こうした観点で高度成長期を見ると、1960年代までは、農村から都市部への大量の労働移動がみられました。**図 2-3** に見るように、50年代から60年代にかけての、三大都市圏への人口流入は30〜70万人台にも達していました。しかし、70年代に入ると、農村から都市への労働力移動はほとんど終了しました。余剰労働力が解消したのです。

資本の投入と技術

　次に、資本の投入を考えましょう。日本の投資比率（固定資本形成／GDP）が他の国より高いことは前章で説明しました。この場合は、投資比率という「レベル」が成長率に関係してきます。資本の限界生産性を一定とすると、投資比率が高いほど成長率も高いという関係が導かれるからです[2]。この高い投資比率を支えたのが、高い貯蓄率でした。国内の投資は、国内の貯蓄か海外からの借入で

2）定義的に、経済成長率＝資本の限界生産性×投資比率という関係があります。

賄われなければなりません。日本の場合は、国内で生み出された豊富な貯蓄が投資の源泉となりました。その貯蓄の多くは家計から生み出されたものです。高度成長期の日本の**家計貯蓄率**は、諸外国に比べても高水準であり、これが高水準の資本蓄積を可能にしたのです。

　しかし、家計貯蓄率は、70年代半ばをピークに低下傾向にあります。貯蓄率は70年代始めの第一次石油危機後に、雇用情勢の悪化などによる将来不安の高まり、実質所得の伸び率の鈍化などを背景に急上昇しました。したがって、70年代後半の貯蓄率の低下もその反動という面があります。しかし、その後も貯蓄率は高度成長期並みのレベルに戻ることはなく、低下傾向を続けています。これは、①フローの所得に対して、ストックの金融資産の蓄積が進んだこと、②社会保障の充実が進んだこと、③高齢者比率が次第に高まる中で、貯蓄する層よりも貯蓄を取り崩す層が相対的に増加してきたこと（ライフサイクル仮説）などによるものです。

　以上のような点については、いくつかの実証研究があります。まず、投資比率と経済成長率の関係については、サマーズの研究があります。サマーズは、設備投資比率と経済成長率の関係を分析し、両者には安定的な正の関係があるとし、投資比率が1％上昇すると経済成長率は0.12％高まるとしています。

　国内貯蓄と国内投資の関係については、フェルドシュタイン＝ホリオカが、各国の貯蓄と投資の間には強い相関があることを示しています。ただし、国際資本移動が活発になると、必ずしも国内投資を国内貯蓄で賄う必要はないわけですから、両者の関係は薄れることになります。この点については、高度成長期のように、国際的な資本移動が制限されていた時期には、国内貯蓄率の高さが、国内投資率の高さに強く影響していたのですが、近年では、資本移動が自由となっているため、かつてほどの強い関係ではなくなっているという分析もあります。ただし、貯蓄と投資の関係は弱まってはいるのですが、国内貯蓄は国内投資にかなり影響するという基本的な関係が変わるほど国際的な資本移動が自由だとも言えないようです。

　最後は技術進歩です。戦後の高度成長期には、海外からの導入技術が日本の技術進歩を支えました。戦後経済の出発点において、日本と欧米との間には相当の技術格差がありました。この格差を埋めていく過程では、後発国の技術はレベルとしては低いが、上昇率としては高いという状態が続くこととなります。

しかし、70年代以降になると、日本の技術水準も高まり、それ以上の技術は自前で開発していかなければならなくなってきました。するとどうしても技術進歩のテンポも鈍化することになります。これは**キャッチアップ**過程が終わったのだとも言えます。

コンバージェンスの考え方

この技術進歩の動向は、戦後の日本のキャッチアップ過程を象徴しています。戦後の日本経済は、技術に限らず、所得水準、生産体制、企業経営、産業構造、労働者の熟練、経済政策など、どの分野においても他の先進諸国との大きな格差を抱えて出発しました。70年代前半までの日本経済は、これらの格差を埋め、先進国にキャッチアップする過程にあり、それが高度成長をもたらしたのでしょう。そのキャッチアップ過程が終わり、日本がほぼ先進国の仲間入りをしたとき、高度成長も終わったものと考えられます。

こうした考え方をさらに一般化すると、①出発点において先進国とのギャップが大きいほど、その後の経済成長率は高くなる、②時間の経過とともに、各国の平均的な一人当たり所得のレベルは収斂してくる、という結論を導くことができます。これが「**コンバージェンス**（収斂）」という考え方です。このメカニズムは、日本のみならず、世界的な経済発展についても比較的明瞭に作用していると考えられており、ある程度実証的にも確かめられています。

なお、こういうコンバージェンスという考え方に基づいて経済成長の説明をすると、「アフリカ諸国は相対的に最も所得水準が低いのに、成長率が必ずしも高くないのはなぜか」「先進諸国はすでに高い所得水準になったのだから、コンバージェンスの考え方からすると、今後は成長はストップするのではないか」という疑問が湧いてきます。この疑問に対する答えは、「コンバージェンスは、長期的な成長率を決める一つの要因ではあっても、唯一の要因ではない」ということです。人的資源、投資活動、技術などの条件が等しければ、出発点の所得水準が低いほど成長率は高い、というのがコンバージェンスの考え方です。アフリカ諸国の場合は、これらの生産要素の面（例えば教育水準）で他の地域に劣る面があり、それがコンバージェンスのプロセスの実現を阻んでいるのです。先進諸国は、これら生産要素の力がコンバージェンスの力を上回っているからゼロ成長にならないのです。

日本の経済成長の世界史的な意味

　以上述べてきたような戦後の日本経済の経済発展は、次のような点で、世界史的な意味を持つものだったと言えそうです。その経験はこれからも繰り返し語り継がれることになるでしょう。

　第1に、戦後の日本経済の成長は、「経済基盤を充実させ、国民生活を豊かにするための最も有効な手段は経済成長である」ということを雄弁に物語っています。経済成長の重要性を強調すると、「成長論者だ」というレッテルを貼られたり、「右肩上がりの時代は終わった」などと片付けられたりすることがあります。しかし、成長を通じた供給力の高まり、実質所得水準の向上が、国民生活の質を高めるための基礎的な条件であることは疑問の余地がありません。日本が戦後これほどの成長を実現できなかったら、国民生活の水準はもっと低かったに違いありません。もちろん、成長に頼らず国民の福祉のレベルを高めることは、論理的には可能でしょう。例えば、所得の再分配（高所得層から低所得層に所得を移転すれば、全体としての満足度は高まる）、経済的価値観の変更（所得が高くなくても満足感を得られるような価値観を普及させる）などが考えられますが、こうした手段で持続的に福祉のレベルを高めることに成功した国はありませんし、私は価値観の押し付けになってしまいそうで気に入りません。成長を通じて福祉のレベルを引き上げるということは、経済主体ができるだけ能力を高め、生産水準を引き上げることによって、国民生活を引き上げようということです。結局はそれが生活水準向上のための王道だと言えるでしょう。

　第2は、世界、特にアジアの国々に、経済発展のモデルを提供したことです。戦後の日本は、西欧以外の国で初めて自力で経済を発展させ、先進工業国の仲間入りをしました。戦後の非先進国の中には、「先進国が途上国を搾取するという構造を改めなければ、途上国の発展はありえない」「先進国からの援助が途上国の発展のための不可欠の条件である」という考え方がありました。しかし、日本経済の経験は「やれば出来るのだ」というお手本を示すことになったのです。多くの国々が、「第2の日本」になろうとして、経済開発に力を入れました。特に、アジアでは現実に NIES（新興工業地域：韓国、台湾、シンガポール、香港）、ASEAN、中国などが日本に続いて、高成長を通じた経済発展を実現しつつあります。戦後の日本経済の高度成長は、「奇跡」によって実現したのではなく、他

の国々がたどることのできる「経済的メカニズム」によって実現したのです。

　第3は、「**資源**とは何か」という点で、物理的な天然資源を保有することが必ずしも経済発展にとって重要ではないことを示したことです。現在でも、多くの人々が「日本は資源に恵まれないという、不利な条件を克服して発展してきた」「シベリアには豊かな資源があるから、潜在的な成長性は高い」という言い方をします。しかし、現実の経済を見ると、「天然資源を豊富に持つ国の経済の方が持たない国よりも成長率が高い」という傾向は全く観察されません。日本、アジアNIES、いずれも天然資源の乏しい国です。関係があるとすれば、「天然資源を持たない国のほうが発展性が高い」ということになります。

　経済発展のためには「資源」を投入しなければならないことは間違いありません。しかし、「資源」と言ってもいろいろなものがあり、「天然資源」はそのうちの一つに過ぎません。天然資源を持たない国がむしろ発展しているということは、現代の経済においては、天然資源の「資源」としての重要性は次第に小さくなっている、または逆にマイナスである可能性を示しています。これは、物理的な資源が存在することよりも、それをいかに効率的に加工するか、いかに高い付加価値を付けるかが重要となっているからです。すると重要なのは、付加価値を高め得る「労働力の質」、そのための投資を実現する「貯蓄の存在」、その基盤としての「技術・ノウハウ」なのです。

3　失われた20年とアベノミクス

　ここで、1990年代以降、最近時点におけるアベノミクス（2012年末以降の安倍晋三内閣の下での経済政策）に至るまでの経済の状況を概観しておきましょう。本章の「経済成長」という枠組みをやや越えることになりますが、本書では、他に論ずべき適当な場所が見当たらないので、ここで議論しておくことにします。

失われた20年

　1990年代以降の日本経済は、波乱に富んだ厳しい道を歩んできました。バブルの崩壊、不良債権処理の遅れ、債務・設備・雇用という三つの過剰、デフレの進行、アジア通貨危機と金融不安、リーマン・ショック、そして金融・財政政策の混迷などで、いわゆる「失われた20年」と呼ばれる時代です。この時代は次のよ

うな特徴を持つものでした。

　第1は、総じて経済が低迷したことです。図2-1に示したように、経済成長率は、80年代は平均4～5％で、他の先進諸国よりも高めの成長率だったのですが、90年代以降は平均して1％前後、他の先進諸国に見劣りするような成績になってしまいました。

　雇用情勢も悪化しました。有効求人倍率は、バブル末期には1.46倍（90年7月）まで高まりましたが、バブルが崩壊して急速に低下し、99年5月には0.46倍となっています。その後、雇用情勢は一旦は改善したのですが、リーマン・ショック後の2009年8月には再び0.42倍となりました。

　失業率も全く同じです。バブル末期（90年8月）には2.0％まで下がったのですが、2002年6月には5.5％まで上昇し、一旦低下した後、2009年7月には5.5％まで上昇しました。こうした中で新卒の人々にとっては、「就職氷河期」と呼ばれる厳しい時代が来たり、リストラで一家の稼ぎ手が失業するという悲惨な事態も生じたのです。

　第2は、特に2000年以降、物価の低下が続いたことです。いわゆる「デフレ」です。消費者物価（総合）は、92年以降下落または低い伸びが続きました。年平均の物価上昇率は、99年から2012年の13年間のうち実に11年はゼロまたはマイナスとなりました。

　当初は「物価が下がると、生活費が下がるから嬉しい」という考えもあったのですが、物価が下がると賃金も下がることになり、結局は、インフレが困るのと同じように、デフレも困ったことだという認識が強まりました。

　第3は、金融が十分その機能を果たせず、経済が停滞する一つの要因になったことです。

　まず、バブルが崩壊すると、金融機関に不良債権（返済の見込みが立たなくなった債権）が累増しました。これはバランス・シート調整問題と呼ばれており、バブルが崩壊するとほぼ必ずといっていいほど生じる問題です。バランス・シート調整問題は次のようにして起きます。まず、バブル期のことを考えてみますと、労せずして資産を増やした企業・家計は、同時に負債を増やしながら、株式投資や不動産投資などのリスクの高い投資活動を活発化させて行きました。資産と負債が両建てで増加していったのです。こうした状態の下で、バブルが崩壊し、資産価格が低下すると、資産金額はあっという間に減少しますが、負債は減らない

ので、必然的に資産に対して負債が増えてしまいます。こうして、経済主体にとってのバランス・シートが悪化するのです。

　こうして悪化したバランス・シートを元に戻そうとするのが「バランス・シート調整」です。バランス・シート調整問題に直面した金融機関は、貸し出しに慎重になり、企業の投資を制約することになりました。全国銀行の貸出残高は、80年代後半は前年比6〜12%の増加を示していたのですが、90年代に入って伸びが低下し始め、97年以降は減少が続きました。貸出が増えたのは2006年になってからのことです。97年秋には北海道拓殖銀行、山一証券の破綻もあり、信用不安が強まりました。これもかつては想像もつかなかったことです。

　第4は、さまざまな政策的努力が繰り返されたにもかかわらず、こうした経済の低迷とデフレからなかなか脱却できなかったことです。

　まず、財政面からの政策としては、92年宮澤内閣の「緊急経済対策」に始まり、2002年小泉内閣の「改革加速プログラム」に至るまで、17回にわたり繰り返し景気対策を取ってきました。その総事業の単純合計は実に135.4兆円、うち公共投資が52.3兆円、減税が17.4兆円となっています。

　金融面からは、91年7月以降、相次いで金利の引き下げが行われました。日本銀行が金融機関に資金を多めに供給すると、コールレートという銀行間での取引金利が下がり、これが波及することによって全体としての金利が低下します。金利が低下すれば、企業の設備投資や家計の住宅投資が刺激されるはずです。99年2月には、コールレートの金利をゼロにするという「ゼロ金利政策」まで進んでいったのです。ところがそれでもデフレから脱却できなかったため、2001年3月からは「量的緩和政策」が取られました。これは、金利ではなく、日銀が金融機関に供給する資金の量を増やそうという政策です。

　こうして財政金融両面からの刺激策で需要が拡大すれば、需給が引き締まり、賃金も上昇するはずですからデフレからも脱却できるはずでした。ところが前述のように物価の下落傾向は続き、我々は改めて「いったんデフレ状態に陥ってしまうと、そこから脱却するのは難しい」ということを知ったのでした。

アベノミクスの登場

　こうして長く続いてきた経済の低迷から抜け出そうとしたのが、アベノミクスです。これは、2012年11月以降、安倍晋三総理が中心となって打ち出した一連の

経済政策を指します。この一連の経済政策が導入されてから、日本経済のパフォーマンスは好転しました。景気が良くなり、物価が上昇したのです。

　アベノミクスは「三本の矢」からなると説明されています。第 1 の矢は、大胆な金融政策です。政府・日銀は共同で 2 ％という物価目標（インフレ・ターゲット）を掲げ、その実現に力を合わせることを決めました。また、2013 年 4 月に就任した黒田日銀総裁は、就任早々、日銀による金融機関への資金供給を大幅に増加したり、長期国債の買い入れ規模を大幅に増やすといった、それまでの枠組みを破る大胆な金融緩和策を打ち出しました。

　第 2 の矢は、「機動的な財政運営」ですが、これは要するに、公共投資を増やすということです。2012 年度の補正予算、13 年度本予算において公共投資の増額が図られた結果、2013 年度の実質公的固定資本形成（ほぼ公共投資に相当）は、8.6 ％の増加となりました。

　第 3 の矢は成長戦略です。第 1、第 2 の矢が主に需要面から短期的に経済を活性化しようとするものであるのに対して、成長戦略は、供給面から長期的な経済の活性化を目指すものだと言えるでしょう。2013 年 6 月には新しい成長戦略である「日本再興戦略」が決定され、その後毎年、改定、実行計画の策定が繰り返されています。最新の 2019 年 6 月に政府が決定した成長戦略実行計画では、①Society5.0 の実現（デジタル市場のルール整備、次世代インフラの整備、脱炭素社会の実現など）、②全世代型社会保障への改革（70 歳までの就業機会確保、中途採用の促進など）、③人口減少化での地方施策の強化（地域のインフラ維持、中小企業の生産性向上、観光立国の推進など）などがその柱となっています。

　このアベノミクスの登場以降、日本経済のパフォーマンスは大いに改善しました。具体的には、①景気の悲観論が後退した（実質 GDP 成長率が高まった）、②消費者物価上昇率が高まった、③株価が上昇した、④企業業績が改善した、⑤雇用情勢が改善したなどの状況が現われたのです。

　しかし、2014 年度に入ると、消費税率を 5 ％から 8 ％に引き上げたこともあって、景気は足踏み状態となり、その後も成長率の高まりは見られません。一旦は上昇した消費者物価も、マイナス状態からは脱したものの、消費者物価上昇率 2 ％という政府・日本銀行の目標には達していません。

　こうしたアベノミクスの評価をめぐっては、経済学者の間でも意見が分かれました。賛成派は「これこそが日本経済が求めていたものだ」と主張しましたし、

批判派は「効果は期待できず、むしろ長期的に見た日本経済の問題を大きくしている」と主張しました。われわれは、①いわゆるアベノミクスの効果とされるものは、一時的な性格が強いこと、②金融政策が正常化する際にかなり大きな困難を伴うこと、③いま求められているのは、財政・社会保障改革など、三本の矢には含まれていない政策であることなどから、どちらかというと批判派に近い考えを持っています[3]。

なお、2015年9月に安倍総理は「新・三本の矢」を打ち出しています。これは、「希望を生み出す強い経済（名目GDP600兆円）」「夢を紡ぐ子育て支援（出生率1.8）」「安心につながる社会保障（介護離職ゼロ）」という内容です。当初の三本の矢が、短期的・長期的な経済再生を目指すものでしたが、新・三本の矢はもっと幅広いものになっています。

潜在成長率とは

最後に、日本の成長力は今後どの程度のものとなるのか、またそれをできるだけ高めていくためにはどうしたらいいのかを考えます。後者の、成長力を高める政策がいわゆる「成長戦略」と呼ばれるものです。

こうした問題を考える場合に基本となるのが「**潜在成長率**（または潜在成長力）」という考え方です。

潜在成長率というのは、「インフレを起こさずに、現存する資本ストックや労働力をできるだけ活用した時達成できる成長率」のことです。現実の成長率は、景気が良い時には潜在成長率より高く、景気が悪い時には低くなりますが、景気循環をならした平均的な成長率は、ほぼ潜在成長率に一致します。

前述のように、経済の長期的な成長力は、「労働」「資本」「技術（全要素生産性）」の三つで決まるというのが標準的な考え方です。したがって、潜在成長率を考える際にも、これから、労働力や資本がどの程度投入され、全要素生産性がどの程度上昇するかを仮定することによって計算するのが普通です。

まず、実際の潜在成長率の姿を見てみましょう。**図2-4**は、内閣府が計算して定期的に発表している潜在成長率の変化を見たものです。これを見ると次のようなことが分かります。

3）こうした考えについては、小峰隆夫『日本経済に明日はあるのか』（日本評論社、2015年）を参照してください。

図2-4　潜在成長率の変化

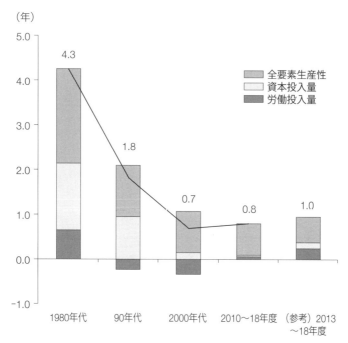

（備考）内閣府資料より作成。80年代は1981〜89年度。

　第1に、日本の潜在成長率は、80年代に比べて90年代に大きく低下し、2000年以降さらに低下していることが分かります。潜在成長率という観点からも、前述の「失われた20年」の姿が伺われます。

　第2に、潜在成長率を、資本、労働、全要素生産性の三つに分けて、潜在成長率低下の要因を探ってみますと、全要素生産性の寄与度が次第に落ちていること、資本投入の寄与度が2000年代以降大きく低下していること、労働の寄与度もマイナスまたはわずかなプラスとなっていることが分かります。潜在成長率低下の要因は単独のものではなく、企業の前向きの投資に慎重なこと、人口要因もあって、労働の寄与は期待できないこと、全体としての生産性が上がっていないことなどいくつかの要因が複合的に作用した結果だと言えそうです。

　第3に、2013年以降のアベノミクスの時代についても、潜在成長率はほとんど変化していません。アベノミクスの成長戦略は今のところ成果をあらわしてない

のです。

　ではこれからの成長力について、政府はどう考えているのでしょうか。政府が2013年6月にまとめた「日本再興戦略」では、「今後10年間の平均で名目GDP成長率を3％程度、実質GDP成長率2％程度の成長を実現することを目指す「と述べられています。つまり、政府は2022年度までの潜在成長率を2％程度と見ていることになります。これまでの実績に照らすとかなり高めの目標だと言えるでしょう。

参考文献
　高度成長の時代を描いたものとしては、次のものがあります。

香西　泰（1981）『高度成長の時代』（日本評論社）

吉川　洋（1997）『高度成長　日本を変えた6000日』（読売新聞社）

　戦後の日本経済の歩みをまとめたものとしては、次のものがあります。

経済企画庁（1997）『戦後日本経済の軌跡　経済企画庁50年史』（大蔵省印刷局）

八代尚宏（2013）『日本経済論・入門』（有斐閣）

　いわゆる「失われた20年」を扱ったものとしては、次のものがあります。

林文夫編（2007）『経済停滞の原因と制度』（勁草書房）

深尾京司（2012）『「失われた20年」と日本経済』（日本経済新聞社）

福田慎一（2015）『「失われた20年」を超えて』NTT出版

星岳雄、アニル・カシャップ（2013）『何が日本経済の成長を止めたのか―再生への処方箋』（日本経済新聞社）

小峰隆夫（2019）『平成の経済』（日本経済新聞出版社）

▶▶課題

1．エクセルを使えば、簡単に複利計算をすることができます。例えば、「10％成長の場合と2％成長の場合で、10年後に経済規模はそれぞれ何倍になるか」「経済規模が倍になるためには、2％、4％、6％でそれぞれ何年かかるか」などを計算してみましょう。

2．ある仮説を、タイム・シリーズとクロス・セクションでチェックしてみてください。例えば、「所得が上がると出生率は下がる」という仮説（第14章参照）についてはどうでしょうか。

3．本章では、日本について高度成長の要因と成長率の屈折の要因を説明しました。この説明を応用して、アジアが高度成長を遂げた要因は何か、中国の成長は屈折するか、

といった問題を考えてみてください。

4．アベノミクスは本書の執筆時点で進行中の政策です。日々のニュースをチェックし、本書で述べたようなアベノミクスの政策がどう変化していくかを観察してください。

第3章

景気循環の姿とそのとらえ方

誰にとっても重要な景気問題

　経済活動というものは、一旦拡大を始めるとしばらくの間拡大が続き、ある程度の期間が経過すると、今度は逆に停滞期が続きます。これが景気の変動です。

　こうした景気の変動は常に強い関心を集めています。ビジネス界で活躍しているエコノミストの多くはもっぱら景気の分析に力を入れています。年末になると、40前後もの機関が翌年度の経済見通しを発表します。本屋に行けば「景気の読み方」についての本がたくさん書棚を飾っています。私達は大変なエネルギーを景気問題の検討に費やしているわけですが、これは、以下のようなことを示しています。

　第1に、経済を構成する「家計」「企業」「海外」「政府」という四つの経済主体にとって、景気は最も身近な経済問題だということです。「家計」にとっては、景気が上昇すればボーナスが増え、生活が楽になります。逆に景気が悪くなると、一家の大黒柱がリストラされてしまったりします。学生の皆さんにとっても、景気が良くなれば、就職にも有利なので、関心を持たざるを得ません。「企業」にとっては、景気がそのまま売り上げ、収益を左右します。景気が悪いと、倒産してしまうことさえあります。第1章で見たように、日本の経済規模がこれだけ大きくなると、世界の主要先進諸国も、アジア諸国も日本の景気拡大を強く望むようになります。日本への輸出機会が増えるからです。こうして誰もが景気の拡大を強く望んでいるのですから、政府は、景気を良くし、できるだけその状態を保とうとし、それが経済政策にとっても重要な課題となるのは当然です。

　第2に、景気問題は、「法則性はあるが、機械的ではなく」「予測は当ることもあるが、外れることもあり」「理論的・分析的に接近することもできるが、偶然

的な要素もあり」「景気の状態を統計的につかむことは出来るが、時には今景気がどうなっているかについてさえ意見が分かれることもある」というあいまいな問題だということです。景気について、ある程度は分析的に将来を展望することは可能です。だからこそ、多くのエコノミストが景気を分析しようとするのです。景気が地震のように予見が非常に困難だったら、これほど多くの人が予測に取り組むはずはありません。しかし、景気の変動はしばしば多くの人の予想を超えた変動をします。だからこそ多くのエコノミストが目の色を変えて議論するのです。景気の先行きが、潮の満ち引きのように規則的であれば、予測は誰か一人の専門家に任せておけばいいはずです。

　第3に、経済的な諸問題の背景には景気の動きがあることが大変多いということです。景気の動きが企業の売上や、働く人々の所得を左右することは言うまでもありませんが、それ以外にも景気は、財政バランスから大都市圏・地方圏相互の人の流れに至るまで、各方面に影響を及ぼします。ただ、現実の世界では、景気を強調する議論はあまり歓迎されない場合があります。例えば、新入社員を迎えての社長の訓示や新聞の元旦の社説などの改まった場では、「日本は今や大きな時代の転機にある。従来型の発想を捨てて、新しい対応が必要だ」という趣旨のことが言われることが多いものです。そう言わないと真剣な議論に聞こえないからです。「今は景気が悪いから難しい問題も多いが、いつかは景気も良くなるはずだから大丈夫でしょう」などと演説すると、えらく無責任で、真剣に物事を考えていないように聞こえてしまうのです[1]。

　しかし、「真剣で危機感に満ちた議論」が「正しい」議論だという保証はありません。本当に構造的な変化が起きている時にそれを指摘するのは重要です。しかし、現実の経済を動かす力としては、景気の作用もかなり大きいのですから、「見かけが良い」からと言って構造的側面を強調するのは避けるべきだと思います。

1）日本人は情緒過多であり、一般に悲壮感に満ちた話が好まれる、といわれているようですが、私もその通りだと思います。これに、「人に話をしようとすると、知らず知らずのうちに、聞き手の満足しそうな話をしがちなものである」という傾向が加わると、どうしても「時代の転機」説を強調しがちになるのでしょう。

図3-1　コンポジット・インデックス（一致指数、2000年＝100）

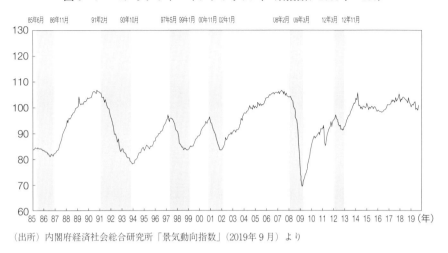

（出所）内閣府経済社会総合研究所「景気動向指数」（2019年9月）より

1　景気変動の姿

戦後の景気循環

　まず、景気変動の姿がどのようなものかを見ておきましょう。私は「景気というものを見せてください」と言われたら、**図3-1**に示した、コンポジット・インデックスを見せることにしています。これはいくつかの経済指標を合成して作成したものなのですが、経済というものは、一定のペースで動くことはありえず、常に「上昇」（景気の良い時）と「下降」（景気の悪い時）を繰り返していることが分かるでしょう。

　さて、こうした景気の変動には「日付」がついています。何年の何月から景気が良くなり、何年の何月から景気が悪くなったか、ということが決まっているのです。これには一定の計算式を基本として、有識者の意見も聞きながら、内閣府の経済社会総合研究所が決定しています[2]。

　表3-1は、こうして決められた日付に基づいて、戦後の**景気循環**を整理した

2）2007年4月から、私自身もその有識者の一員となっています（正式には景気動向指数研究会といいます）。

表 3-1　戦後日本の景気循環

	谷	山	谷	期間		
				拡張	後退	全循環
第 1 循環		1951 年 6 月	1951 年 10 月		4 カ月	
第 2 循環	1951 年 10 月	1954 年 1 月	1954 年 11 月	27 カ月	10 カ月	37 カ月
第 3 循環	1954 年 11 月	1957 年 6 月	1958 年 6 月	31 カ月	12 カ月	43 カ月
第 4 循環	1958 年 6 月	1961 年 12 月	1962 年 10 月	42 カ月	10 カ月	52 カ月
第 5 循環	1962 年 10 月	1964 年 10 月	1965 年 10 月	24 カ月	12 カ月	36 カ月
第 6 循環	1965 年 10 月	1970 年 7 月	1971 年 12 月	57 カ月	17 カ月	74 カ月
第 7 循環	1971 年 12 月	1973 年 11 月	1975 年 3 月	23 カ月	16 カ月	39 カ月
第 8 循環	1975 年 3 月	1977 年 1 月	1977 年 10 月	22 カ月	9 カ月	31 カ月
第 9 循環	1977 年 10 月	1980 年 2 月	1983 年 2 月	28 カ月	36 カ月	64 カ月
第 10 循環	1983 年 2 月	1985 年 6 月	1986 年 11 月	28 カ月	17 カ月	45 カ月
第 11 循環	1986 年 11 月	1991 年 2 月	1993 年 10 月	51 カ月	32 カ月	83 カ月
第 12 循環	1993 年 10 月	1997 年 5 月	1999 年 1 月	43 カ月	20 カ月	63 カ月
第 13 循環	1999 年 1 月	2000 年 11 月	2002 年 1 月	22 カ月	14 カ月	36 カ月
第 14 循環	2002 年 1 月	2008 年 2 月	2009 年 3 月	73 カ月	13 カ月	86 カ月
第 15 循環	2009 年 3 月	2012 年 3 月	2012 年 11 月	36 カ月	8 カ月	44 カ月
第2〜15循環までの平均				36 カ月	16 カ月	52 カ月

　ものです。これによると、日本では戦後現在までに15回の循環を経験しています。これらの拡張、後退期間を平均すると、拡張期間は36カ月、後退期間は16カ月となります（非常に短期の第1循環は除いています）。景気の良い時期が3年弱続いた後、景気の悪い時期が1年半訪れるというのが大まかな周期だと言えるでしょう。

　この中で、近年特に目立つ大型の景気循環が、第11循環です。この時の景気拡大期は、いわゆるバブル期であり、その拡張期間は51カ月に達したのですが、その代わり、それに続く後退期間も32カ月という歴代の景気後退の中でもかなり長い景気後退となりました。

　その後、2002年1月から始まった景気上昇は、2008年2月まで続き、それまでの最長記録（57カ月）を抜いて、戦後最長となりました。執筆時点（2019年12月）で最新の景気循環は、2012年11月を谷とした後、続いている景気の上昇で、安倍総理が就任直後から始まっているので「アベノミクス景気」とよばれています。これもかなり長い景気上昇となっており、仮に2019年1月まで景気拡大が続

くと、戦後最長となります（執筆時点ではまだ確定していません）。

　「循環」という表現をすると、法則的、機械的な変動を思い浮かべる人が多いかもしれません。しかし、この表を見れば分かるように、景気循環の周期はばらつきが大きく、とても規則的と呼べるような代物ではありません。これは、一つには、不規則に発生する外部からのショックが経済活動に影響を及ぼすからです。例えば、第7循環と第9循環の後退は、それぞれ第1次、第2次石油危機、第8循環と第10循環はそれぞれ円高が契機となっています。第14循環も、リーマン・ショックによる輸出の停滞が原因でした。外部からのショックが不規則にやってくる以上、景気の変動も不規則にならざるを得ないのです。

経済指標による景気観測

　最初に説明したように、多くの人が景気に関心を持っています。したがって、多少なりとも経済を勉強した人は、景気についてある程度は、自分の考えを述べることができるようにしておく必要があります。そのためには、二つのことを心がける必要があると思います。一つは、「景気の現状」をつかむことで、もう一つは、「景気変動の理由や背景」を理解しておくということです。

　前者の「景気の現状判断」の基本は、**経済指標**を読むことです。経済指標を読みこなすには、「前年同月比と前月比」「季節調整値と原数値」「名目と実質」「ゲタ」などの基礎的な知識が不可欠ですが、興味のある方は別途、経済指標の解説書を参照してください。ここでは、極めて多様に存在する経済指標をどう整理して考えたら良いかということだけを述べておきます。

　新聞には、毎日のように数多くの経済指標が、次々に出てきます。こうした指標をどう整理したら良いでしょうか。第1章で、経済主体は、家計、企業、政府、海外の四つに、経済活動は、生産、支出、所得の三つに分けることができると説明しました。**表3-2**は、この分類法に従って、経済指標を経済主体（横軸）、経済活動（縦軸）というマトリックスに整理したものです。例えば、総務省の「家計調査」は、家計という経済主体の「消費」という支出活動を示すデータであり、経済産業省の「鉱工業生産指数」は、企業という経済主体の「生産」という経済活動を示すデータです。ほとんどの経済指標は、このマトリックスのどこかに位置することになります。

　さて第1章で見たように、経済には「三面等価の原則」というものがあります。

表3-2　経済指標の体系

経済活動＼経済主体	家　計	企　業	政　府	海　外
支　出（需　要）	消費支出 住宅投資	設備投資 在庫投資	政府支出	輸　出
生　産（供　給）		鉱工業生産 稼働率		輸　入
	労　働　需　給			
所　得	賃金 可処分所得	企業収益	税収	経常収支
全　体	国内総生産GDP、物価、レート、景気動向指数（CI）、金融関係指標			

事後的に経済全体を合計すると、「支出（需要）」と「生産（供給）」と「所得」は必ず等しい、という原則です。経済指標を眺めながら景気論議をしていると、しばしば「生産は上向いてきた、企業収益も増加している。設備投資、住宅投資も高水準だ。よって景気は拡大しつつあると言える」という具合に、多くのデータを次々と並べて議論を展開する場合が多くみられます。しかし、「三面等価の原則」に沿って考えると、日本の経済活動というものは結局は一つしかないのですから、それを「支出」からみても「生産」からみても、「所得」からみても、要するに同じものを違う角度から見ているだけの話です。したがって、「支出は増えたが、所得は増えない」「所得は増えたのに、生産は減った」などということはそもそもあり得ない話なのです。多くの指標を無原則に並べ立てるような景気論議は、同じことを違う角度から繰り返し述べているだけに過ぎない場合が多いので注意が必要です。こうした混乱を防ぐためにも、我々はそれぞれの経済指標が、どんな経済主体のどんな経済活動を表しているのかを常に確認しながら議論する必要があるのです。

景気の見方：方向かレベルか

私達は簡単に「景気が悪い」とか「景気が良い」と言います。しかし、どんな時を景気が悪い（または良い）と言うかはなかなか難しい問題です。これには大

図3-2　需給ギャップの推移（％）

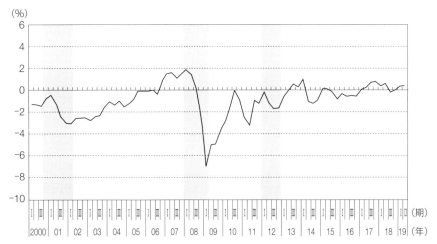

（備考）　1．内閣府「国民経済計算」、「固定資本ストック速報」、経済産業省「鉱工業指数」等により作成。
　　　　　2．シャドーは景気後退期。
（出所）　内閣府「今週の指標」（2019年9月13日）より

きく分けて、経済活動の「変化の方向を見る」場合と、「水準を見る」場合とがあります。例えば、「生産が増えた」「百貨店の売上が落ちた」というのは変化の方向を見ているわけですが、「失業率が高い」「企業の資本収益率が低い」というのは水準を見ているわけです。

変化の方向も水準も、どちらも重要であり、どちらか一方を見ていればいいというわけではありませんが、景気を議論する時には、「変化の方向」が中心になることが多いと言っていいでしょう。表3-1では、山から谷への時期を景気の「後退期」、谷から山に向かう時期を景気の「拡大期」としていました。これは「変化の方向」に着目した見方です。

成長率をはじめとして多くの経済指標は、「○％増えた」「○％減った」という議論をしますから、「変化の方向」を見ていると言えるでしょう。

一方、水準を見る総合的な指標としては、「**GDP ギャップ**（需給ギャップともいいます）」があります。これは、前章で見た潜在 GDP と現実の GDP の差を見たもので、全体としての資本設備、労働力がどの程度使われているかを示す指標です。いわば、経済全体の稼働率のようなものだと言えます。

図3-2は、内閣府が計算した日本のGDPギャップをみたものです。2008年
9月のリーマン・ショックを期に、世界経済が停滞し、その余波で日本経済もま
た大きく落ち込んだため、需給ギャップがマイナス方向に大きく開きました。日
本経済全体が大幅な供給力超過（または需要不足）状態になっていたわけです。
その後も需給ギャップはマイナス状態を続けていましたが、2017年頃からは、ほ
ぼ均衡またはプラス方向になってきています。

ただ、このギャップ率は、計算方法によってかなり数字が違います。潜在
GDPの計算そのものにいろいろな手法があるからです。このため、この指標の
信頼性は低いという人もいるようですが、これは「そういうものだ」と割り切る
しかありません。計算方法が異なるのは、「どんな状態を基準にするか」によっ
て結果が違ってくるからです。例えば、私（小峰）がエコノミストになりたての
頃（70年代）は、資本、労働をフル稼働させた状態（つまりかつての最高の稼働
率、残業時間などを前提とする）を基準にすることが多かったのですが、最近で
はこの基準はほとんど使われなくなりました。能力を最大限利用しているような
時は、経済は加熱状態で、インフレが生じやすいことを考えると、この「基準」
は高すぎるからです。ここで紹介した内閣府の計算は、過去の平均的なレベルで
資本や労働が投入された場合のGDPを基準としています。長期的には資本、労
働は適切に利用されると仮定すれば、過去の平均が基準というのも合理的な選択
だといえます。

さて、この「方向」か「水準」かという二つの見方は、景気の転換点の近くで
は必ず対立する運命にあります。例えば、景気が山を越えると、生産活動が停滞
し始め、「変化の方向」としては景気は悪くなっていきます。しかし、山の近く
ではまだ失業率は低く、稼働率は高い状態です。したがって「経済活動の水準」
としては景気は悪くない、という事態が生じます。谷の近くでは、全く同じ理由
によって、「変化の方向としては景気は良くなっているが、水準としては景気は
依然として悪い」という事態が生ずることになります。

例えば、バブル直後の景気後退の場合、景気が悪化し始めたのは、91年の4月
であり、この頃からCIは低下し始めました。しかし、GDPギャップは91年中は
プラスでした。つまり依然としてかなり高い割合で資源を利用するという状態が
続いていたのです。これが「方向としては景気は悪化しているが、経済活動の水
準は高い」という状態です。こういう状態では、「景気は悪化しているが、景気

対策などによって景気を良くしようとする必要はない」という、やや込み入った状態となります。

　同じように、2009年春頃の状況を考えてみます。日本の景気は2009年の3月に底を打って回復過程に入りました。しかし、「景気は回復しつつある」と説明すると、経済活動の現場にいる人からは「そうはいっても、収益は低く、就職状況も厳しい。とても景気が回復しているという実感はない」という反応が返ってきました。これは、「方向としては景気は良くなっているが、経済活動の水準は低い」という状態だからです。事実、2009年を通してGDPギャップがかなり大きいマイナスであったことは前掲の図でも分かるとおりです。つまり、「方向」として景気を説明しているのに対して、「水準」で感想を述べているというすれ違いが起きていたのです。

　景気対策の是非、景気判断の際には、方向を議論しているのか、水準を議論しているのかをはっきりさせておく必要があることが分かります。

2　景気はなぜ変動するのか

　これまでの経験から言えることは「景気は生きている」ということです。「景気の先行きを予測したい」「政策的に景気変動を小さくしたい」という試みはこれからも続くに違いありません。しかしそれでも現代の経済においては、景気の循環は繰り返されるでしょう。ではなぜ景気の変動が生ずるのでしょうか。

景気変動が生まれる理由

　いつの世にも、世界のどこでも景気の変動が生じているということは、私たちの経済の中には、景気の変動を引き起こす原因が本質的に備わっていると考えざるをえません。それは、次の五つに整理されると思います。

　第1は、私たちの国の経済が、常に外部からのショックにさらされていることです。石油価格や為替レートの変動、さらにはアメリカの景気変動、アジアの通貨危機などがそれです。2007～2008年にかけては、アメリカで起きたリーマン・ショックに端を発した混乱が世界経済、ひいては日本経済の動きに甚大な影響を及ぼしました。2011年3月には東日本大震災が発生し、これも日本経済全体に大きな影響を及ぼしました。こうした外部からのショックは、その一つ一つが日本

経済に異なったタイプの影響を及ぼします。これが景気の変動を生むのです。前述のように、70〜80年代に生じた4回の景気循環は、いずれもこうした外部からのショックが後退のきっかけとなったものでした（2回が石油価格の上昇、2回が円高）。バブル崩壊後の景気後退も、その多くはアジア危機、アメリカ経済の失速などの外的ショックがきっかけになっています。

第2は、経済政策の影響です。政府、日本銀行は、景気変動を安定化させるために、財政金融政策を運営しているのですが、その結果生ずる財政支出や金利、マネー・サプライの変化は当然ながら景気に影響を及ぼします。こうした政策的介入が景気変動の原因であるという意見の人もいます（「**ポリティカル・サイクル**」の考え方）。特にアメリカでは、4年に一度定期的に大統領選挙があるため、現職大統領は選挙の年には無理にでも景気を良くしようとする傾向があり、これが景気変動のきっかけになっているという議論もあります。

以上のような、第1、第2の要因によってもたらされる景気変動は、「外生的」な景気変動と呼ぶことができます。

第3は、現在の経済活動は、人々が将来に対してどんな期待を持っているかが関係することです。特に、企業の設備投資、家計の住宅投資などの「投資」は、現在の経済状態だけではなく、将来の期待とも密接に関連しています。「景気が良くなるはずだ」と考えれば、企業が投資を増やし、「これからリストラがありそうだ」と考えると、家計は高額の住宅を購入しようとはしないでしょう。

この場合、各経済主体の将来期待がランダムにばらついているのであれば、「楽観的な見通しの下に積極的に投資をする企業（人）」と「悲観的な見通しの下に投資を手控える企業（人）」がばらつくはずですから、全体としての投資も大きくは変動しないはずです。ところが、将来への期待というのは「気分」に属する問題であるため、極めて変化しやすく、かつ周囲の行動に左右されやすいという特徴があります。回りの企業の見通しが好転し、設備投資を始めたようだと聞くと、自分達も負けられないと考えて、やはり設備投資を実行するでしょうし、ある家計が「これからはボーナスも増えそうだ」と思っているようなときには、他の家計も同じような感じを持っているはずです。すると、投資が起こる時は一斉に起こることとなり、経済が特定の方向に加速することになります。

第4は、経済活動には「フロー」と「ストック」があるということです。経済活動のうち、消費のようなフローの活動は、その時限りで効果が消えてしまうの

に対して、在庫、設備などについては、投資活動はフローですが、その結果はストックとして残り続けるという大きな特徴があります。したがって、フローの投資活動が増えていくと、ストックも増加しますから、いつかは必ずちょうど良いレベルのストックが実現してしまい、それ以上はフローの投資を増やさないでも良い状態が現れてしまいます。このため、企業の在庫投資、設備投資、家計の住宅投資、耐久消費財支出などは、フローの投資が増える局面と減る局面が繰り返されることになります。

　この第3と第4の要素から、「内生的」な景気変動が生まれます。

　さらに第5の要因として、経済活動は、所得―需要―生産という三つの側面で関連し合っているため、累積的に拡大したり停滞したりするということも景気の変動を大きくします。その原因が外生的であるか、内生的であるかにかかわらず、ひとたび経済活動が拡大すると、所得が増加し、所得の増加は需要を増やします。需要に応えて生産が増えると、また所得も増えます。こうして景気は良くなり始めると、累積的に良くなり、悪くなり始めると、累積的に悪くなって行くのです。

景気を左右する消費、設備投資、輸出

　第2章の冒頭で説明したように、短期的な景気変動は主に需要サイドの動きで説明されます。需要にはいくつかの項目がありますが、中でも景気全体に影響することが多いのは、「消費」「設備投資」「輸出」の三つです。消費と輸出は内生的な景気変動要因として、輸出は外生的な変動要因として重要です。

　表3-3は、この三つの需要の変化率と成長率への寄与度[3]を見たものです。これをみると、三つの需要の寄与度はかなり大きく、ほとんどの場合、三つを合計するとGDP成長率を上回っています。ということは、GDP全体の成長率は、この三つの需要の動きでほとんど説明できてしまうことを意味しています。

　消費と設備投資は対照的な性格を持っています。消費は「図体は大きい」のですが、「変動は小さく」、景気全体に遅れ気味に動きます。一方、設備投資は「図

3）寄与度というのは、その需要が全体の成長率をどの程度変化させたかを見たものです。これは、その需要項目の変化率に、その需要がGDPに占めるウェイト（構成比）を乗じたものとなります。例えば、2018年度には消費は0.4%増加しましたが、この消費の増加はGDP成長率を0.2%高める力となりました。0.2%という寄与度は、消費の伸び（0.4%）に消費のウェイト（0.555）を乗じたものになっています。

表3-3　消費、設備投資、輸出の変動と影響力

(%)

年度	2014	2015	2016	2017	2018	2018年度 構成比 (名目)
実質GDP 成長率	▲0.4	1.3	0.9	1.9	0.7	100.0
消費支出 (寄与度)	▲2.6 (▲1.5)	0.7 (0.4)	0 (0)	1.0 (0.6)	0.4 (0.2)	55.5
民間設備投資 (寄与度)	3.4 (0.5)	1.6 (0.3)	▲0.5 (▲0.1)	4.6 (0.7)	3.5 (0.6)	16.3
輸出 (寄与度)	8.7 (1.4)	0.8 (0.1)	3.6 (0.6)	6.5 (1.1)	1.6 (0.3)	18.3

(出所) 内閣府「国民経済計算」より

体はあまり大きくない」のですが、「変動が大きく」、景気全体を先行的にリードする傾向があります。

　まず、消費から考えましょう。消費は、我々家計が日々の生活のために支出しているもので、全需要の中でも半分以上のウェイトを占める最大の需要項目ですから、その変動が景気を大きく左右することは当然です。

　家計の所得から税金や社会保険など強制的に差し引かれるものを除いた分を「可処分所得」といいます。我々は、可処分所得を消費と貯蓄のどちらかに振り分けることになります。すると、定義的に、

$$消費 = (消費／可処分所得) \times 可処分所得$$

となります。可処分所得のうち消費に振り向ける割合（消費／可処分所得）のことを、「消費性向」といいます。逆に、貯蓄に振り向ける割合が「貯蓄性向」です。消費性向と貯蓄性向の和は1となります。

　このように考えてくると、消費の変動は、可処分所得が変わるか、消費性向が変わるかのどちらかによって動くことになります。前者は「所得要因」であり、いわば「懐具合」です。誰でも所得が増えれば消費も増えるということです。後者はいわゆる「消費者マインド」です。2011年3月の東日本大震災直後には、消費が大きく落ち込みました。特に、娯楽関係の支出が減ったのですが、これは国

コラム1 景気の実際と実感

　「今は景気が良い状態です」と説明すると、しばしば「とてもそうは実感できない」といわれることがあります。2012年末以降の景気上昇（アベノミクス景気）についても、戦後最長ともなりそうな長期景気上昇であるにもかかわらず、世の中の多くの人は「とても戦後最長といった実感はない」という声が聞かれます。どうしてでしょうか。この章で述べてきたことを踏まえて考えてみると、次のような理由が考えられます。

　第1は、景気上昇の勢いが弱いことです。景気上昇の期間というのは、とにかく経済が拡大しさえすればいいわけで、「どのくらいの勢いで拡大しているか」は問いません。また、途中で横ばい気味の時期があったとしても、横ばいの後に再び景気が上昇軌道に乗れば、横ばいの時期も景気拡大期に含まれることになります。そこで、景気動向指数（CI）の増加率を、その前2回の景気拡大期と比較してみますと、2002年1月からの景気上昇期は、73か月で25.1%の上昇、2009年3月からの場合は、36カ月で40.1%の上昇だったのに対して、2012年11月以降の場合は、仮に19年9月までを取ると、82カ月で10.7%の上昇にとどまっています。

　第2は、名目と実質の違いです。景気が拡大しているかということは、主に物価変動の影響を除いた実質値で判断されています。ところが、我々が実際に目にしている経済活動は物価を含んだ名目値です。実質値が増えているとき、名目値も同じように増えていれば問題はありません。しかし、近年の景気上昇はデフレ下（物価下落下）または物価上昇率が非常に低い状態での景気上昇であったため、実質では経済が拡大しても、名目値ではそれほど目立って拡大していません。

　第3は、賃金が上がっていないことです。2012年以降の景気上昇の中で、労働需給はひっ迫して人手不足感が強まったのですが、その割には賃金はあまり上がっていません。家計の立場からすると、雇用改善⇒賃金上昇⇒消費活動の活発化⇒生活水準の向上というところまで進まないと景気上昇の実感は得られないのです。

図3-3　可処分所得と消費の関係

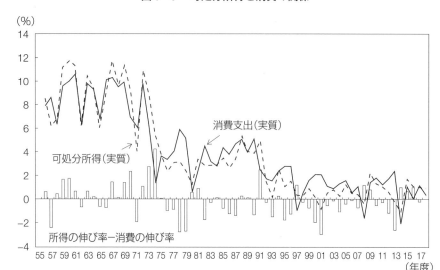

（備考）内閣府「国民経済計算」より作成。94年以降は2008SNA、81年以降は93SNA、それ以前は
　　　　68SNAによる。94年以降は消費は現実最終消費支出、所得は調整可処分所得＋年金基金準備金
　　　　の変動（2018年度は家計最終消費支出）

民全体が「これほどの大災害の中で遊んでいられない」という気分になり、消費
マインドが冷え込んでしまったからです。

　このうち実際に消費を動かすのは所得要因のほうです。**図3-3**は、可処分所
得の伸びと所得の伸びを対比させたものですが、両者がほぼ同じように動いてい
ることが分かるでしょう。後述するように、家計の所得は景気にやや遅れて変動
します。したがって消費もまた全体の景気にやや遅れて変動することになるので
す。

　設備投資は、図体は消費の5分の1程度なのですが、変動が極めて大きく景気
全体にも大きく影響します。企業の設備投資は、基本的には、企業が「設備を増
やそうとする」動きですから、中長期的な期待成長率（これからの経済がどう動
くと企業が考えるか）、稼働率（現在の設備の余裕がどの程度あるのか）、企業収
益（設備投資を賄うだけの資金があるか）、金融情勢（借り入れなどによる資金
調達がどの程度容易か）などの要因で動くことになります。

　景気が良くなってくると、収益が増え、稼働率が高まり、将来の見通しも明る

くなってきます。そこで企業が設備を増やすための設備投資を行うと、それが他の産業の生産を刺激することになり、景気をさらに拡大させることになります。逆に、景気が悪くなってくると、設備が余ってきますから設備投資は行われなくなり、それが他の産業の生産の足を引っ張ることになります。こうして設備投資は景気の変動をリードしているのです。

　輸出は景気変動のきっかけになることが多いため大変重要な需要項目です。2008年8月のリーマン・ショックのように世界経済が混乱すると、それが輸出の減少を通じて成長を引き下げることになりますし、逆に、輸出の拡大にリードされて景気が回復に向かうということも多いのです。この輸出の変化をもたらすものとしては、「所得要因」と「価格要因」があります。所得要因は、貿易相手国の所得の変動（つまり景気の変動）によって日本からの輸出が変動するという動きを示したもので、価格要因は、日本からの輸出品の価格が変動することによって輸出の伸びが左右されることを示すものです。

　このように整理すると、「世界経済が減速するのが心配だ」という議論は、所得効果によって輸出が減ることを心配しているのであり、「円高で輸出企業が心配だ」というのは、価格効果によって輸出が減ることを心配しているということになります（円高と輸出の関係については第8章「円レートの変動と日本経済」を参照してください）。

3　景気判断と景気予測

　以上のようにして景気指標を読み、その変動のメカニズムを考えてきたのは、「景気の現状がどんな状態にあるか」を知り（景気判断）、「これから景気がどう動くか」を予想したい（景気予測）からです。

景気変動の三段階論

　景気の判断や予測に際しては、単に景気の姿を静的に眺めるだけでなく、それが動的にどう動いているかを考える必要があります。そのような時、「標準形」として次のような三つの段階を考えるといいでしょう。

　景気が良くなっていく時を考えます。まず、第1段階は「回復期」です。そのきっかけは様々ですが、景気対策や輸出の増加などの、いわば「外生的需要」の

増加が最初の回復をもたらすことが多いと言えます。この時期には、まず生産活動の回復が見られます。

第2段階は、「加速期」です。この時期には特に企業部門が景気をリードします。企業収益が好転し、これに引っ張られて設備投資が増加するからです。「生産の増加に対応しよう」とする企業の設備投資そのものが新たな需要となって作用するため、景気は加速度的に好転して行くわけです。

第3段階は、「成熟期」です。景気好転の影響は次第に家計部門にも波及します。生産活動や収益の増加にタイムラグを伴いながら、雇用や賃金が増えるからです。すると、それまでの需要増に消費需要の増加が加わりますから、景気は全面的に良くなり、次第にピークへと向かいます。

景気が悪くなる時は、この逆です。すなわち、「生産が鈍化し」→「企業部門がマイナスとなり」→「やがて家計部門も悪化する」という三段階です。

もちろんこれは「標準形」であり、現実の景気変動はこれに様々な要素（特に外部からのショック）が加わって、無数のバリエーションが生まれます。

景気分析の具体例

実例として、2012年11月以降の景気上昇について考えてみましょう。日本経済は、安倍政権の発足とともに、円安・株高が進行し、景気は上昇局面に入りました。いわゆる「アベノミクス景気」です。2013年度の実質GDP成長率は、2.0％と比較的高いものとなりました。これは、①円安が製造業の収益を好転させたこと（詳しくは第8章「円レートの変動と日本経済」を参照）、②株高が家計の資産保有額を増大させ、消費需要を拡大させたこと（「資産効果」）、③公共投資が大幅に増額されたこと（アベノミクスの第2の矢「機動的な財政運営」）、③2014年4月からの消費税引き上げを前に駆け込み需要が発生したこと、などによるものです。

その後、2014年度に入ってからは、景気は横ばい状態となりました。消費税率引き上げに伴う駆け込み需要の反動減が大きかったこと、世界経済の減速で輸出が伸び悩んだことなどによるものです。2016年半ばからは、世界景気の回復で輸出が伸び、再び景気は上昇し始めました。しかし、2018年の秋頃から、米中貿易紛争の影響で世界経済が減速し、日本の輸出も減速したことから、景気は横ばい気味で推移し、2019年中も同じような動きが続きました。2018年秋が景気の山で、

その後は後退局面に入っていると見るエコノミストもかなりいます。

　このように最近の景気を見ていると、今回のアベノミクス景気は、特に当初の段階では、通常の景気変動とは異なる面が目立ちました。政策効果で始まった景気上昇が進む中で、企業収益は改善したところまでは通常のパターンだったのですが、設備投資はなかなか盛り上がりませんでした。一方、雇用情勢はそれまでの改善傾向がさらに進み、消費も先行的に拡大しました。その意味では、前述の景気の三段階論は、アベノミクス景気に関しては、「景気がどんなパターンをたどるのかを理解する」というよりは、「アベノミクス景気がいかに通常の景気変動パターンと異なるものだったかを理解する」のに役立つものだったと言えそうです。

　ただし、2016年以降になると、輸出が増加すると景気が好転し、輸出が鈍化すると景気に陰りが見られるようになるという動きが続いています。「輸出をきっかけに景気が良くなったり悪くなったりしやすい」という日本の景気の特徴は相変わらず続いているようです。

景気の見通しは当たるのか

　さて誰もが知りたがるのが今後の景気です。景気の将来予測については、前述のように、40前後の調査機関が独自の景気予測を発表しています。表3−4は、年末時点で行われている各機関の予測のコンセンサス（平均）とその後判明した実績とを比較したものです。この表をみると、三つのことが読み取れます。

　一つは、「景気の予測は難しい」ということです。予測と実績を比較してみると、ほとんど差がない（予想が的中した）のは2015年末に行われた2016年度予測だけで、それ以外は両者には毎年かなりの差があります。予測はあまり当たっていないのです。

　景気観測の難しさを示すために、天気予報と比較してみましょう。天気予報の場合は、「明日の天気」は分からなくても、少なくとも「今の天気」は誰にでも分かります。景気予測の場合は、「明日の景気」が分からないことは天気予報と同じですが、「今の景気」についても判断が分かれることが多いのです。今の状態がよく分からないのに明日を予測しようというのですから、景気予測が難しいのは当然でしょう。

　また、天気の予測は純粋に自然現象を予測するのですが、景気予測（経済に関

表3-4　予測のコンセンサスと実績（実質GDP成長率、%）

予測時点 （各12月）	予測対象（年度 平均成長率）	予測機関の数	予測	実績（第1次 速報時点）
2008年	2009年度	38	0.4	▲1.9
2009年	2010年度	41	1.2	2.3
2010年	2011年度	42	1.3	0.0
2011年	2012年度	42	2.0	1.2
2012年	2013年度	40	1.4	2.3
2013年	2014年度	41	0.8	▲1.0
2014年	2015年度	42	1.7	0.8
2015年	2016年度	41	1.5	1.3
2016年	2017年度	41	1.1	1.5
2017年	2018年度	42	1.2	0.6
2018年	2019年度	39	0.7	

（出所）日本経済研究センター「ESP フォーキャスト調査」

する予測は全てそうですが）は、人々の期待や政府・中央銀行の政策が影響するという特徴があります。例えば、多くの人が「これから景気が悪くなる」と予想しているような場合は、当然政府・日銀も同じことを考えますから、何とか景気の悪化を阻止しようとします。その結果「景気が悪くなる」という予想は外れるかもしれません。

　二つ目は、多くの人が言っているからといってそれが正しいとは限らないということです。予測のコンセンサスというのは、経済の専門家が将来を予測したものを集めて平均したものですから、ほぼ常識的な見方だといっていいでしょう。その見方が結果的には必ずしも正しくないということは、「常識的な見方は必ずしも正しくない」ということを示しています。ただし、やや話が複雑になりますが、コンセンサス予想はそれでも予想としては成績の良い方なのです。詳しくはコラム2を見てください。

　三つ目は、「予測のコンセンサスにはバイアスがある」ということです。表にみられるように、翌年度についての予測のコンセンサスと実績とはかなり差があるのですが、この差の現れ方には緩い規則性があるようです。それは、景気上昇期にはコンセンサス予想より実績が高く、後退期や横ばいの時期には逆に実績が低くなるというものです。例えば、アベノミクスの2013年度以降の予測を見ますと、景気が横ばいだった14年度は予測よりも実績が低かったのですが、それ以外

コラム2　**コンセンサスの成績は？**

　専門家が景気の先行きをどう見ているかを定期的に調べているものに「ESP フォーキャスト調査」（日本経済研究センター）があります。これは、日本の代表的なエコノミスト（2019年11月時点では36人）に、毎月アンケートを行い、主要指標の今後の予測値を調べてその平均値（コンセンサス）を公表しているものです。

　この ESP フォーキャスト調査については、各予測者の予測と実績を比較し、成績をつけて上位5人を公表するということが行われています。その過程で面白いことが分かってきました。平均（コンセンサス）がどの程度にランキングされるのかを調べたところ、毎年例外なくベストテンに入る好成績なのです。例えば、2016年度2位、2017年度6位、2018年度5位という具合です。つまり、コンセンサスの成績は良いということなのです。

　これは考えてみれば不思議なことです。コンセンサスは予測者の予測を平均したものです。するとランキングは真ん中あたり（18〜20位）になりそうなものです。ではなぜこのようなことが起きるのでしょうか。

　今、40人の予測の分布があり、事後的に実績が明らかになったとします。この実績が平均値より上だったとしますと、平均値は平均より下半分の予測者よりは実績値との誤差が小さいことになります。平均より上を予測した人の中にも誤差は平均値よりも大きい予測者がいる可能性もあります。つまり、コンセンサス予想は、絶対に真ん中よりは上の成績を取るのです。それが毎月繰り返されるわけですから、総合成績は相当良くなるのです。

　予測のコンセンサスを見るということは、単なる平均を見ているというだけではなく、「かなり成績の良い予測を見ている」ということなのです。

はいずれも実績が予測を上回っています。

　このことは、「私たちの将来に対する予測は、現状に引きずられやすい」ということを示しているように思われます。多くの人は結局のところ、「明日も今日のような日になるだろう」という最も安全で常識的な予想をしているようです。しかし現実の経済はこうした予想を越えてダイナミックに変化します。私などは、

だからこそ経済は面白いと思ってしまいます。私たちは、景気の将来展望についても、専門家の意見を鵜呑みにせず、それをある程度参考にしながら、私達自身の判断を加えていかなければならないのです。

参考文献

　景気分析の最新の動きについては、

内閣府（各年）『経済財政白書』

が必読文献です。

　経済統計の見方については、次のようなものがあります。

新家義貴（2017）『経済指標の読み方』（日本経済新聞出版社）

塚崎公義（2010）『初心者のための経済指標の見方・読み方』（東洋経済新報社）

髙安雄一（2016）『やってみよう景気判断』（学文社）

▶▶課題

1．景気は常に変動していますから、本書で述べた景気の現状についての話もすぐに古くなってしまいます。現時点の景気が本章で述べた景気変動の三段階論のどこに位置しているか、考えてみてください。

2．景気問題に強くなる秘訣は、データを見ることに慣れることです。1カ月間でいいですから、新聞の経済欄を眺めて、経済指標の内容をメモしておきましょう。1カ月たつと一通りの指標を見ることができます。

3．景気問題に強くなるもう一つの秘訣は「自分で考えてみる」ことです。本章を参考にして、景気の現状と将来について考え、簡単なメモにしておき、1年後に改めてそのメモを見直してみると、自分の景気認識のどこが正しくて、どこが間違っていたのかが明瞭に分かるはずです。

第4章

雇用の変動と日本型雇用慣行の行方

雇用の確保はなぜ重要なのか

　働きたいと思う人が、能力にふさわしい仕事を持つことは、最も重要な政策目標の一つです。筆者などは、この点さえ実現すれば、それ以外の経済問題は多少は目をつぶっても良いとさえ考えています。それほど雇用が重要である理由としては、次のようなことがあります。

　第1に、個々の家計にとって、雇用は所得を確保するための最も有力な手段です。家計の稼ぎ手が失業したら、一家はパニックになってしまうでしょう。雇用が安定していればこそ、人々は安心して毎日の生活を送ることができるのです。

　第2に、労働力は経済にとって最も重要な生産要素の一つです。第2章でみたように、経済成長は、労働力、資本、技術という生産要素をいかに効率的に使用するかによって決まってきます。働きたい人がいるのに、その人たちのための雇用の場が確保されていないということは、労働力という生産要素が十分活用されていない、つまり大変な無駄をしていることになります。

　第3に、やや経済問題とは離れますが、「雇用」は「個人」と「社会」をつなぐ場でもあります。大部分の人々は、雇用を通じて社会に参加し、自己実現を図っています。私達は、所得を得るためにだけ仕事をするわけではありませんし、必ずしも仕事は苦痛で、余暇さえあれば満足するというわけではありません。「忙しくてたまりません」と言いながら真っ黒なスケジュール表を見ている人は、なぜか誇らしげであり、本当に暇な人はなぜか寂しそうです。これは、忙しい人は、自分の能力一杯の仕事を与えられて、自己実現を図る場が与えられている場合が多いからです。雇用の確保は、社会的要請でもあるのです。

　こうした雇用の持つ重要性は、90年代前半までは、日本では少なくとも欧米諸

国よりは意識される度合が小さかったようです。雇用が安定していたからです。1955年から97年まで、日本の失業率は3％台以下でした。しかし、90年代後半以降、経済が停滞する中で、日本でも雇用不安がしきりに論じられるようになりました。失業率が上昇する中で、「企業のリストラ、空洞化などにより高失業時代が来る」「日本型の雇用慣行が崩壊しつつある」といった懸念が強まりました。最近では失業率は低下したのですが、今度は人手不足が問題となっています。こうした懸念を掘り下げてみますと、私達が直面している雇用問題は三つあるようです。その第1は、景気変動、産業構造の変化等の中で、短期的に失業、賃金などの雇用情勢がどう変化するかという問題であり、第2は、長期的に雇用構造（または就業構造）がどう変わっていくのかという問題であり、第3は、さらに長期的に、「日本型の雇用慣行」がどのように変質して行くかという問題です。以下、順番に考えていきます。

1　景気変動と雇用情勢の変化

　短期的な雇用情勢の動きは、景気変動と密接に関係しています。労働力の供給という面では、働きたいと考える人の数（労働力人口）は短期的にはあまり変わりませんが、労働力に対する需要は、景気が悪くなると、労働力への需要が減り、景気が良くなると、需要が増えるという具合に、景気に応じて変化します。こうして短期的に生まれる需要と供給の差を調整するのには二つのやり方があります。一つは、労働者の数や労働時間を調整することであり、もう一つは賃金を調整することです。前者が数量による調整、後者が価格による調整だと言っても良いでしょう。

日本の雇用・失業情勢の全体像

　まず、数量による調整の方から考えますが、議論を始める前に、現在の日本では、雇用・失業の情勢がどうなっているのかを概観しておきましょう。

　図4-1は、2018年度時点での労働力の姿を見たものです。

　全人口のうち、15歳以上の人が生産活動に参加し得る人たちとして扱われています。このうち、働く意志を持っている人が「**労働力人口**」、働くつもりのない人が「**非労働力人口**」となります。非労働力人口に入るのは、主に「学生」「家

図4-1　労働力人口の構成（2018年度、万人）

(備考)　1．人口及び年少人口は10月1日現在
　　　　2．総務省「労働力調査」及び「人口推計」より作成

庭の主婦」「職場を引退した高齢者」などです。

　この労働力人口は、実際に仕事をしている「**就業者**」と、仕事をしたいのにそれが出来ないでいる「**完全失業者**」に分かれます。労働力人口に占める失業者の割合が「**完全失業率**」です。これは「働く意志を持つ人の中で、職を持たない人がどの程度いるのか」を示しており、雇用の状態を示す最も重要な指標です。景気が良くなり、生産活動が活発化すると、雇用機会が増えますから、失業者は減少し、失業率は下がります。

　日本の完全失業率は、90年代前半までは2％台以下の水準で、「働きたい人はほとんど全員働いている」という状態（これを「**完全雇用**」と言います）でした。しかし、90年代後半以降次第に上昇し、2002年の6月には5.5％と過去最高を記録しました。その後は4～5％程度で推移した後、最近は2％半ばまで大きく改善してきています。

景気変動と雇用調整

　では、こうした雇用・失業情勢が、景気の変動とともにどのように変化するのかを考えましょう。**図4-2**は、最近の雇用関係指標の動きを見たものです。企業は景気の変動に応じて、雇用の量（労働者の数×時間）を調整しますが、それは次のような3段階をたどります。

　第1段階は、労働時間による調整です。例えば、景気が悪化し、生産量が減少してくると、企業はとりあえず**残業時間（所定外労働時間）**を減らすことによって対応します。

図4-2　主な雇用関係指標の推移

①完全失業率と有効求人倍率

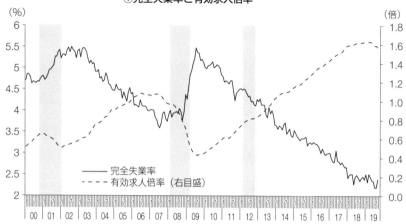

（備考）総務省「労働力調査」、厚生労働省「一般職業紹介状況」より作成。
　　　　シャドウは景気後退期を示す。

②現金給与総額、所定外労働時間の推移

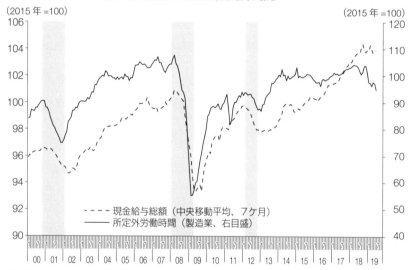

（備考）厚生労働省「毎月勤労統計」より作成。製造業。シャドウは景気後退期を示す。

　第2段階は、パート労働による調整です。残業時間の調整だけでは対応しきれなくなると、人手の調整に進むことになるわけですが、最初に手を付けるのはパートやアルバイト、派遣社員などの**非正規雇用者**です。この段階になると、企業からの求人数は減り、求職者数は増えますから、**有効求人倍率**（ハローワークに来る求人数を求職者数で割ったもの。高いほど労働市場で需給が逼迫していることを示します）が低下し始めることになります。

　第3段階は、長期雇用者（正社員）の削減です。景気後退がさらに進み、企業が設備投資の抑制や事業構成の見直しを始めるようになると、長期的な観点からも雇用を抑制するようになります。この段階になると、失業者が増えてきますから、失業率が上昇します。

　こうして、雇用調整が、労働時間→パート労働者→長期雇用という順番で進むのは、先に進むほど雇用調整のコストが大きくなるからです。雇用調整のコストとしては、①採用・解雇にともなうリサーチ、退職金などのコスト、②予定より早く退職すると、すでに教育訓練に投じたコストを回収できないこと、③雇用者のモラール（勤労意欲）が低下し、企業イメージを損なって優秀な人材が集まらなくなることなどがあります。労働時間の調整で済めばこうした調整コストはほとんどかかりませんが、パート→長期雇用と進むにつれて、こうしたコストが大きくなるわけです。

　以上のような基本を踏まえて、図4 - 2をもう一度見てみますと、次のようなことが分かります。まず、所定外労働時間、有効求人倍率は、ほぼ景気の変動に応じて上下を繰り返しています。タイミング的には所定外労働時間が最も敏感に反応しています。一方、失業率は当初はそれほど変動せず、遅れて低下・上昇が始まっています。前述の三段階に沿った動きになっていることが確かめられます。

雇用調整とオークンの法則

　景気の変動により雇用調整がどの程度行われるかをみる考え方として、**オークンの法則**があります。

　オークンの法則を見るにはいくつかの方法がありますが、ここではもっとも簡単な方法をみてみましょう。オークンの法則は以下の式で表されます。

　　　実質 GDP 成長率＝ $b - a$ 失業率の変化

これは、GDPが上昇した時に、どれだけ失業率が低下するかという、生産と失業率の関係を示す経験則です。ここで、a がオークン係数で、この係数が正の値を取るということは、景気が良くなると、失業率が低下するという景気と失業率に負の関係があることを意味します。また、オークン係数が大きいということは、成長率が変化しても、失業率があまり変化しない経済構造ということになります。b は失業率の変化がゼロ、すなわち、失業率が変化しない状態における成長率を示します。

　もともとオークンの法則は、オークンがアメリカ CEA 委員長として執筆した1962年の大統領報告で紹介され有名になり、アメリカでは経済学のテキストでも紹介されるようになりました。

　図4-3①はアメリカの状況をみたものです。横軸に失業率の変化、縦軸に実質 GDP 成長率をとり、2つの変数の相互の関係をみた相関図です。両者には右下がりの関係があり、オークン係数は2程度となっています。一方、日本についてみると、一応右下がりの関係があるように見えますが、オークン係数は7程度と大きく（図4-3②）、ばらつきが非常に大きくなっていました。しかし、このグラフは、実は1980年代までの日本での動きをみたもので、90年代以降になると、大きな変化がみられます。傾きが緩やかになり、ばらつきも小さくなるとともに、オークン係数が3程度まで低下していることが分かります（図4-3③）。アメリカに比べれば弱いものの、失業率も経済成長率に応じ変化しやすくなっているのです。

変化するようになった失業率

　オークン係数の低下は、経済成長率の変動に対し、残業時間のみならず、労働者数による調整が以前と比べ行われるようになったことを意味しています。

　もっとも、バブル崩壊後などには、経済低迷の中で失業率がそれほど上昇しない時期もありました。この一因として企業の「**雇用保蔵**」（labor hoarding、労働保蔵とも呼ばれます）が指摘されています。つまり、雇用者数そのものの調整が難しい場合には、労働時間だけでなく、労働者の稼働率（働く密度）が変化するのです。景気拡大期には、限られた労働力でたくさんの仕事をするので働く密度が上昇し、逆に景気が悪くなると、大勢の人間で限られた仕事に当たるので、働く密度が低下するのです。つまり、働く密度が変化することで、頭数の調整が免

図4-3 オークンの法則

①アメリカ

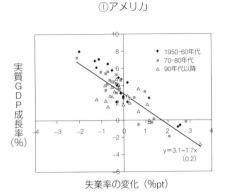

②日本（1956~89年）

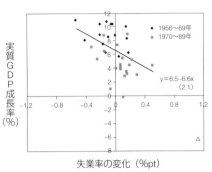

③日本（90年~2018年）

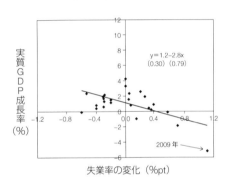

（備考）％pt（パーセントポイント）とは、百分率（パーセント）で表された2つの数値の差（変化幅）のことです。（例：4％－3％＝1％pt）

れているわけです。この「労働密度」が変動するという現象は、私達の身の回りでもよく観察されます。試験がまだ先である場合と、明日に迫っている場合では、勉強の集中度が違うでしょう。原稿の締切りが近付いてくると、必死になって机に向かうので、同じ時間内でより大量の原稿を生産することができます。いずれも、時間の調整が難しいので、働く密度による調整が行われているのです。

　この雇用保蔵があると、不況期にはこれがバッファーとなるため、失業率は低くなります。しかし同時に好況期には、逆のメカニズムによって「潜在的な雇用機会」が失われていることになります。だからこそ日本の雇用は安定していたの

です。

構造失業と循環失業

　以上では、失業率に代表される雇用情勢は、景気に連動して動くと考えてきました。しかし、そうとも限りません。例えば、90年代に入ってから、日本経済は何回かの景気循環を経験してきましたが、失業率は景気下降期には上昇し、上昇期にはあまり下がらない、という形を取りながら、次第に上昇しました。これは、景気以外の要因が失業率に影響を及ぼしているということを示しています。

　この点を見るためには、失業率を景気循環に伴う**「循環失業」**と景気以外の要因による**「構造失業」**に分けて考える必要があります。両者を分ける手法として最もポピュラーなのが「UV分析」という手法です（詳しくは**コラム**を参照）。

　コラムの図②をみると、90年代半ば頃まではUV曲線は楕円形の軌道を描いていましたが、95年頃から2002年頃までは上方にシフトし、構造的な失業が増えていたことが分かります。そして、2000年頃を起点に再びもう一つの大きな楕円軌道を描いています。

　そうしてみると、この図からさらに二つのことが指摘できます。一つ目は、日本の失業率は2018年時点でかなりの程度まで改善したということです。かつて図の45度線の右側にあったのはバブルの頃の時代だと思えば、解り易いでしょう。二つ目は、そうなってしまうと、需給要因の一致する45度線を超えているわけですから、景気が良くなって労働需給が改善するという観点からは、既に相当のところまで進んでおり、今後失業率を低下させる選択肢としては、構造的な失業を減らすことがより重要となるということです。

　構造的な失業は、求人の内容と求職の内容がずれていることから起こります。**「ミスマッチ」**と呼ばれる現象です。私はこの構造的な失業を、子供の頃遊んだ「椅子取りゲーム」にたとえて説明しています。椅子取りゲームは、プレイヤーの数よりも椅子の数が一つか二つ少ないため、座れなくなる人がいて、座れなかった人は負けというゲームです。いま、一つ一つの椅子が仕事（求人情報）だとしましょう。労働市場では、様々な椅子（求人）がたくさん並んでいて、ちょうど人数分だけあるとします。一方で、座る人の側（求職者）は椅子に好みがある（自分の好きな仕事を選びたい）とします。たとえば青の椅子を好む人が多いと、みな青色の椅子に座りたがり、たとえ黄色の椅子が余っていても、誰も座ろうと

しないことが考えられます。これが労働市場のミスマッチです。たとえ仕事（黄色の椅子）があっても、誰もその仕事をしようとしないので、求人と求職者がたとえ数の上では等しくても、それぞれともに余ってしまうということです。

　ミスマッチには、年齢のミスマッチ（企業は若年労働者を求めるが、リストラや定年により職を探しているのは中高年）、職能のミスマッチ（介護や福祉、IT関係の仕事は増えているが、人材の供給は不足している）、地域のミスマッチ（大都市圏では求人が増えているが、地方では落ち込んでいる）、産業のミスマッチ（IT産業では雇用が増えているが、製造業では減っている）などがあります。ミスマッチを小さくするには、職業再訓練、自己啓発支援、弾力的な雇用システムの形成といった雇用政策を講じていく必要があります。

なぜ賃金は上がらないのか

　雇用の需要と供給を調整するもう一つの道が賃金による調整です。景気が悪くなると、企業は収益の悪化を避けるため、賃金の上昇を抑えようとします。そういう時は人手が余っている時ですから、労働需給は緩和しており、労働市場という面からも賃金は上がりにくくなります。こうして賃金上昇率が抑えられることで、企業は人を雇い続けられるようになりますし、ある程度労働需給のギャップが拡大するのを防ぐことができます。価格による調整が、数量の調整を抑制すると言ってもいいでしょう。

　日本の賃金上昇率は、①企業収益が増えれば増えるほど、②消費者物価上昇率が高ければ高いほど、③労働需給が逼迫すればするほど高くなるという傾向があります。

　90年代後半以降は、経済の停滞が続いて企業収益の悪化、労働需給の緩和が続き、さらに物価が下がるというデフレ状態が続いたため、賃金上昇率は過去に例を見ないほど低い状態が続きました。ついに98年には1.4%の低下となり、99年にはボーナスや残業手当を除いた賃金（所定内給与）でも減少となりました。名目賃金が下がるというのは、戦後の日本では初めてのことであり、主要先進諸国の中でもほとんど日本だけの現象です。「下方硬直性があるので、名目賃金上昇率はマイナスにはならない」というのが経済学の常識だったのですが、それが覆されたわけです。それだけ日本経済、日本の雇用情勢が深刻だったということです。

コラム　UV分析

　景気循環に伴う「循環的失業」とミスマッチによる「構造的失業」を区別するための手法がUV分析です。

① UV分析の考え方

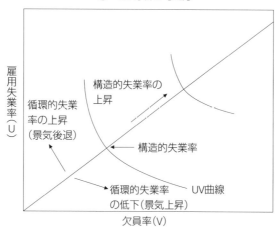

② 実際のUVカーブ

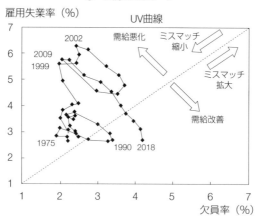

（備考）1. 総務省「労働力調査」、厚生労働省「職業安定業務統計」により作成。
　　　　2. 雇用失業率＝完全失業者数/（雇用者数＋完全失業者数）
　　　　3. 欠員率＝（有効求人数－就職件数）/（有効求人数－就職件数＋雇用者数）

　図は、縦軸に雇用失業率（雇用者ベースの失業率）、横軸に欠員率（企業が人を求めているのにまだ雇われていない部分の割合）をとったものです。この図に現実の数字をプロットすると、労働需給が緩和するほど未充足求人が減って、失業者が増え、逼迫するほど未充足求人が増えて、失業者が減るはずですから、図のような放物線が描けるはずです。

　ここで、経済全体の労働需要と労働供給を考えますと、

　　　労働需要＝雇用者＋未充足求人

　　　労働供給＝雇用者＋失業者

となります。

　すると、労働需要と労働供給が一致するのは、

　　　未充足求人＝失業者数

の時ですから、図の45度線がそれに当たります。45度線上の失業率は、ミスマッチによる失業率（構造失業率）だということになります。

　現実の推移は、この放物線のシフトと、放物線上の左上・右下への動きに分けることができます。このうち放物線のシフトが構造的失業の変化であり、放物線上の動きが循環的失業の変化だということになります。

　2005年頃からは、労働力需給が逼迫してきたのですが、賃金の動きは弱く、2007年に入ってからは再び前年比マイナスという状態に戻ってしまいました。「景気が良く、企業収益は増加し、人手不足が目立つようになったのに賃金はなぜ上がらないのか？」これは大きな謎で、その理由をめぐってはさまざまな議論が行われました。例えば、2007年の「経済財政白書」は、その理由として、①非正規雇用者の割合が高まった（正規雇用者よりも非正規雇用者のほうが賃金が低いので、非正規雇用者の割合が高まると、一人当たり平均賃金は低下します）、②団塊世代の退職者が増えている（相対的に賃金コストの高い団塊世代が、2007年ころから60歳の定年を迎えて、退職し始めました）、③地方公務員の賃金が低下した、といったことが複合的に作用したためだとしています。

　その後も賃金は弱い動きが続いています。企業収益向上はボーナス増には反映されるのですが、所定内給与増にはつながりにくく、①非正規雇用増や、②年功賃金が抑制されていること、などから全体の賃金も抑えられています。①につい

ては、たとえば、一人当たり賃金は2000年代前半、後半にはそれぞれ1.4%減、1.2%減でしたが、2010〜14年には横ばいへと改善しました。ところが、2010〜14年の賃金の伸びをパートタイム労働者とそれ以外（一般労働者）に分けてみますと、高くはありませんがともにプラスです（パートタイム0.06%増、一般労働者0.36%増）。パートタイム労働者の比率が高まっているため、全体としては賃金は横ばい（0.03%増）にとどまったのです（平成27年版労働経済白書より）。

　それでも需給改善に伴い2015年からはようやく賃金、所定内給与ともにプラス基調に転じました。しかし、消費者物価も上昇に転じているので、実質でみると横ばいまたは若干（1%未満）のプラスとなっています。

2　日本の雇用構造

人手不足時代の到来

　次に長期的な観点から日本の雇用バランスを考えてみます。「私たちの将来展望には、足元の情勢がそのまま長期的に続くと考えるバイアスがある」というのが筆者の経験則なのですが、これは雇用の展望にも当てはまります。振り返ってみますと、86年以降の円高不況の中では、日本はいよいよ「高失業時代」に入るという議論が出ました。マイクロ・エレクトロニクス技術革新や日本企業の海外進出が雇用機会を奪う、高齢社会への移行・産業構造の変化につれて雇用のミスマッチが強まるといった議論が盛んに行われました。しかし、87年以降、バブル景気の中で労働需給が逼迫してくると、今度は「日本は労働力不足時代に入った」という議論が出てきました。今後労働力人口の伸びが鈍化し、企業は人手を確保できなくなるという議論でした。

　そして91年以降、景気が後退し、雇用情勢が悪化してくると、再び「高失業時代」論が幅を利かせるようになりました。若年層の失業率が高まって、学生諸君は就職氷河期に苦しむようになり、中高年層も企業のリストラによる失業不安が強まったからです。こうした雇用不安論の背景には、①日本の潜在成長力が鈍化したのではないかという懸念、②中国への生産シフトなどによる空洞化により、国内の雇用機会が減少するのではないかという懸念などがあったものと考えられ

ます。

　しかし私は、これからはかなり長期にわたる労働力不足時代に入ると見ていま
す。その理由は次の通りです。まず、人口が減り、日本の労働力人口は今後長期
的に減少すると見込まれています。実は、日本の労働力人口は既に98年をピーク
に減少しているのです。しかし、当時は企業で人手が余っていたため、これが人
手不足問題としては顕在化しませんでした。2005年頃になると、企業の雇用調整
は終わり、次第に人手不足が明確になってきました。これからも企業は事業活動
に応じて人手を必要とするでしょうし、一方では労働力人口は減り続けることが
確実です。

　労働力人口は、1991〜2000年の間は、第２次ベビー・ブーマー世代が労働市場
に参入したこともあって0.6％の伸びだったのですが、2000年を過ぎると、出生
率の低下による若年労働力の減少により、2001〜10年は0.2％減となりました。
その後2012年を底に再び増加に転じていますが、これは女性及び男性高齢者の就
業率上昇によるものですから限界があるでしょう。日本経済研究センターの中期
予測（2019年３月22日公表）によると、労働力人口は今後も減少傾向が続くと予
想されています（2021〜2025年0.5％減、2026〜2030年0.4％減）。

就業構造の姿

　次に、日本の**就業構造**についてみます。日本で働いている人がどのような構成
になっているかを見ようとするのが就業構造ですが、これには「どんな産業で働
いているか」「どんな仕事をしているか」「どんな性別、年齢の人が働いている
か」という三つの見方があります。

　第１の「どんな産業で働いているか」をみたのが、**表４−１①**の業種別の就業
構造です。2018年時点で、日本全体の総人口は１億２千６百万人、就業者は6681
万人ですから、国民全体の約半数が何らかの職業についていることになります。
この就業者の産業別割合を見ますと、農林水産業の第１次産業従事者は3.4％、
鉱業、製造業・建設業の第２次産業が23.5％（うち製造業は15.9％）、商業・金
融・運輸・通信・サービス等の第３次産業が73.1％となっています。この就業構
造については、第１次産業の割合が低下して、第３次産業の割合が上昇するとい
う長期的な流れがあります。これは次章で見る産業構造の変化に対応した動きな
のですが、第３次産業の割合が高まるといういわゆる「サービス化」の動きは、

表 4-1　就業構造の姿

①産業別就業者の構成

	1970	1990	2010	2018
第 1 次産業（農林水産業）	17.4	7.2	4.0	3.4
第 2 次産業（鉱業・製造業・建設業）	35.1	33.6	24.8	23.5
製造業	27.0	24.1	16.8	15.9
建設業	7.7	9.7	8.0	7.5
第 3 次産業	47.3	58.7	71.2	73.1
電気・ガス等	–	0.5	0.5	0.4
運輸・通信	6.9	6.0	8.7	8.4
卸・小売	22.5	22.6	16.9	16.1
金融・保険・不動産	–	4.1	4.4	4.4
サービス業	14.7	22.3	36.2	38.2
公務他	3.2	3.1	3.5	3.5
合計	100.0	100.0	100.0	100.0

②職業別就業者の構成

	1970	1990	2010	2018
専門技術者	5.8	11.0	15.3	17.0
管理・事務従事者	17.3	22.3	22.2	21.7
販売・保安サービス従事者	20.6	23.6	28.1	27.6
その他生産・労務従事者	56.3	43.1	34.4	33.7
合計	100.0	100.0	100.0	100.0

③性別労働力人口

	1970	1990	2010	2018
男性	60.7	59.4	58.0	55.9
女性	39.3	40.6	42.0	44.1

④年齢別労働力人口

	1970	1990	2010	2018
15〜19 歳	5.8	2.8	1.4	1.7
20〜29	28.2	20.3	16.4	15.0
30〜39	24.0	20.6	22.6	18.5
40〜49	20.4	25.8	21.6	24.2
50〜59	12.8	19.0	20.1	19.9
60〜64	4.3	5.8	9.1	7.9
65 歳以上	4.5	5.6	8.8	12.8
合計	100.0	100.0	100.0	100.0

⑤雇用形態別雇用者の構成

	1970	1990	2010	2018
正規の職員・従業員	–	74.4	61.2	58.6
非正規（パート・アルバイト等）の職員・従業員	–	18.8	32.0	35.8
その他（役員等）	–	6.8	6.8	5.6
合計	–	100.0	100.0	100.0

（備考）総務省「労働力調査」による。

就業構造の方がより明瞭に現れます。これは、製造業は機械の導入などによって生産性が上昇しやすいのですが、第3次産業はどうしても人手を使わざるを得ない産業だからです。

ただ、日本のサービス化の割合はまだ欧米諸国よりは低い水準です。第3次産業で働くようになるというサービス化の流れは、今後とも続くことは間違いないと言えるでしょう。

第2の「どんな仕事をしているか」をみたのが、**表4−1②**の職業別の就業構造です。2018年の時点で、日本の職業構成は、専門技術者が17.0％、管理事務が21.7％、販売、保安サービスが27.6％、その他の生産・労務などの労働者が33.7％となっています。この職業別の構成については、専門技術、管理事務の労働者が増加し、生産、労務関係の労働者が減少するという傾向があります。いわゆる「ホワイト・カラー化」という動きです。

筆者は、これからの日本経済においては、こうした「職業別」の構造を見ることが重要と考えています。私たちは、ある人がどんな仕事をしているのかを問う時には、「どんな企業で働いているか（トヨタに勤めていますというように）」を尋ねるのに慣れています。しかし、自動車会社といっても、エンジニア、法律家、会計・人事の専門家、資材の調達担当、コンピュータ・情報処理など多様な仕事があり、多様な職業の人が働いています。私は「仕事」を問うのであれば、本来は仕事の中身、つまり「職業」を尋ねるべきだと思います。これまでの日本では終身雇用的な慣行が強かったため、人材は企業という組織の上を縦に流れていきましたから、企業が個人の属性の中心でした。しかし今後、人材の流動化が進むと、人材は職業という専門性の上を横に流れていくことが多くなるでしょう。だとすると、企業・産業よりも職業の重要性が高まると思うのです。

第3の「どんな性別、年齢の人が働いているか」をみたのが、**表4−1③**の性

図4-4　増加する非正規雇用者

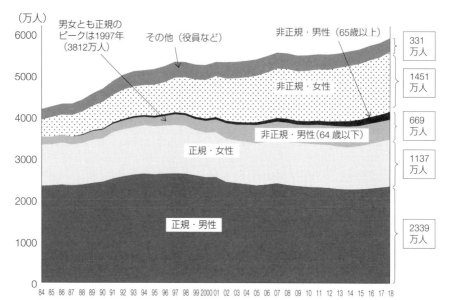

（備考）2001年までは総務省「労働力調査特別調査（2月）」、2002年以降は「労働力調査（詳細集計、年平均）」により作成。

別労働力人口、同表④の年齢別労働力人口です。2018年の時点で、日本の労働力人口のうち性別では男性が55.9％で女性が44.1％、年齢別では、10歳代が1.7％、20～40歳代57.7％、50～64歳27.8％、65歳以上12.8％となっています。この性別・年齢別の構成は、①人口構成の変化、②それぞれの年齢階層における労働力率（労働市場への参入比率）の変化という二つの組み合わせによって変動することになります。これまでは、女性比率の高まりと中高年者割合の上昇という流れがあることが分かります。

　最後の⑤は、就業者から自営業者などを除いた雇用者（会社から雇われている人）について、「**正規雇用**か、パート・アルバイトなどの**非正規雇用**か」をみたものです。2018年の時点で正規雇用者は58.6％、非正規雇用者は35.8％となっており、労働者に占める非正規雇用者の比率が高まっています。**図4-4**でみるように、正規雇用者はバブル期に大幅に増加したのですが、1997年をピークに減少傾向にあり、以降の雇用者の増加は、非正規雇用者の増加による部分が大きくなっています。男性の非正規雇用者には高齢者も多くなっています。

　なお、表には掲載していませんが、人手不足もあり中小企業を中心に外国人雇用も進んでいます。**外国人労働者**数は2019年10月末で166万人とこの10年間で約100万人以上増加しています。就業者が6700万人強ですから、約2％ということです。外国人労働者のうち、専門的・技術的分野の在留資格所持者は2割程度、永住者や日本人の配偶者は3割程度です。最近増加が目立つのは、「資格外活動（留学含む）」や技能実習生で、それぞれ2割程度となっています（厚生労働省「外国人雇用状況の届出状況」による）。

　今後は、①人口構成の変化は若年労働者の割合を低下させ、高齢者の割合を高める、②労働力率については、若年層では進学率の上昇によって低下、女子や高齢者は労働市場への参加が高まるため上昇することになるでしょう。その結果、今後も、女子の割合、高齢者の割合が特に高まっていくことになるでしょう。

3　日本型雇用慣行の行方

日本型雇用慣行の姿

　最後に、日本型の雇用慣行について考えます。日本型雇用慣行としてしばしば指摘されるのは、「**終身雇用**」と「**年功型賃金**」です。日本の代表的な企業では、終身雇用制の下に、労働者は新規学卒者として採用され、基本的には定年までの雇用が保障されています。年功序列制の下で、年齢、勤続を加えるにしたがって、昇進、昇給があります。職場、職種の異動を重ねつつ、OJT（オンザジョブ・トレーニング、職場内訓練）によって職務遂行能力が形成され、熟練が企業内に蓄積されていきます。労働者の側もこうした長期雇用、年功制を前提に生活設計を行っているのが普通です。

　この二つは、あたかも日本の伝統的な仕組みであるかのように考えられることがありますが、それほど強固な制度的存在ではありません。第1に、制度的基盤が強いわけではありません。両者とも労使双方で明文化された契約を交わしているわけではなく、事実上の慣行にすぎないのです。第2に、歴史的に見てもそれほど長く続いているわけではありません。両者とも戦後の高度経済成長の過程で日本に根付いたとされています。第3に、日本の労働者全体をカバーしているわけではありません。終身雇用、年功賃金の色彩が強いのは、大企業、事務・技術

図4-5　年齢階級別勤続年数

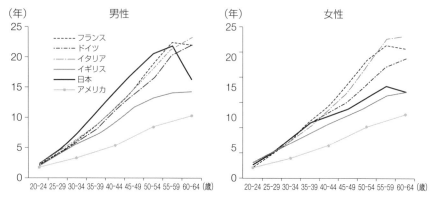

（備考）厚生労働省「平成25年版　労働経済の分析」より作成。2011年。日本は一般労働者（2011年6月末）。アメリカは25～34歳、35～44歳、45～54歳、65歳以上の中位値（2012年1月）。

系で、男性の労働者です。

　では、こうした慣行は、国際的に見てどの程度日本独特のものなのでしょうか。終身雇用（または「長期雇用」）からみましょう。まず主要国の勤続年数（男子）を比較すると、日本は13.3年であるのに対して、アメリカは4.3年、ドイツ11.0年、イギリス8.2年、フランス11.3年となっています（2016年）。確かに日本は長い方ではありますが、飛び抜けて長いわけではありません。なお、女子の場合は、日本は9.3年であり、ドイツ（10.2年）、フランス（11.5年）より短いものとなっています（（独）労働政策研究・研修機構「データブック国際労働比較2018」による）。

　ただし、この数字は国全体の人口構成の影響を受けることに注意する必要があります。たとえば、日本では2010年頃にいわゆる団塊の世代の人々が退職年齢に達しました。これを国全体でみると、人口比率の高い人達が退職しますので、勤続年数の平均値を引き下げる効果をもたらすことになります。つまり、そもそも若い人が人口に占める割合が相対的に多い国では、人口構成の影響により平均勤続年数が短くなるかもしれないわけです。この問題を解決するには、年齢階級別に勤続年数を見れば良いでしょう。図4-5は、横軸に年齢、縦軸に勤続年数をとっており、日本では男性の場合50歳代前半まで勤続年数が長くなっていることが分かります。

図4-6　年齢別賃金プロファイル

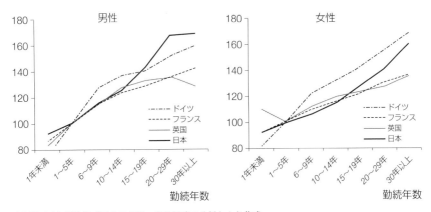

　次に「年功賃金」について見ましょう。労働経済白書（2013年版）は、先進国の「**賃金プロファイル**」を比較しています。賃金プロファイルは年齢や勤続年数によって賃金水準がどの程度異なるのかをみたものです。**図4-6**をみると、長く勤めている人ほど賃金が高いという傾向はある程度各国共通の特徴ですが、日本は特に男性の場合、20年を超えると最も高くなるという結果になっています。つまり、日本の場合、一つの会社に継続して勤続し続けると賃金が高くなっていき、特に20年ほど経つとその程度が加速する特徴があるということです。

重要な相互補完性の考え方

　以上のような日本型雇用慣行は、「**相互補完性**（complementarity）」という概念で説明できます。例えば、「長期雇用」と「年功賃金」は相互に補完性があります。年功賃金の下では、若年のうちは「実際の働きよりも実入りが少なく」、その分を高年期になって「働きの割には実入りが多い」ことで取り戻していることになります。それが可能なのは、長期雇用という前提があるからです。働く方にとってみると、途中で会社をやめると、「元を取れない」で損をしますので、どうしても同じ企業にとどまることになります。

　企業内でのオンザジョブ・トレーニングと長期雇用も補完性があります。企業が時間とコストをかけて従業員を訓練していくと、従業員はその企業にフィット

した人材になっていきます（これを**「企業特殊的」人材形成**と呼びます）。企業の方では、せっかく投資をしたのですから、その後も自社で働いてもらう必要があります（そういう意味でも年功賃金が有効です）。一方、企業特殊的な能力を身につけた従業員の側は、その企業の外に出ると自分の価値が下がってしまいますから、いつまでも同じ企業にとどまろうとするわけです。

　さらに、日本型雇用慣行は、長期的企業間取引関係、教育システム（大学での教育よりも企業内でのオンザジョブ・トレーニングの重視など）といった周辺の経済社会システムとの間でも補完性を持ち合っていると考えられます。

日本型雇用慣行の評価

　こうした日本型の雇用慣行をどう評価するかは難しい問題です。日本型のシステムの長所としては次のような点があります。

　第1に、雇用者は安心できます。一旦雇用されれば解雇されることはありません。また、年功賃金ですから、結婚し、子供ができ、家を買うという具合にお金がかかるようになると、大体それに応じて所得も増えます。退職する時にはまとまった退職金を貰えますから、ある程度余裕を持って退職後の生活設計ができます。日本型雇用はライフステージに応じた所得保障のシステムでもあったわけです。

　第2に、チームワークで仕事をするのに適しています。終身雇用の下では、企業への帰属意識が強く、周りは長い間一緒に仕事をする仲間ばかりですので、意思疎通も円滑に進みます。先輩から後輩への技術の移転も円滑に進むはずです。新技術の導入で労働者の配置替えが起きても、いずれにせよ同じ企業で働けることが分かっているので、労働者側が技術革新に反対することも少ないでしょう。

　しかし、日本型には次のような欠点もあります。

　第1は、個性を発揮したり、余裕を持った生き方をすることが難しいことです。まず、企業のために拘束される時間が長くなります。企業にとっては、人の数を調整するのが難しいので、どうしても時間で調整するようになりますから、忙しいときにはとんでもない残業を強いられたりします。もっとひどい場合には、手当てのつかない残業（いわゆるサービス残業）を強いられたりします（筆者もずいぶんやりました）。また、職場や長期的な取引先との意思疎通を円滑にするため、勤務以外での付き合い（宴会、職場旅行、レクリエーション大会など、筆者

も随分付き合わされました）の時間も長くなりがちです。日本では単身赴任が多いのも、企業と運命共同体になっているのでどうしても断れないためです。

第2は、終身雇用的な慣行に守られている人とそれ以外の人の間で格差が大きくなりがちなことです。例えば、終身雇用的な慣行の下では、男女の賃金格差や常勤とパートの賃金格差が大きくなりがちです。女性やパートはその企業に長期間雇用されるとは限らないため、企業の側もコストをかけて訓練しようとしないからです。

第3は、変化に対して弾力的に対応できないことです。企業サイドでは、新しい人材へのニーズが現れても、うまく調達することが難しくなります。働く側も、企業特殊的な人材となるため、転職が難しくなります。

このように長所と短所はお互いに裏表の関係で現れてくるため、なかなか評価も難しいわけです。

日本型雇用慣行の変化の方向

ではこの日本型の雇用慣行は今後どうなっていくのでしょうか。雇用慣行を取り巻く経済社会環境が変化していけば、現在の慣行の問題点が明らかとなり、慣行そのものも変化していくはずです。雇用慣行を取り巻く経済社会の諸条件の中で、近年大きな変化がみられるのは次のような点です。

第1は、高齢化の進展です。労働力の高齢化が進む中で、従来通り年功型賃金を維持することは難しくなってきています。賃金コストが上昇するからです。年功型賃金が守られなくなると、それと補完的な関係にある長期雇用も崩れてくることになるでしょう。

第2は、企業経営のグローバル化です。企業が国境を越えて経営活動を営むようになると、日本だけの独自のシステムを企業内で適用し続けることは難しくなります。日本にしか存在しないような雇用システムは見直されることになるでしょう。

第3は、産業構造の変化です。技術革新の進展、為替レートの変化、アジア諸国との分業関係の進展などの中で、今後も産業構造の変化は一段とスピードアップし、それに伴い、就業構造も弾力的な変貌を迫られるでしょう。変化のスピードが速いと、同一企業内での雇用調整は困難となり、どうしても企業の枠組みを越えた労働移動が求められるようになるでしょう。

表4-2　働き方改革実現会議における主な検討テーマ

課題	検討テーマ
処遇改善	非正規雇用の処遇改善（同一労働同一賃金等）
	賃金引上げと労働生産性の向上
制約の克服	長時間労働の是正（時間外労働の上限規制等）
	柔軟な働き方（テレワーク、副業・兼業等）
	病気の治療、子育て・介護等との両立
	外国人材の受入れの問題
キャリア構築 （ライフステージに 合った就業支援）	女性や若者が活躍しやすい環境整備
	雇用吸収力の高い産業への転職・再就職支援、 人材育成、格差を固定化させない教育
	高齢者の就業促進

（備考）「働き方改革実現会議実行計画」（工程表）等より筆者作成。

　第4は、人々の意識の変化です。女性の社会参加が進み、より個性的で余裕を持ったライフスタイルや、子育てとの両立を求める人が増えてくると、企業と運命共同体を保った従来型の雇用関係を疎ましいと思う人が増えるでしょう。

　こうした中で、これまでの日本型の雇用慣行は次第に変質していくでしょう。というよりも、すでに変化はかなり急速に進んでいるようです。例えば、多くの企業は、賃金の決定、昇進、昇格の決定に際して、次第に年功よりも能力を重視するようになってきており、賃金プロファイルの傾きはより平坦になってきています。また、企業は新規分野への進出などに際しては、中途採用、外部資源の利用などを進めつつあります。それぞれの雇用慣行、雇用システムと周辺システムが相互補完的だったことを考えると、一部で生じた変化は周辺に波及し、全体のシステムが次第に変化していくことになるでしょう。

求められる「働き方改革」

　2016年に発足した安倍改造内閣は、「**働き方改革**」を最大のチャレンジとして掲げ、推進のため担当大臣（働き方改革担当大臣）を新設しました。働き方改革が求められた背景には、経済社会環境変化のなか、既に述べた日本型雇用慣行のメリットが低下したことに加え、人口減少・少子高齢化があります。生産性向上

を目指すとともに、誰もが働きやすい環境を整備することにより、労働力人口の底上げを図っていくというのが「働き方改革」のねらいです。

　2016年に設置された**働き方改革実現会議**では、9つの検討テーマ（表4-2）を設定し議論を行い、翌2017年に「**働き方改革実行計画**」が決定されました。実行計画では働き方改革を進めるための具体的施策を示したほか、今後10年間の工程表を提示しています。「計画」で直ちに法改正が必要とされたものについては、2018年に**働き方改革関連法**が成立しました。残業時間の上限規制（原則45時間/月、360時間/年）、有給取得義務化（5日/年）など規制強化の一方で、労働時間規制の対象外となる労働者を規定する「**高度プロフェッショナル制度**」が導入されました。また、非正規雇用の処遇改善のため、短時間労働であること等を理由とした不合理な待遇（差別的な扱い）が禁止されました。

　「働き方改革」はまさに始まったところです。また、働き方改革は企業の対応に依存する面もあります。したがって、今後どこまで真に進むか未知数の部分もありますが、たとえば自宅で働く「テレワーク」を多くの企業が採用し広まっていけば、労働者は子育てや介護との両立もしやすくなるでしょう。私は、勤務地域や職務を限定したり、労働時間を短く設定したりすることが可能な「限定正社員」という働き方が普及し労働者が柔軟に選択できるようになるとさらによいのではと思っています。一方で、労働者も自分がどのような仕事をしたいのか、何ができるのか、そのためにはどのようなスキルが必要かということを、自らも考え、判断していくことが求められていくようになるでしょう。

参考文献

　雇用を考えるための定評あるテキストとして

小池和男（2005）『仕事の経済学［第3版］』（東洋経済新報社）

大橋勇雄・中村二朗（2004）『労働市場の経済学』（有斐閣）

大森義明（2008）『労働経済学』（日本評論社）

があります。

　日本型の雇用慣行の変化についての読みやすいものとしては、次のようなものがあります。

清家　篤（2013）『雇用再生　持続可能な働き方を考える』（NHKブックス）

八代尚宏（2015）『日本的雇用慣行を打ち破れ』（日本経済新聞社）

八代尚宏（2017）『働き方改革の経済学』（日本評論社）

鶴光太郎（2016）『人材覚醒経済』(日本経済新聞出版社)

岡崎淳一（2019）『ビジュアル働き方改革』（日経文庫）

　賃金が上がらない要因について多面的に考察したものとして以下があります。

玄田有史編（2017）『人手不足なのになぜ賃金が上がらないのか』（慶応義塾大学出版会）

▶▶課題

1．最新時点での所定外労働時間、有効求人倍率、失業率などの雇用指標をチェックしてみてください。雇用情勢は改善しているでしょうか、それとも悪化しているでしょうか。

2．図4-2で、2012年の景気後退期には、失業率は低下を続け、有効求人倍率も低下していません。これはどう説明できるか、考えてみてください（ヒント：景気後退しても失業率はすぐ上昇するとは限りません）

3．「相互補完性」という概念を、高校生にも分かるように、自分なりの例を交えて説明してください。

4．読者の皆さんは、従来型の「終身雇用」「年功賃金」と「流動的な雇用」「成果主義賃金」のどちらが良いと思いますか。グループ討議のテーマとして取り上げてみてください。

5．実は、多くの人が当然と考えている、「定年制度」「退職金制度」も広い意味での日本型雇用慣行の一つだと思います。定年や退職金がないとどういうことになるのか、考えてみてください。

6．若い人が就職活動で失敗したり、失業した場合と、中高年が失業した場合では、本人や社会に与える現在及び将来への影響はどのように異なるでしょうか。

第5章

産業構造の変化と日本型企業経営の行方

マクロとミクロの乖離はあるか

　経済には、経済全体としての総量を一括して扱う「**マクロ**」と、個々の経済主体の行動を扱う「**ミクロ**」があります。これまで述べてきたような経済成長、景気変動などは、典型的なマクロ経済に属する問題です。この章では、マクロだけでなくミクロ的な視点も交えながら、日本の産業活動、企業経営について考えてみます。私のみるところ、経済を観察している人々の間にも、「マクロ派」と「ミクロ派」があるようです。マクロ派は、日本経済全体の動きを示す経済指標に基づいて議論を組み立てます。一方、ミクロ派は、個々の産業、企業、地域などの現場情報を重視します。マクロ派の議論は数字に基づいているため、客観的で理論的な基盤もしっかりしていますが、それだけに一般には親しみにくいという難点があります。一方、ミクロ派の議論は、実例が豊富であるため分かりやすく、聞いていて面白いのですが、どんな実例を取り上げるかによってストーリーが変わってしまう恐れがあります。

　もちろん、マクロ、ミクロの両方が大切なのですが、マクロで議論する人は、その議論がミクロ的な現象としてはどのように現れているかを常にチェックすることが必要ですし、ミクロで議論する人は、自分の集めた情報にバイアス（偏り）がないか注意する必要があります。

　しかしよく考えてみると、マクロ派もミクロ派も、基本的には「日本経済」という同じものを観察しているのですから、同じストーリーにならなければおかしいわけです。しかし現実には、両者の見方はしばしば分かれることがあります。「**マクロとミクロの乖離**」という現象がそれです。よくあるのは「マクロでは景気が底を打ったと言うが、企業経営の実感からはとてもそうは思えない」「日本

経済のマクロのパフォーマンスは良好だと言うが、家計の実感からはとても生活が豊かになっているとは言えない」といったものです。しかし、こうした時のミクロの情報には次のようなバイアスがあることに注意しなければなりません。

　第1は、「不満が大きいほど声も大きくなる」というバイアスです。経済が好転している時も悪化している時も、すべての産業、企業の業績が同じように変動することはありえません。必ず業績のバラツキが出ます。その時、業績の良い産業・企業は特に何も言いませんが、業績の悪いところは不満を声高に述べたくなるものです。個人のレベルでも、「ボーナスが減って生活が苦しい」「うちの息子はちっとも勉強しない」という話はよく聞きますが、「ボーナスをたくさん貰ってうれしいです」「うちの息子はよく勉強ができます」という話を積極的にする人は珍しいでしょう。表面に出てくるミクロ情報には悲観的な方向へのバイアスがあると考えた方が良いでしょう。

　第2は、「マクロは実質、ミクロは名目」という違いがあることです。成長率をはじめとして、マクロの経済指標は、名目値を物価上昇率で割り引いた実質値を使うことが多いのですが、企業経営者や消費者は所得を名目で評価するのが普通です。このため、90年代以降のように物価が安定（または低下）しているような時には、名目所得が伸びないため、マクロで見るほどは経済活動の好転を実感できないという面があります。

　第3に、「どんな状態と比較するか」という問題もあります。例えば、家計が「楽になった」「苦しくなった」と言うとき、通常は過去（例えば1年前）と比較します。しかし、1年前の家計と現在の家計は同じではありません。子供が大きくなって教育費が増えたり、企業内で昇進して給料が増えたりするからです。もしマクロの指標と比較するのであれば、正確には「去年同じ立場の家計がどんな状態だったか」と比較しなければならないのです。

1　日本の産業構造の変化

産業構造の変化

　表5-1は、**産業構造**の長期的な変化を見るために、産業全体の付加価値生産額に占める主要な業種別のシェアを見たものです。産業を**第1次産業**（農林水産

表5-1　国内総生産の産業別構成比の変化（名目）

	1955	1970	1980	1990	2000	2017
全産業	100.0	100.0	100.0	100.0	100.0	100.0
第1次産業	19.9	6.1	3.7	2.5	1.5	1.2
第2次産業	34.9	44.5	39.2	36.6	29.6	26.7
鉱業	2.0	0.8	0.8	0.3	0.1	0.1
製造業	28.4	36.0	29.2	26.5	22.6	20.8
建設業	4.5	7.7	9.4	9.3	6.9	5.8
第3次産業	48.8	52.6	60.8	63.8	69.2	72.1
電気・ガス・水道	2.4	2.1	2.7	2.5	3.2	2.6
卸売・小売業	10.7	14.4	15.3	13.2	13.1	14.0
金融・保険・不動産	9.6	12.3	14.5	16.2	15.2	15.6
運輸・通信業	7.3	6.9	6.2	6.6	9.5	10.0
サービス業	10.1	3.6	11.7	16.1	14.6	15.4
政府・非営利団体	8.7	7.3	10.3	9.2	10.5	12.0
製造業の内訳	1955	1970	1980	1990	2000	2017
製造業計	100.0	100.0	100.0	100.0	100.0	100.0
軽工業	58.7	35.5	36.4	35.1	28.4	24.7
パルプ紙・窯業土石	7.0	6.8	6.8	6.8	5.8	4.5
食品・繊維・その他製造	51.2	28.7	29.6	29.3	22.6	20.2
重化学工業	41.9	64.5	63.6	64.9	67.3	73.4
化学・石油石炭	12.1	13.1	11.3	11.3	13.3	15.1
一次金属・金属製品	13.0	17.3	17.3	14.0	11.1	13.0
機械類	16.8	34.0	35.0	39.6	42.9	45.3

（注）　1．名目国内総生産の産業別構成比。
　　　　2．輸入税、統計上の不突合などのため、産業の合計は100に一致しない。
　　　　3．2000年以降は2008SNA、1990年は93SNA、それ以前は68SNA。
　　　　4．2000年以降のサービス業は「専門・科学技術、業務支援サービス業」「教育」「その他のサービス」の合計。政府・非営利団体は、「公務」「保健衛生・社会事業」の合計。運輸通信業は、「運輸・郵便業」と「情報通信業」の合計。
（資料）　内閣府経済社会総合研究所「国民経済計算報告長期遡及主要系列　昭和30年～平成10年」各年版国民経済計算

業）、**第2次産業**（製造業、建設業）、**第3次産業**（商業、金融、サービス業など）の三つに区分しますと、①第1次産業のウェイトは一貫して低下し、②第2次産業のウェイトは高度成長期までは上昇して、その後は低下傾向であり、③第3次産業のウェイトは一貫して上昇している、という流れがあることが分かります[1]。1955年には19.9％あった第1次産業のウェイトは2017年には1.2％まで低下し、48.8％だった第3次産業のウェイトは72.1％までになりました。このよう

に経済の発展段階につれて、経済活動の重点が「第1次産業」→「第2次産業」→「第3次産業」と変化していくことは、他の国々でも一般的に観察されており、発見者（ウィリアム・ペティとコーリン・クラーク）の名前にちなんで「**ペティ＝クラークの法則**」と呼ばれています。

　こうした変化の中で、特に注目すべき二つの流れがあります。一つは、経済全体の中でサービス産業のウェイトが高くなって行くという「サービス化」の流れであり、もう一つは製造業の中で付加価値の高い分野のウェイトが高くなって行くという「高付加価値化（または知識集約化）」の流れです。

サービス化の進展

　サービス化の動きは産業構造だけではなく、就業構造（サービス産業で働く人の割合が高まる）、消費構造（家計の消費がモノからサービスに向かう）、貿易構造（貿易の中で、パテント、ノウハウ、観光などのサービス貿易のシェアが高まる）など多様な面で進行しています。それは他の先進国でも共通して観察される流れでもあります。

　こうして経済の発展につれてサービス部門のウェイトが高まるのは、①所得水準が高まるにつれて、需要の中身が衣食住等の生活必需品から、教育、レジャー、福祉などサービス分野にシフトすること、②製造業内での特定の業務（情報処理、警備、清掃など）を外部から調達する動き（いわゆる**アウト・ソーシング**）が広がっていること、③女性の社会進出などに伴い、従来家庭内で処理されていたサービス（家事、料理、育児など）が外部化しつつあること（これは家庭内サービスのアウト・ソーシングだと言えます）などのためです。経済のサービス化はこれからも長期的に進むことになるでしょう。

　ただし、こうしたサービス化の流れについては、「本当にそれで日本は大丈夫なのか」という疑問を持つ人が多いのも事実です。例えば、サービス化が進むと成長率が低下するのではないかと心配する人がいます。サービス産業は労働集約的であり、機械化の余地が小さいので、どうしても労働生産性の上昇率は製造業

1）　産業構造の姿は、実質値で見るか名目値で見るかでかなり姿が違います。表5-1は名目ベースですが、一般に名目値で見ると第3次産業のシェアの上昇が強調され、第2次産業のシェアは低めとなります。これは、第2次産業に比べて第3次産業の生産性上昇率が低いため、第3次産業のほうが価格上昇率が高くなる傾向があるためです。

に比べて低くなります。すると、サービス部門のウェイトが高まれば、経済全体の生産性上昇率は低くならざるを得ません。これは事実ではあるのですが、私は、この心配は本末転倒だと思います。所得水準が高まってサービス部門への需要が伸びてくるのであれば、それに応えてサービス部門の生産を効率的に供給するのが経済の役割ではないでしょうか。成長率のために経済があるわけではありません。サービス化による生産性上昇率の鈍化を心配するよりは、機械化の推進、IT（情報通信）技術の活用、規制緩和の推進による競争原理の徹底などにより、そのサービス部門の生産性をいかに高めるかを考えるべきだと思います。

　ただ、こうしてサービス業がウェイトを高める中で、やはり製造業が伸びなければ経済は発展しないのではないかと心配する人もいます。この点については、後で再び述べることにします。

産業構造の知識集約化

　次に製造業内部での変化の様子を見ましょう。一口に製造業といっても業種は多様であり、いろいろな分け方があります。50〜60年代には、「軽工業」（繊維、雑貨など）から「重工業」（金属、機械など）へという流れが見られましたが、70年代以降は、「素材型」（繊維、石油価格、一次金属など）から「加工組立型」（一般機械、電気機械、自動車など）へという流れがありました。

　もう少し具体的に言えば、日本の製造業は次のような発展過程を遂げてきました。第1段階は、戦後から50年代半ばの軽工業を中心に発展した時期です。この頃のリーディング産業は紡績業と鉱業でした。ナイロンなどの新技術の導入もあって紡績業の輸出は増加し、石炭も国内のエネルギー資源として活発な生産活動が続きました。

　第2段階は、50年代半ばから70年代初めまでの重化学工業を中心に発展した時期です。この頃のリーディング産業は鉄鋼、造船、石油化学などでした。いずれも大型の設備型産業であり、海外からの技術導入が急速に進んだ産業でした。

　第3段階は、72〜73年頃から80年代前半の、加工組立型産業が発展する時期です。素材産業は、エネルギー価格の上昇、途上国からの追い上げなどの中で急速に国際競争力を失い、代わって工作機械などの「一般機械」、自動車などの「輸送機械」、半導体、家電製品などの「電気機械」がリーディング産業の位置を占めました。80年代半ばの円高の進行によって、加工組立型も輸出採算が悪化し厳

しい局面に立たされましたが、エレクトロニクス化の一層の進展などによって対応し、今日に至っています。

こうした産業の流れは、どんな生産要素をより多く使用するかという観点から整理すると、「労働集約型」→「資本集約型」→「技術集約型」という流れだと言えます。それはまた「**知識集約化**」または「**高付加価値化**」という流れでもあります。

産業構造変化の背景

ここで産業構造が変化していく背景を整理しておきましょう。主な背景としては、次のようなことがあります。

第1は、所得水準の上昇です。所得が増えると人々の支出（消費）も増えるはずですが、それまでの支出がそのまま平行移動的に増えるわけではありません。所得が増えていくと、支出が増えやすい分野と増えにくい分野があります。例えば、おコメや水道の消費量は、所得が増えたからといってそれほど増えるわけではありません。この点を見るために「需要の所得弾性値」というものがあります。これは「所得が1％増えたとき、需要が何％増えるか」を倍率の形で表わしたものです。例えば、所得が5％増えたとき、ゴルフ代が10％増えたとします。この時、「ゴルフ需要の所得弾性値は2だ」ということになります。所得が増えてもおコメを買う金額が変わらないとすると、「コメ需要の所得弾性値はゼロ」ということになります。つまり、いわゆるお金があったら買おうという「贅沢財（サービス）」は所得弾性値が高く、お金があってもなくても買おうという「必需財（サービス）」は弾性値が低いということになります。一般的に、財よりもサービスのほうが所得弾性値が高い傾向があり、これがサービス化の流れを生んでいます。

第2は、貿易と比較優位です。世界の国々は、それぞれが得意とする財・サービスを生産して輸出し、相対的に苦手な財貨・サービスを輸入しています。これが貿易による国際分業です。この時、それぞれの国がどんな分野を担うかは、それぞれの国の資源（天然資源、人的資源、資本、経営資源、技術力など）の状況によって異なります。日本の産業構造は、どんなものを輸出し、どんなものを輸入するかという貿易構造の変化と歩調を合わせて変化してきました。これが製造業の高付加価値化を進めてきたのです。

　第3は、技術の進歩です。技術革新が生まれると、全く新しい財・サービスへの需要が生み出されるようになったり、それまでの労働力がいらなくなったり、生産設備が置き換えられたりします。後述するような情報通信分野の技術革新（IT革命）が良い例です。IT革命は携帯電話などの新商品を生み出し、ネットワーク化によって企業間関係を変化させ、ソフトウェアなどの海外へのアウト・ソーシングを促進することによって、産業構造全体を変化させています。

　第4は、石油価格の変動、為替レートの変化などの外部環境の変化です。石油価格が上昇すると、石油消費型の産業は需要が減退し、生産設備の省エネルギー化がもたらされます。円レートが円高になると、輸出産業は不利に、輸入産業は有利になります。不利になった輸出産業は、より付加価値を高めたり、輸入を活用したりして競争力の回復を図ります。日本経済はこれまで何度も、石油価格、為替レートの変動に見舞われてきました。それが日本の産業構造を変えてきたのです。

　こうして日本の産業構造は変化を続けています。経済が成長し、一人当たりの所得水準が上昇するためには、一人当たりの生産性が高まらなければなりません。そして、一人当たりの生産性が高まる道は二つしかありません。一つは、一人一人がより効率的に働くようになることであり（例えばロボットの導入による生産性の上昇）、もう一つは一人一人がより付加価値の高い産業で働くようになることです。産業構造の高付加価値化は、後者の道を通じて国民経済全体の生産性を高め、日本の経済発展に大きく貢献してきたわけです。

2　将来のリーディング産業

　多くの人は、これからどんな産業が日本経済をリードするのかに強い関心を抱いています。何と言っても、産業活動は経済全体の基盤です。その産業活動を担う主役のイメージがはっきりしなければ、誰もが将来について不安を抱くのは当然でしょう。空洞化については第9章で述べますが、日本企業の生産拠点が海外に移転した時、「空洞化」と称してこれを不安視するのも、出ていった産業の穴を埋める別の産業の姿が見えないためでしょう。また学生の皆さんは、これから自らの就職先を選択する時に、せっかく就職するなら今後伸びる産業に就職したいと考えます。日本の将来の産業活動はどう推移していくのでしょうか。

リーディング産業論の難しさ

　誰もが今後の産業構造の姿がどうなるのか、将来の**リーディング産業**は何かを知りたがっています。そこで私としても、明快に今後のリーディング産業について論じることが出来れば良いとは思うのですが、それは大変難しいことです。それがなぜ難しいかは明快に論じることができます。

　第1は、お手本がないことです。70年代半ば頃までのように、日本経済が先行する欧米諸国へのキャッチアップ過程にあった時には、産業構造という面でも、現在欧米に存在して日本にない産業が次第にウェイトを高めるだろうという想像がつきました。現在キャッチアップしつつあるアジア諸国などについても、日本というお手本がありますから、今後どんな産業がウェイトを高めそうか、ある程度は見当がつきます。しかし日本はすでに世界でもトップクラスの経済大国となり、エレクトロニクスなどハイテク技術も最先端に達してしまいました。世界を見渡しても、誰も日本の将来を教えてくれないのです。

　第2は、時代を画するリーディング産業は、当初は専門家でさえも想像もつかない展開をすることです。古くは、エジソンが蓄音器を発明したとき、その用途としては遺言の記録を考えていたということです。1953年にIBMがタイプ650という最初のコンピュータを製造した時、専門家はこの手のコンピュータの需要は世界全体で「5台」程度ではないかと考えていたといいます。しかしIBMはこのモデルに絶対の自信を持っており、「50台」は売れると考えました。IBMのセールスマンはもっとアグレッシブであり、「250台」という目標を設定したということです。ところが、このモデルは、1962年に次のモデルが出るまでに「数千台」も売れたのです[2]。現在、半導体の大口消費メーカーは、スマホメーカーです。半導体の開発者は、スマホのメーカーが大口消費者になるとは全く想像していなかったに違いありません。

　こうした過去の例が教えてくれることは、私たちは「技術革新によってどんなことが出来るようになるか」についてはある程度見当がつきますが、「その技術がどのように使われるか」を見通すことは大変難しいということです。新しい技術は、しばしば思いもかけなかった需要を生み出し、リーディング産業を開花さ

2）　"The Third Age"（*The Economist,* Sept. 17th 1994）による。

せます。「何が出来るか」と技術面から接近する人達は、それに対してどんな需要がついてくるのかを見通すことができません。需要者自身でさえ、実際に新技術を目の前にしないと、それを欲するかどうか決めることができないのです。結局、リーディング産業というものは、「やってみなければ分からない」という面が大きいのです。

モノ作りは経済の基本か

では、「将来のリーディング産業については何も言えないのか」というとそんなことはありません。例えば、私は「日本はモノ作りが得意だ」とか「経済の基本はモノ作りだ」という具合に、特定の産業分野を「将来性あり」と決め付けることは危険であり、どの産業もリーディング産業としての可能性を秘めていると考えています。

製造業で目に見える「モノ」を作り出すことが経済の基本だということは多くの人が感じていることでしょう。しかし、私は「モノ」の生産と「サービス」の生産に本質的な差はないと思います。共に人々の需要を満たし、雇用機会を提供し、競争力さえあれば輸出もできるのですから（例えば、外国から観光客が来ることは観光というサービスを輸出しているということです）、特に差はないと思うのです。

「モノ作りが基本でサービスはその上に乗っかっている」という意識も間違いです。製造業がなければサービス産業が成立しない（自動車を作らなければ運送業は成立しない）ように、サービス産業がなければ製造業も成立しない（運送業がなければ自動車産業は部品を調達できない）のです。

また「製造業は関連分野が多く、裾野が広い」という議論に基づいて、サービスよりもモノ作りが重要だという議論もあるのですが、これも私は怪しいと思っています。「常識的な考えは、よく考えると根拠があいまいな場合がある」という例として説明してみましょう。

製造業は裾野が広いという考えは自然であるように見えます。例えば、愛知県に行くと自動車関連企業がたくさん立地しています。トヨタ自動車のお膝元であるため、関連産業が多いのです。自動車は、鉄、プラスチック、ゴム製品、エレクトロニクス製品など多くの部品を使って生産されます。トヨタの自動車がたくさん売れれば、これら関連産業も潤います。これに対して観光業はどうでしょ

か。海外から日本の温泉宿に旅行客がやってきても、関連産業はそれほど多いようには思われません。すると、「どうせ発展するなら、製造業が発展したほうが、多くの人が恩恵を受けるのではないか」と思いたくなります。

　しかしよく考えてみましょう。例えば、自動車産業が1兆円の自動車を輸出した場合と、海外からの観光客が日本の温泉旅館で1兆円消費した場合を比較してみます。すると、関連産業が多くても少なくても、付加価値は1兆円であるはずです。その付加価値が企業収益や労働者への賃金の元になるのですから、自動車産業でも旅館業でも、経済を引き上げる力は同じだということになります。つまり、「製造業の方が裾野が広いのでリーディング産業にふさわしい」という考えは、誤解に基づくものだということです[3]。

　では、なぜ日本では旅館ではなく、自動車がリーディング産業となってきたのでしょうか。理由は簡単です。日本の自動車がたくさん売れたからです。この点はかなり重要な点です。例えば、「これからは観光や医療や高齢者の介護が重要な産業になる」といった指摘をすると、「自動車に比べると関連産業が少ないから波及効果は小さい」と言われることがあります。しかし、ここで述べた議論が正しいとすると、観光も介護ビジネスも自動車製造業も需要される金額が同じであれば、経済全体への効果は全く同じです。つまり観光や医療や介護も立派なリーディング産業になれるということなのです。

これからのリーディング産業

　もう一つ、「経済をどう予測するか」という応用問題と考えると、これからのリーディング産業についても、ある程度のことが言えるかもしれません。

　産業構造に限らず、将来の経済・社会を考えるには三つのアプローチの方法があると考えられます。

　第1は、「これまでのトレンド（長期的な傾向）を延長して考える」という方法です。日本の産業構造が「知識集約化」「高付加価値化」という方向で変化してきたことはすでに述べた通りです。今後もこうしたトレンドが続くとすれば、

---

3)　この議論は他の分野にも応用することができます。例えば、公共投資の効果に関して、しばしば、「港湾整備などの土木事業よりも、情報関連投資の方が生産誘発効果が大きいので、景気刺激効果も大きい」といった議論がみられます。しかし、誘発効果が大きくても小さくても、実現する付加価値は同じであり、GDPへの影響は同じなのです。

ますます高度なハイテク技術を駆使し、日本でしか作れないような高付加価値製品を生み出す産業が成長すると考えるのが自然でしょう。すると、日本ならではの高度の技術を盛り込んだハイテク産業分野が有望だということになります。

　第2は、「日本が遅れている分野はこれから伸びるだろう」という発想です。海外の国を見て「日本はまだ遅れているな」とか「こういうもの（サービス）が日本にもあればいいのに」と思ったようなことがあれば、それはやがて日本でも普及する可能性があります。例えば、デジタル革命が進む中で、ビッグデータの活用、タクシーやホテルなどのシェアエコノミー、デジタル金融サービスなどの面は、日本の立ち遅れが目立つと言われています。遅れているということは、今後伸びる余地が大きいと言えるかもしれません。

　第3は、「人々は何を欲するか」という発想です。経済の基本は、人々の欲しいモノやサービスを提供し、人々の生活をより豊かにすることです。したがって「人々がどんな分野を充実させたいと願っているか」「お金があったらどんなものを買いたいと思っているのか」を考えれば、それがこれから伸びる分野だということになります。そういった観点からは、生活・福祉関連産業が有望だと考えられます。国民のニーズがそちらに向かっており、それに応えて今後生産性を高めて行く余地が大きいからです。生活・福祉関連産業に対する期待としては、①輸出主導型から内需主導型への経済の移行を需要面から支えるという「マクロ経済面」からの期待、②空洞化の懸念に対して、雇用を吸収していくという「雇用面」からの期待、③高齢化の進展などの中で高まる福祉需要に効率的に応えて、国民生活の質的充実を果たしていくという「国民生活面」からの期待などがあります。この分野はまた、現在の供給体制が必ずしも効率的ではないと考えられており、規制緩和による民間の創意工夫の活用、ハイテク技術を導入した機械化などによって今後一層の生産性の上昇が期待できる分野でもあります。

　これからのリーディング産業を的確に予測することは難しいことです。しかし的確に予測できないからといって、リーディング産業が現れないというわけではありません。それが何かは分かりませんが、何らかのリーディング産業は必ず現れます。それは、生活水準の向上を求める消費者と、ある程度のリスクを覚悟しながら新分野に挑戦する企業が、市場という場で情報を交換し合う中で、自ずから決まってくるはずです。

第 4 次産業革命と Society5.0

　なお、筆者（小峰）は、将来の産業構造は民間企業の創意と工夫の中で、市場経済のメカニズムに沿って形成されていくと考えており、政府が産業活動の方向をリードするという考え方には昔から批判的でした。政府が民間企業より将来を見通す力があるとは思えないからです。やや不謹慎な言い方をすれば、政府は産業の将来展望が外れても損害を被ることはありませんが、民間企業は展望を誤れば企業の存続そのものが危機にさらされます。したがって、民間企業の方が将来の方向を真剣に考えているはずだと思うのです。しかしこうした考え方は、少数派であり、多くの人は政府がいくつかの有望な産業活動を特定して、政策的にそうした方向をリードすべきだと考えているようです。

　そうした中で、近年政府が熱心に進めているのが「第 4 次産業革命」と「Society 5.0」です。第 4 次産業革命というのは、18世紀末以降の水力や蒸気機関による工場の機械化である第 1 次産業革命、20世紀初頭の分業に基づく電力を用いた大量生産である第 2 次産業革命、1970年代初頭からの電子工学や情報技術を用いた一層のオートメーション化である第 3 次産業革命に続くものだとされています。

　具体的には、これまでデータ化されていなかった情報がデータ化され、ネットワークを通じて集積されてビッグデータとなります。このビッグデータが利用可能になったことで、AI（人工知能）による機械学習の技術が一層発展するとともに、データ解析の結果をロボットにフィードバックすることで、機械による自動化の範囲が飛躍的に拡大します。そしてこうした技術革新が、個別化された製品やサービスの提供を可能とすることによって、個々のニーズに応え、様々な社会的課題を解決し、大きな付加価値を生み出していくのだと説明されています。

　「Society 5.0」というのは、狩猟社会（Society 1.0）、農耕社会（Society 2.0）、工業社会（Society 3.0）、情報社会（Society 4.0）に続く社会像だという位置づけです。政府はこれを「サイバー空間（仮想空間）とフィジカル空間（現実空間）を高度に融合させたシステムにより、経済発展と社会的課題の解決を両立する、人間中心の社会（Society）」だと説明しています。

　これまでの情報社会（Society 4.0）では、社会での情報共有が不十分でしたが、Society 5.0で実現する社会では、「IoT（Internet of Things）で全ての人とモノ

がつながり、様々な知識や情報が共有され、今までにない新たな価値を生み出すことで、これらの課題や困難を克服します。また、人工知能（AI）により、必要な情報が必要な時に提供されるようになり、ロボットや自動走行車などの技術で、少子高齢化、地方の過疎化、貧富の格差などの課題が克服されます。社会の変革（イノベーション）を通じて、これまでの閉塞感を打破し、希望の持てる社会、世代を超えて互いに尊重し合える社会、一人一人が快適で活躍できる社会となります。」（官邸ホームページより）と説明されています。

2018年6月に閣議決定された「経済財政運営と改革の基本方針」（いわゆる「骨太方針」）では「AI、IoT、ロボットなど第4次産業革命の社会実装による『Society 5.0』の実現を進める」と明言しています。やや分かりにくいかもしれませんが、Society5.0は目指すべき社会の姿を、第4次産業革命はそれを実現するための手段だと考えればいいと思います。

私はこうした経済社会の方向がどの程度現実化するか、また今後「第4次産業革命」「Society 5.0」という言葉がどの程度浸透するかについては、正直なところ判断できません。それは今後、民間企業や消費者がこうした技術革新の成果をどのように受け止めていくかによって決まるものだと思います。

3　日本型企業経営の行方

日本の企業は、今や多様な課題に直面しています。マクロの日本経済が難しい問題をたくさん抱えているのですから、ミクロの企業がたくさんの問題点に直面しているのも当然だと言えます。

企業が存続するためには、景気変動の中で、収益を確保していく必要があります。そのためには、技術を磨き、新たな需要を開拓していくことが必要になります。

本章では、企業が直面していく多くの課題の中で、時代の変化に合わせて企業経営システムをどう変えていくかという問題について考えることにします。

従来型日本型経営の特徴

バブル期までの日本の経営には日本型とも言える特徴がありました。それは多

岐にわたるもので、近年ではすでに急速に変化し始めていますが、やや単純化して述べると、以下のようなものだったと言えます。

第1は、経営の基本的な姿勢、経営目標の違いです。こうした点についての先駆的な業績である、加護野忠男・野中郁次郎・榊原清則・奥村昭博「日米企業の経営比較」(1983年) は、日米の企業の差として、①アメリカの企業は投下資本収益率を中心とした経営目標を重視するのに対し、日本企業は市場シェア、新製品比率などの成長目標を重視する、②アメリカの企業は株価 (株主の利益) を重視するが、日本の企業はあまり重く見ない、③アメリカの企業は短期的な業績を重視した資源展開を行うのに対して、日本の企業は長期的な視野からの資源配分を行っている、と指摘しています。

第2は、意思決定方式です。欧米の企業は「トップ・ダウン方式」で、部局、職員の業務・権限が明瞭であるのに対して、日本の場合は「ボトム・アップ方式」であり、下からの積み上げ方式で、議論、根回しを繰り返しながら、企業全体としてのコンセンサスを形成していく場合が多いとされます。

第3は、企業同士または金融機関との取引で、**長期的・継続的な取引**を重視していることです。三菱総合研究所の調査によると (1992年版「通商白書」)、日本では「継続的取引の割合が80％以上」とする企業が76.0％を占めているのに対して、アメリカでは37.5％となっています。アメリカでも継続的取引は珍しいわけではないのですが、日本はその割合が圧倒的に高いのです。(図5-1参照)

企業同士で長期的取引関係を維持する枠組みとしては、①異なった業種の企業が企業グループ (三菱グループ、住友グループなど) を形成する場合、②親企業と部品・原材料製造企業が取引関係を長期にわたって続ける場合 (いわゆる親企業と下請け企業の関係) などがあります。

また、企業が多くの金融機関と取引する中で、最も中心的な役割を果たす銀行が「**メイン・バンク**」として決まっている場合が多く見られます。メイン・バンクは、企業に優先的に資金を提供する機会を得る一方、企業が苦しい時には、財務面から支援措置を講ずることが多く行われています。

なお、日本の企業は従業員との間でも長期的な関係を維持しています (いわゆる終身雇用的慣行) が、この点は、第4章で説明しましたので、ここでは触れません。

第4は、株式の保有関係です。日本では、関連会社やメイン・バンクとの間で、

図5-1　日米における継続的取引の割合

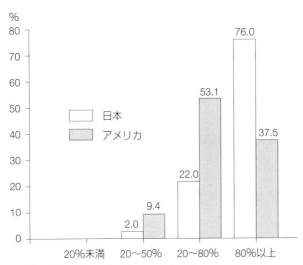

（備考）回答企業数は日本50社、アメリカ32社。
（資料）三菱総合研究所
（出典）通商産業省「平成4年版通商白書」による。

相互に株式を保有し合うことが多く行われていました（いわゆる「株式の持ち合い」）。これも、アメリカでは主に個人株主、機関投資家の保有が多いのと対照的です。

　第5は、政府との関係です。日本の場合、政府が何か政策を立案しようとする時には、企業の考え方を聞き、企業の持つ現場の情報を活用することが多く、企業のほうも政府の方針を理解して、これに協力しようとする姿勢が強いようです。

　以上のような**日本型経営**は、日本経済が高度成長を続け、2度にわたる石油危機、円高を乗り越えたりする中で、国際的にも高い評価を得るようになりました。QCサークル（企業内でサークルを作って、生産性向上に取り組む手法）、かんばん方式など、日本で始められ普及した方式を導入する海外企業も現れました。しかし、90年代に入って日本経済の停滞が続くと、今度は一転して、これら日本型経営スタイルこそが不振の大きな原因だとみなされるようになってきたのです。

日本型コーポレート・ガバナンス

　さて以上述べてきたような日本型企業経営の特徴点は、日本型コーポレート・ガバナンスとしても整理できます。**コーポレート・ガバナンス（企業統治）**というのは、企業を取り巻く様々な利害関係者（ステイクホルダー：経営者、従業員、株主、債権者など）の利害を調整しながら、企業（または経営者）が効率的な経営を行うよう、企業に影響力を行使し、コントロールすることを意味しています。

　株式会社の所有と経営が分離している現代の経済においては、常にコーポレート・ガバナンスのあり方が問われることになります。これは、法的な企業の所有者である株主と、株主の依頼によりその代理人として行動している経営者では情報が偏在している（株主より経営者の方が経営の実態をよく知っている）ため、経営者が企業の利益の最大化を図ろうとしなかった場合、株主がこれをチェックできなかったり、反対に、近視眼的な株主の行動が長期的な企業の発展を阻害する恐れがあるからです。

　なお、90年代に入るまで、日本ではコーポレート・ガバナンスという言葉そのものをほとんど聞かなかったので、「日本にはコーポレート・ガバナンスがなかった」と思っている人もいるようですが、そうではありません。企業がある以上、その行動を規律づけする仕組みは必ず存在します。それがなければ、経営者は、自分の利益だけを考えて私腹を肥やすような経営をしてしまうからです。80年代までの日本企業には「コーポレート・ガバナンスがなかった」のではなく、「日本型のコーポレート・ガバナンスが機能していた」のです。

　それが分かりにくかったのは、教科書的な株式会社に想定されるガバナンスとは形態が異なっていたからです。つまり、教科書的な株式会社では、①株主は、株主総会での論議を通じて自らの意思を表明する、②非効率的な経営者が経営する企業の株価は下がり、他の企業に買収されてしまい、経営者の交代が実現する、③監査役、社外取締役などが業績をチェックする、といった手段でコーポレート・ガバナンスが機能します。しかし日本では、株主（株式市場）によるチェックは非常に弱いものでした。株主総会はほとんどの上場企業が同日に開催される（最近ではかなりばらつくようになりました）ことに象徴されるように、形骸化していました。多くの取締役会は経営者の意思決定を追認するだけでしたし、株式の持ち合いが一般化していたため、敵対的な企業買収もほとんど見られません

でした。確かに、教科書的なコーポレート・ガバナンスは「なかった」と言える
でしょう。しかし、明示的には意識されてはいなかったものの、日本型のコーポ
レート・ガバナンスが機能していたのです。それは次のようなものでした。

第1は、従業員です。日本では終身雇用慣行の下で、新卒者が企業に入り、オ
ン・ザ・ジョブ・トレーニングで訓練を積みます。その中から時間をかけて選抜
されていった人間が経営者となります。また、意思決定はボトム・アップ方式で
す。自然と、経営者は従業員全体の意思に配慮しながら経営を行うようになりま
す。自分勝手な行動を取るような経営者は、従業員の人望を失うわけですから、
そもそも経営者になれないのです。

第2は、企業グループです。前述のように、日本では多くの企業が何らかの企
業グループに属していることが多く、また長期的な取引先も多数存在します。そ
れら企業がさらに株式を相互に持ち合っていたりします。すると、自分勝手な経
営者は、仲間企業からイエローカードを示されて注意を受けたり、レッドカード
で退場させられることになるのです。

第3は、メイン・バンクです。日本ではメイン・バンクが企業経営を常にモニ
ターし、問題が起きそうになると、銀行が介入して経営方針が修正されました。

第4は、政府や関係各省の監視です。日本では各業界には必ず「所管省庁」と
いうものがあり、「業法」と呼ばれる法律があります。それぞれの業種では業界
団体が作られ、常に役所との情報交換が行われます。業界に何か問題が起きると、
所管省庁の責任だとして、国会でも追及されます。必然的に企業は官庁からの監
視と行政指導を受けることになります。

こうして見てくると、前述のような日本の企業経営の特徴は、いずれも日本型
のコーポレート・ガバナンスの仕組と密接に関連していたことが分かります。日
本型の雇用慣行の下では、「企業は従業員との運命共同体だ」という考え方が支
配的となり、労働者側が経営者をチェックしたり、経営者が株主よりも従業員の
意向に敏感になったりします。株式市場からのチェックが弱いので、株価、配当
は最優先の経営目標にはなりません。長期的な取引関係が企業グループ間での相
互チェックの仕組を生む、といった具合です。

日本型経営の変化をもたらすもの

以上のような、日本型の企業経営、コーポレート・ガバナンスの仕組は、①短

期的な株価に左右されず、長期的な視野からの経営戦略の採用を可能にしたこと、
②労使が一体感を持つことにより、新技術の導入、生産性の向上などが弾力的に
実行できたことなどのメリットがありました。しかし、近年の経済環境変化の中
で、日本的企業経営にも相当の勢いで変化が生じつつあります。

　まず、国際的な関連で、企業経営の国際化（グローバル化）を通じた影響があ
ります。グローバル化の流れの中で日本企業は、経営資源、経営活動の場を、国
境にとらわれずに、世界的見地から配分するようになりました。海外の企業も日
本に進出する機会が増えてきました。日本の会計制度を国際基準に合致させよう
という動きも進んでいます。

　こうして経営のグローバル化が進むと、日本だけが特殊な経営方式、企業慣行
を維持することが難しくなってきます。例えば、日本の企業は、**ROE（株主資
本利益率）**などの短期的な収益性をあまり重視しない傾向がありましたが、企業
経営がグローバル化し、企業が世界の各地の証券市場で資金調達を行うようにな
ると、欧米市場で経営分析・証券投資の基本的指標となっている ROE を日本で
も考慮せざるを得なくなります。また、中間素材などの調達面での国際化を進め
るにつれて、国内だけで関連企業のネットワークを形成することは難しくなり、
従来型の下請け関係を見直したり、弾力的な取引関係を形成しようとする動きが
現れています。コーポレート・ガバナンスについても、日本独自のガバナンスの
仕組みは海外からは理解されにくく、資金調達などの面で障害になりかねません。

　国内面での構造変化への対応も必要です。これまでのキャッチアップ型の成長
戦略が限界に達してくると、今後はむしろある程度のリスクを負いながら、新し
いフロンティアを切り開いていくような企業行動が求められるようになってきて
います。こうした状況下では、安定的な従来型のガバナンスよりも、株式市場の
本来の機能を生かしたガバナンスの下で、ベンチャー的な企業を輩出すべきだと
いう議論が強まっています。90年代以降、各方面で盛んに**ベンチャー企業、ベン
チャー・キャピタル**の必要性が叫ばれているのはこのためです。

日本型企業経営が向かう方向

　従来の日本型経営は今や急速に変化しつつあるようです。

　この点については、経済産業研究所の森川氏が、1990年代後半に行われた企業
へのアンケート調査と同じ質問項目を2012年に調査して、両者を比較するという

手法で、日本企業の経営戦略、統治構造などの変化を調べています[4]。その結果では、「長期的視点で経営を考えていること」「従業員や取引先・顧客のステークホルダーとしての役割が大きいこと」「企業経営悪化時の雇用調整が難しいこと」などについてはあまり変化がありませんが、「業績として売上高よりも利益を重視する傾向が強まっていること」「企業経営に対する株主の影響力が拡大する傾向がみられること」「M&A（合併・買収）や不採算部門の売却といった事業再編を活発に行うようになっている」という点では変化が見られるとしています。

株式の持ち合いも解消されつつあります。野村資本市場研究所によりますと、上場企業の株式持ち合い比率（上場企業が保有する他の上場企業の株式時価の市場の時価総額に占める割合）は、1990年度には34％程度でしたが、2017年度には9.5％にまで低下しています。

コーポレート・ガバナンスについても大きな進展があり、2015年6月に、「コーポレート・ガバナンス・コード」が制定されました。これは、金融庁と証券取引所が主導して議論を進めたもので、上場企業は、2015年にはこのコードに沿った「コーポレート・ガバナンス報告書」を公表しました。このコードは、基本原則（5）、原則（30）、補充原則（38）の合計73の原則からなるものです。この原則に強制力はありませんが、上場企業はこれらの原則一つ一つについて、「従う（comply）」か従わない場合は「説明する（explain）」かのどちらかの対応を取る必要があります。表5-2はその基本原則の内容を示したものです。

さらに、2019年末には、コーポレートガバナンスを強化するための会社法改正案が国会審議入りしており、2020年度にも施行される見込みです。その内容は、社外取締役設置の義務化、役員報酬の透明性の向上などです。

また、2014年2月には「日本版スチュワードシップ・コード（責任ある機関投資家の諸原則）」が公表されています。これは、信託会社、年金基金などの機関投資家に対して、当該企業の企業価値の向上や持続的成長を促すよう、機関投資家が満たすべき原則を述べたものです。これも「従う」か「説明するか」を明示する必要があります。

日本企業のガバナンス体制は、外からは分かりにくい「暗黙のガバナンス」であることが多かったのですが、これが透明化されつつあるのだと言えるでしょう。

4）　森川正之（2012）「日本企業の構造変化：経営戦略・内部組織・企業構造」経済産業省経済産業研究所ディスカッションペーパー。

表5-2　コーポレート・ガバナンス・コードの基本原則

五つの基本原則	内容（抜粋）
1.株主の権利・平等性の確保	株主の権利が確保され、その権利が適切に行使できるよう環境整備を行う。少数株主や外国人株主などについても平等に配慮する
2.株主以外のステークホルダーとの適切な協働	従業員、顧客、取引先、債権者、地域社会などのステークホルダーとの適切な協働に努める。取締役・経営陣はそのためのリーダシップを発揮する。
3.適切な情報開示と透明性の確保	財務情報（財政状況、経営成績など）、非財務情報（経営戦略、経営課題、リスクやガバナンスに係る情報など）を適切に開示する。
4.取締役会等の責務	取締役会は、企業戦略の方向性を示すこと、適切なリスクテイクを支えること、実効性の高い監督を行うことなどの役割・責務を果たす。
5.株主との対話	株主総会以外の場でも、株主と建設的な対話を行う。

　このように説明してくると、読者の方々は「日本の企業経営もだんだん欧米型になっていくのか」と思うかもしれませんが、必ずしもそうではありません。これまでの日本的経営の中にも残すべき長所はたくさんあります。現在は「何を残し、何を変えるべきか」という試行錯誤が行われていると考えるべきでしょう。

　こうした試行錯誤が繰り返されており、その中から新しい日本型経営が生み出されつつあると言えるでしょう。

企業の社会的責任

　こうした中で、企業は単に利益を追求するだけではなく、社会的存在として一定の責任を果たすべきだとする議論が強まっています。**企業の社会的責任**（CSR: Corporate Social Responsibility）です。その内容としては、法令の遵守はもちろんのこと、環境問題、労働安全、消費者保護への取り組み、地域社会への貢献などがあります。

　かつてバブル期には、企業が文化、技術、スポーツ振興に資金を提供する例も多く見られました（いわゆる「メセナ活動」）。しかし、企業経営が厳しくなるとたちまち下火となってしまいました。しかし、近年の社会的責任論は、かつてのメセナとは一味違っているようです。かつては「企業の利益の一部を社会に還元

する」という性格が強かったのですが、近年では企業の利益追求とCSRとは相反するものではなく、不可分のものだという認識が広がっています。代表的な考えは「トリプル・ボトムライン」という考えで、企業は「経済」「環境」「社会」という三つの側面から社会的責任を果たしていくべきだという考えです。

こうしたCSRの考え方が強まってきた背景としては、次のようなことが考えられます。

第1は、企業イメージが重要になっていることです。所得水準が高まり、消費が成熟化してくると、消費者は、単に特定の機能を果たせばよいということではなく、多様な財・サービスの中から、自分の好みに合ったものを選択するようになります。すると、企業のイメージが売り上げを左右することになります。また、クリエイティブな従業員が気持ちよく働くためには、「社会的に良いイメージの企業で働いている」という誇りを持つことが重要であり、この面からも好ましい企業イメージが求められることになります。

第2は、市場、消費者の側での企業評価が厳しくなってきていることです。例えば、社会的責任を果たしている企業に投資資金を提供しようというSRI（企業の社会的責任投資、Social Responsibility Investment）が増えていますし、第三者機関で企業の社会的貢献度合いを客観的に評価して公表しようという動きも始まりつつあります。グリーン・コンシューマリズムのように、消費者が環境に優しい企業の製品を優先して購入しようとする動きも盛んになっています。

企業にとっての無形資産の重要性

産業構造の変化で指摘したように、近年の産業構造の変化の流れは「知識集約化」への流れだと要約することができます。技術、ノウハウ、ブランドなどの「知識」の価値が相対的に高まっており、知識への投資が企業の成長にとっても欠かせないものとなっています。こうした知識集約化の中で、企業にとっても「無形資産」の重要性が高まっています。

企業が保有する資産は有形資産と無形資産に分けることができます。設備投資というフローの活動が蓄積されて設備ストックという有形資産が形成されるように、研究開発のためのフローの活動が蓄積されて無形資産が形成されることになります。

無形資産は次の三つに分けて議論されることが多いようです。それは「情報化

資産（ソフトウェアやデータベース）、「革新的資産（研究開発ストック、著作権・ライセンス、デザインなど）、「経済的競争資産（ブランド資産、企業固有の人的資産、組織構造など）の三つです。

　「2011年版経済財政白書」では、この3分類に基づいて日本企業の無形資産ストックの推計を行った上で日米比較を行っています。これによると、①日米ともに、有形資産投資が長期的に伸び悩んでいるのに対して、無形資産投資は着実に増加していること、②ただし、ストックの規模としては、アメリカでは無形資産が有形資産を上回っているのに対し、日本では依然として有形資産のウェイトがかなり高いこと、③有形資産投資は景気情勢などによって大きく変動するのに対して、無形資産投資の動きは比較的安定していることなどが確かめられています。

　では、無形資産投資は企業価値を高めると言えるのでしょうか。前述の経済財政白書では、企業別に無形資産投資（研究開発費、広告宣伝費、組織改革のための投資の合計）が増えた時に株式時価総額がどの程度増えるかを分析しています。その結果によると、海外売上高比率の高い企業は、無形資産の増加が企業価値を高めているということが分かります。これを見ても、グローバル化の進展とともに、企業にとっての無形資産の価値がますます重要になると言えそうです。

参考文献

　産業活動の諸側面についての概観としては、
経済産業省「通商白書」（各年）
が役に立ちます。経済産業省のホームページからダウンロードできます。
　近年の経営をめぐる動きを総合的に取り上げたものとして、
伊丹敬之（2019）『平成の経営』（日本経済新聞出版社）
があります。
　「擦り合わせ技術」という概念で、日本の産業の特徴を描いたものとして、
藤本隆宏（2004）『日本のもの造り哲学』（日本経済新聞社）
が有益です。
　ビッグデータなど最近話題の分野も取り込みながら産業構造の変化を解説しているものとしては、
伊藤元重（2015）『日本経済を「見通す」力』（光文社新書）があります。
　普通の統計に現われにくい企業活動の実態については、内閣府が毎年行っている「企業行動に関するアンケート調査」が参考になります。内閣府のホームページからダウン

ロードできます。

　コーポレート・ガバナンスについての入門書としては、次のようなものがあります。

花崎正晴（2014）『コーポレートガバナンス』（岩波新書）

松田千恵子（2015）『これならわかる コーポレートガバナンスの教科書』（日経BP社）

▶▶課題

1．本章のリーディング産業の予測方法を踏まえて、「これからどんな産業が伸びるか」を自分なりに考えてみてください。

2．本章で述べたような産業構造・企業経営の変化は、現在進行中で、これからも多様な展開を示すことになるでしょう。読者の皆さんは、新聞・雑誌を読んだり、企業にヒアリング調査をすることなどにより、こうした変化の方向を調べてみてください。

3．企業はなぜ社会的責任を果たさなければならないのでしょうか。これは結構難しい問題です。「企業イメージを高めることになり、収益にも貢献する」と言いたくなるでしょうが、すると「要するに収益を最大化するための手段だ」ということになるのでしょうか。

第6章 物価の変動とデフレ問題

（欄外）第6章

近年、物価をめぐる意識は大転換したと言って良いでしょう。かつては「物価問題」とは、「物価の上昇がいかに国民生活の安定を阻害するか」「その物価上昇をいかに防ぐか」「国際的に割高な日本の物価をいかに是正するか（いわゆる内外価格差問題）」ということが中心でした。物価が「上がること」「高いこと」が問題だったわけです。しかし、90年代に入ると物価は横ばいから下落に向かい、「デフレ（物価の下落）によっていかに経済が困難に陥っているか」「そのデフレからいかに脱却するか」つまり、物価が「下がる」ことが問題になったのです。

1990年代以降、世界的にもディスインフレ（物価上昇率の低下）が進みましたが、デフレに陥ったのは先進国で日本だけでした。

1　下落が続いた日本の物価

物価にはどんな指標があるか

物価の動きを示す指標としては、次のようなものがあります。

第1は、**消費者物価指数**で、日々、私たち消費者が購入している、モノ、サービスの価格の動きを示しています。現在（2020年）の消費者物価指数では、2015年を基準時点として、平均的な家計が消費している代表的な品目585品目（沖縄県のみで調査する４品目含む）がピックアップされています。例えば、モノでは、食パン、生鮮野菜、衣料品、パソコンなど、サービスでは、家賃、電話代、授業料、外食などが含まれています。こうした財・サービスの価格を毎月追跡調査し、平均的な家計の消費金額でウェイト付けして総合化されています。

なお、消費者物価の動きを見る場合は、「生鮮食品を除く総合」の動きを見る

のが普通です。野菜などの生鮮食品は天候などの影響を受けやすく、経済的条件に基づく物価の変動を見ようとするときは、これを除いたほうが良いと考えられているからです。本章でも、消費者物価の変化率として紹介されているものは、いずれもこの「生鮮食品を除く総合」です。消費者物価指数は CPI（Consumer Price Index の略）、「生鮮食品を除く総合」は **CPI コア**と呼ばれることもあります。

第2は、**企業物価指数**で、企業間で取引する財の価格の動きを示します。かつては「卸売物価指数」と呼ばれていたのですが、2002年末から名称が変わりました。その内容はさらに、国内企業物価指数（調査価格数は5743）、輸出物価指数（同1288）、輸入物価指数（1576）に分かれます。このうち最もよく使われるのは国内企業物価指数です。

第3は、**GDP デフレータ**です。これは名目 GDP を実質値に換算する時の指数です。設備投資なども含んだ経済全体の価格の動きを示すわけですから、総合的な物価指標だとも言えますが、正しくは「国内に原因がある物価変動（ホームメード・インフレ）の指標」となります（詳しくはコラムを参照してください）。

異常な物価下落

では、これらの指標を使って、物価の動きを概観してみます。90年代以降、日本の物価はかつてない動きを示しました。「物価の安定」を通り越して、物価が下がっていったのです。これが「**デフレ**（または**デフレーション**）」と呼ばれる現象です。デフレとは、物価が持続的に下落を続ける状態のことで、インフレはその逆です。

まず消費者物価は、2000年から2005年まで6年連続の下落を記録しました。それまで、消費者物価はほとんど下がったことはありませんでした。ましてや6年連続のマイナスというのは、戦後初めてのことです。その後景気回復により2006年から2008年にかけては上昇に転じましたが、2009年及び2012年まで、再び物価下落基調が続きました。

企業物価も下落が続きました。92年から2003年までの12年間で、10年が下落でした。企業物価は、石油など原材料の価格が影響しますから、これまでも下落したことは何回もありましたが、これほど下落傾向が続いたのは、これも戦後初めてのことでした。

コラム　物価の指標としての GDP デフレータ

GDP からデフレータがどのように導かれるかを考えてみます。

まず、

$$P \cdot GDP = Pd \cdot D + Pe \cdot E - Pm \cdot M$$

ただし、P は GDP デフレータ、GDP は実質 GDP、Pd：国内需要デフレータ、D は国内需要、Pe：輸出デフレータ、E は輸出、Pm：輸入デフレータ、M は輸入です。

よって

$$P = Pd(D/GDP) + Pe(E/GDP) - Pm(M/GDP)$$

となります。

つまり、**GDP デフレータ**は、国内需要の価格と輸出価格を実質需要規模でウェイト付けして合計し、これから輸入物価を実質輸入金額でウェイト付けして控除したものだということになります。ということは、GDP デフレータは、必ずしも消費者物価と卸売物価を総合した物価指標ではありません。輸入が控除されているからです。

この計算式を見ると、輸入物価が上昇すると、GDP デフレータは下がり、輸入物価が下落するとデフレータは上昇するように見えます。しかし、この考え方は正しくありません。「輸入物価が動いても、国内の物価は動かない」という前提を置いているからです。例えば、輸入石油価格が上昇して、国内の物価が上昇したとしましょう。詳しい説明は省略しますが、輸入コストの上昇分だけ国内物価が上昇した場合には、国内物価の上昇と輸入物価の上昇がちょうど相殺されるので、GDP デフレータは変動しません（消費者物価や企業物価は上昇します）。しかし、輸入コスト以上に最終価格が上昇すると（いわゆる便乗値上げがあったり、賃金が物価にスライドして上昇したりすると）、GDP デフレータも上昇するのです。つまり、GDP デフレータは、「国内に原因があって生ずる物価変動（いわゆる**ホームメイド・インフレ**）」の指標だということになります。

円高の場合も同様です。円高になると輸入物価は下がります。この時、輸入コストに見合う分だけ国内物価が低下すれば、GDP デフレータは変化し

ません。しかし、国内物価がそこまで下がらないと（円高差益が末端まで還元されないと）、GDP デフレータは上昇するのです。

GDP デフレータは、90年代半ばまで、マイナスを記録したことはありませんでした。しかし、95年以降2013年までほぼ連続してマイナスとなりました（消費税を引き上げた97年はプラス）。その後も2016年以降ゼロ近傍と弱い動きとなっています。これがいかに異常な事態であったかを見るために、海外と比較してみましょう。2019年 5 月の OECD の経済見通しによると、2018年の OECD 諸国のGDP デフレータは平均2.3％のプラスです。例外的に2009年及び2015年にカナダがマイナスとなったのを除いて、G7諸国でマイナスが続いているのは日本だけです。

2　なぜ物価安定は重要なのか

物価常識の再点検

こうして90年代になって物価が下落するようになったことが、それまでの物価常識に革命的な変化をもたらしたのです。この点は重要な点ですので、少し詳しく説明しましょう。

言うまでもなく「物価の安定が重要だ」ということは誰も否定しません。しかし、では「なぜ物価の安定が重要なのか」という点は意外と難しい点です。

まず、世間一般の人はどう考えるでしょうか。例えば、一般の消費者にアンケートをすると百パーセントの人が「物価は上がらない方が良い」と答えるでしょう。それは、物価が上がると実質所得が減り、生活水準が低下するからです。すると、「物価が上がるのは困るが、下がるのは歓迎だ」ということになります。物価が下がれば、実質所得は増加するからです。すると、デフレは問題ではないということになります。事実、デフレに悩んでいた頃でも、結構影響力のあるジャーナリストが「生活を良くするためには、物価が下がってもいいのだ」と説いています。

しかしこの考えは誤りです。「物価が下がっても、名目所得は変わらない」と

いう前提を置いているからです。つまり、序章で述べた**「部分均衡的な考え方」**なのです。普通は、ある財の値段が下がるということは、その財を生産している人の所得が減ることなのですから、「物価が下がっているのに、名目所得が不変」ということはあり得ないのです。事実、90年代半ば以降の雇用者報酬（勤労者の賃金所得）は、低い伸びが続いており、98〜2004年までの間は下落が続いていたのです（ただし2000年を除く）。

物価安定の重要性

　ではなぜ物価の安定は重要なのでしょうか。経済的に物価安定が望ましい理由を突き詰めていくと、次の三つが重要です。インフレの場合を例として考えてみましょう。

　第1は、価格が持っている資源配分機能が阻害されることです。市場経済において、財貨やサービスの価格は、希少性を現わすシグナルとしての役割を果しています。ところが全般的に物価が上昇すると、相対価格の変化が見分けにくくなり、シグナルとしての機能が果せなくなってしまいます。すると、資源の配分が適切に行われなくなり、効率的な経済運営が出来なくなるのです。例えば、南米ベネズエラでは、2018年の物価上昇率が169万8千％に達したということです。こんな時には、物価を見ても、何が相対的に上昇しているかが分からなくなってしまいます。

　第2は、将来への不確実性が高まることです。インフレになると、企業の名目売上、名目金利は上昇し、名目賃金も上がります。インフレが抑えられると、売上、金利、賃金は低下します。こうして名目の経済変数が不規則に変動すると、企業は長期的な投資計画が立てにくくなり、家計も将来の生活設計が狂ってしまいます。こうして物価の変動は、長期的な投資活動を抑制してしまうのです。

　第3は、債権者から債務者への意図せざる所得移転が起きることです。インフレになっても、インフレになる前に行われた借金の名目金額は変わりませんから、より少ない負担で借金を返済できるようになります。一方、家計の持つ預貯金は目減りします。こうして、債権者から債務者への所得移転が起きるのです。これはいわば本人の意思にかかわりなく、強制的に行われる所得移転です。それだけに損をした人の不満は大きくなります。

　なお、債権者から債務者というわけではないのですが、所得移転の問題として、

税制の歪みの問題もあります。これは、税制や会計制度は名目値で決まっていることから起こる現象です。例えば、所得税率は課税対象となる所得の高い人ほど高くなるように決められています（これを累進性といいます）。その税率の基準値は名目の金額で予め決まっています。したがって、インフレやデフレが続いてもその基準値が見直されない場合、インフレは納税者に不利、デフレは有利な効果をもたらすことになります。

予想された物価変動か否か

もっとも、以上の点は、その多くがインフレが事前に完全に予想されていれば、回避可能な問題ともいえます。例えば、先ほど説明した債権者から債務者への意図せざる所得移転の問題を考えてみましょう。ある人が住宅を購入し、金利3％でローンを借りるとします。期待するインフレ率が1％の場合、実質利子率は2％となります。しかし、実際には1％のデフレになってしまった場合、当初意図していなかった所得移転が債務者から債権者へと起こります。この時、このデフレが予想されたものであれば、この所得移転は当初からの想定通りとなり、それを好まない場合、この人は住宅を購入しない、あるいはもう少し安い住宅を購入する、といった別の選択をしたことでしょう。

しかし、実際には、将来の物価を正確に予想することは容易ではありません。予想できない物価変動に対応する一つの方法として、物価スライド方式があります。物価スライド方式とは、賃金などを物価上昇率に応じて変動させる方法のことで、インデクセーションとも呼ばれます。例えば、2004年まで日本の公的年金は、消費者物価上昇率に応じて引き上げるという決まりがありました。物価が上昇してもそれに応じて年金給付額が引き上げられれば、老後の暮らしも安心というわけです。しかし、全てに物価スライド方式を適用することは困難です。やはり物価は安定している方が望ましいわけです。

物価の下落はなぜ困るのか

さて、よく考えてみると、以上の弊害は、物価上昇率が高すぎた場合でも、低すぎた場合でも共にあてはまる弊害です。このような弊害が、物価の下落傾向が明瞭になる中でどう現れたかを見てみましょう。

第1の資源配分機能については、それほど大きな弊害は現れていないと思われ

ます。この弊害は、インフレやデフレが急速に進んだ場合に現れます。日本で起こったデフレは、物価が下がっているとはいえ、たかだか消費者物価で1％前後の「緩やかなデフレ」に止まっています。

　第2の将来の不確実性については、物価の下落が日本経済にマイナスの影響を及ぼしてきた可能性が高いでしょう。家計については、言うまでもなく、名目賃金、名目金利の変動が将来への不確実性を生んでいます。物価が下がる中で、98年以降の名目賃金（現金給与総額）は2004年まで減少傾向が続きました。これは戦後初めての経験です。名目金利も下がり、預金金利もほとんどゼロに近いレベルになってしまいました。経験したことのない事態に直面すると、誰しも不安を覚えます。所得が増えず、金融資産から得られる利子も期待できないとあっては、将来への不安が強まるのは当然だと言えます。名目賃金の下方硬直性やゼロ金利制約は、インフレの時には生じない、デフレ固有の問題といえます。

　物価の下落は、企業の投資活動にも、マイナスに作用している可能性があります。企業は、長期的な将来展望の下に投資計画を立てます。ところが、物価の下落によって名目売上高が抑制されると、収益も抑制され長期的な投資計画も立てにくくなります。また、物価が下落した程には賃金が低下しないと実質賃金が上昇し、雇用が抑制されるかもしれません。

　90年代後半の経済の停滞の中で、家計も企業も、将来への長期的な展望が描けないとか、先行きへの不安感が強いといった言葉をしばしば耳にしました。これには財政赤字などの長期的課題も影響していますが、物価の下落に伴い、賃金、売上、収益、金利などの名目変数についての長期的な見通しが不確実になっていることも影響しているように思われます。

　第3の、債務者から債権者への意図せざる所得移転も、デフレ下で大きな問題となりました。身近な例では、家計の住宅投資があります。デフレになる前にローンを組んで住宅を購入した人々は、その後物価が下がり、名目所得もまた下がってしまったため、当初予定していたよりもずっと返済が厳しくなりました。これは、物価の下落によって、債務の実質価値が高まり、返済負担が実質的に重くなったということです。

　もっと深刻なのは、企業の債務です。もともと、バブル崩壊後の日本経済は、バブル期に増大させた負債の重荷に苦しんできました。債務者である企業サイドからすると、稼いだ収益の使途として債務の返済を優先させなければならないた

め、前向きの投資が出来なくなります。下手をすると倒産さえしかねません。一方、債権者である金融機関からすると、返済困難な不良債権が溜まることになります。どうしても新しい融資には慎重になります。

　こうして、ただでさえ債務者の負担が重荷になっているところに、物価が下がると、債務者の負担はさらに重くなります。物価の上昇は、いわば自然発生的な徳政令のようなものですが、逆に物価の下落は、「逆徳政令」が発せられたようなものであり、借金の負担が重くなってしまうのです。

　以上のように、物価の下落は、現実問題として経済的にマイナスの影響をもたらしてきたのです。

物価常識・物価政策の転換

　以上をまとめてみましょう。物価上昇率が高い時は、国民感情の上からも、経済論理の上からも「物価を下げる」ということが政策目標でした。しかし、物価が下がるような状況のもとでは、国民感情では「物価が下がるのは歓迎」、経済論理からは「物価を上げるべきだ」ということになり、結論が反対になります。

　これを物価政策という観点から見ると、80年代までの物価行政は、「物価を下げて欲しい」という素朴な国民感情に応えて物価行政を行っていれば良いという、いわば「平和な時代」だったとも言えます。さらに、日本では、「内外価格差が大きい」「製造業の国際競争力を高めるために高コスト体質を是正しなければならない」という問題意識の下に、日本の物価を国際レベルまで引き下げることが望ましいという意識が強かったことも、「物価を下げる」物価政策を支えてきたと言えます。しかし、デフレ経済の下では、ある意味では国民感情に反してでも、デフレ対策の意義を国民に説得しながら「物価上昇率を引き上げる」物価政策を行う必要が生じたのです。

3　デフレの背景

デフレの背景：輸入価格の変動と物価

　1980年代から90年代にかけては、原材料価格が安定化し、金融政策運営も物価安定を重視するようになり、物価は世界的にも従来に比べ安定するようになりま

した。しかし、デフレになったのは日本のみです。では、日本はなぜ世界でも例を見ないようなデフレ状況に陥ってしまったのでしょうか。

　まず考えられるのは、円高や輸入物価の影響です。日本は原材料をはじめとして、多くの財貨サービスを輸入しています。輸入価格が下落すれば、当然、日本の物価を引き下げることになります。

　これまで日本の物価が大きく変動する時、その大きな原因は輸入物価である場合が多かったと言えます。代表的なのが石油危機による物価の上昇です。73年10月には、第一次石油危機によって、石油価格が一挙に4倍に引き上げられました。経済の血液とも言える石油価格の上昇は、ほとんどあらゆる財貨・サービスの価格を引き上げ、このため74年の日本の消費者物価（生鮮食品を除く総合）は22.5％も上昇し、「狂乱インフレ」という言葉まで登場しました。

　また、円レートの上昇は、日本の輸入価格を低下させます。特に、85年にはプラザ合意をきっかけとして、円レートは85年から88年初にかけて約2倍もの上昇となりました（1ドル280円から128円へ）。ということは、日本が輸入するものが全て半値になったということです。当然、物価は安定化し、日本の消費者物価上昇率は85年の2.0％から、86年には0.8％、87年には0.3％まで上昇率が鈍化したのです。

　さて、こうして輸入価格が下がって物価が安定化するような時には、卸売物価（現在の企業物価）と消費者物価の変動が異なった動きを示します。原材料→製造・加工→流通→小売という財貨・サービスの流れから言うと、卸売物価が川上、消費者物価が川下段階の物価を表していますから、強い物価下落要因が川上段階から来た時には、必然的に、川上に近いほど物価は大きく下がります。川上段階にあるものほどコストに占める輸入財貨のウェイトが大きいからです。第一次石油危機の時のように、石油価格が上昇して、物価全体が上昇するような時も同じです。例えば第一次石油危機後の74年の場合、卸売物価の上昇率は31.4％、消費者物価は23.2％でした。

　では近年のデフレに関してはどうでしょうか。中国などから安い製品が日本市場にどんどん流入してきていることがデフレの原因だという説もありました。確かに、ユニクロに象徴される繊維製品をはじめとして、アジア諸国から安い製品が急激に市場に浸透したことは事実です。しかし、筆者は、これがデフレの主因だとは考えていません。

図6-1　輸入物価が消費者物価に及ぼす影響は低下

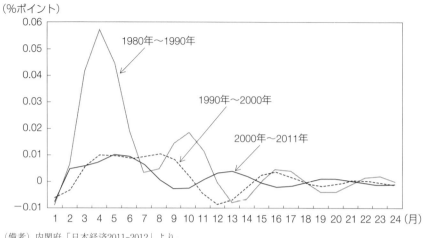

（備考）内閣府「日本経済2011-2012」より。

　第1に、輸入物価の下落の程度がそれほど大きくありません。経済全体としての輸入物価の動きは、GDP統計の輸入デフレータによって見ることができます。95～99年平均の輸入デフレータの年平均変化率は0.2％の上昇、2000～2004年は0.8％の上昇でした。2009年には大幅に下落したのですが、2005年から2008年にかけて大幅な上昇が続いていたため、2009年の輸入物価は2005年より僅かに低い水準となった後、2010年は上昇に転じました。つまり、品目によっては下落しているものがあることは事実ですが、全体の平均としては下落していないのです。

　また、為替や輸入価格の変動が国内価格に転嫁される度合いをパス・スルー比率と呼びますが、このパス・スルー比率はかつてに比べ低下しています。例えば、図6-1は、輸入物価が1％変動した時に、その影響が消費者物価にどの程度波及していくかを分析したものです。80年代に比べ、90年代以降2010年にかけては消費者物価が輸入物価に反応しにくくなっていったことが解ります。

　第2に、輸入物価では、日本だけがデフレになっているという現象をうまく説明できません。例えば、中国からの輸入品が市場に浸透してきているのは、日本だけではありません。日本が輸入物価でデフレになったのであれば、他の国々もデフレになっていいはずです。

　第3に、日本ではGDPデフレータが下がっています。コラムでも紹介したよ

図6-2　需給ギャップ（GDPギャップ）と消費者物価上昇率

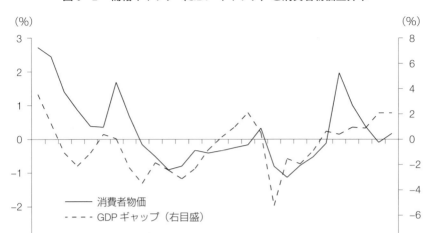

（備考）OECD"Economic Outlook 105"により作成。

うに、GDPデフレータが下がっているということは、国内に原因がある「ホームメード・デフレ」だということを意味しています。

デフレの背景：需給ギャップと期待の動き

　筆者は、90年代後半以降のデフレの原因は三つあったと考えています。

　第1は、景気が総じて低迷し、供給能力が需要のレベルを大きく上回っていたことです。需要と供給の関係が物価を決める（または物価が需要と供給を調整する）という考え方は経済の基本です。90年代以降、日本では需要の伸びが低く、大きな過剰設備、過剰人員が存在していたのですから、物価が上がらなかったのも当然だったと言えます。

　この需要と供給の差は、**需給ギャップ**（または**GDPギャップ**、詳しくは第3章を参照）によって測ることができます。図6-2は、OECDが計算した需給ギャップと消費者物価上昇率の推移を見たものです。一見して両者は似通った動きをしていることが分かるでしょう。

　90年代後半には需給ギャップが大幅に拡大（悪化）したことも分かります。国

際比較をしてみましょう。2011年の OECD エコノミック・アウトルックから計算しますと、98〜2005年の需給ギャップは、OECD 平均では0.1％のプラスであったのに対し、日本の需給ギャップは平均1.8％のマイナス（供給超過）で、これは OECD 諸国中最大の供給超過でした。日本は先進国中飛び抜けて需給ギャップが大きかったのですから、物価上昇率が、日本だけマイナスになったのも無理はないことになります。

　第2は、人々の期待です。企業や家計は「これからの物価がどう動きそうか」という期待を持っています。物価が上がりそうだという「**物価上昇期待（インフレ期待）**」が強いと、現実にも物価が上がりやすくなります。具体的には、①労働者は生活水準を維持するため、より高い賃金を求め、企業もそれに応じやすくなること、②全体としての物価が上がりそうだと思えば、企業も自社の製品価格を引き上げようとすること、③今のうちに買っておこうという意識が需要の先取りを生むことなどの動きが生まれるからです。

　ところが、90年代には物価上昇期待は薄れていきました。内閣府の消費動向調査で家計の物価上昇期待をみると、バブル崩壊後、物価が「上がる」と答えた人の割合は徐々に低下する一方で、「変わらない」「やや低くなる」と答えた人の割合が増えていきます。また、日本銀行の短期経済観測で企業の物価上昇期待をチェックしてみますと、90年代後半には販売価格、仕入れ価格ともに下落予想が上昇予想を上回っています。こういう状態になると、インフレ期待の逆の現象が生じ、賃金は下がり、企業は値上げを控え、買い控えが広がり、現実にもデフレが進行しやすくなるわけです。

　第3は、賃金の下落です。第4章で紹介したように、日本の賃金は1998年頃から下落するようになりました。賃金が下落している状況では、財のみならずサービス価格も上がりにくくなります。サービスは人件費の固まりだからです。消費者物価指数のウエイトをみますと、約半分がサービスです（2015年基準指数では、財が49.7％、サービスが50.3％）。従来、日本では、サービスの物価上昇率は賃金の変動と関係が強く、財の物価上昇率を1〜2％程度上回る傾向がありました（図6-3）。しかし、1999年には、サービス物価の上昇率は0.1％上昇とほぼ横ばいに低下しました。これは、詳細なデータを用いた検証により賃金の下方硬直性が観察されなくなったと指摘されている時期とほぼ一致しています。賃金が下落したことが物価を上がりにくくし、安定的な物価がさらに賃金を抑制することに

図6-3　財・サービス別 CPI と所定内給与

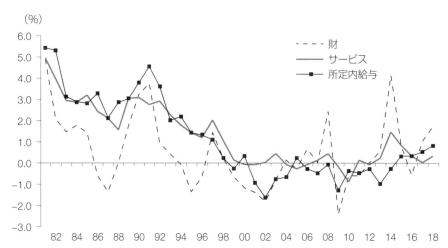

（備考）総務省「消費者物価指数」、厚生労働省「毎月勤労統計」より作成。所定内給与の2013年以降は再集計値による。

なったという状態が続いているように思われます。

デフレ・スパイラルの進行

90年代後半以降、デフレが進行する中で、景気の悪化と物価の下落とが相互に因果関係を持ちながら、スパイラル的に進行しているのではないかという懸念が示されました。「景気が悪化する」→「物価が下がる」というルートは当然あるのですが、「物価が下がる」→「景気が悪化する」というルートも存在するというわけです。そうなると、景気の悪化と物価の下落がスパイラル的に進行するということになります。これが「**デフレ・スパイラル**」の議論です。

ではなぜ、物価が下がると景気がさらに悪化するのでしょうか。それは、物価が下がった時に、価格が下がりにくいものがあるからです。それは、賃金と金利です。物価が下落したとき、企業の収益に関係する賃金や金利が同じように下落すれば生産物1単位当たりの収益は悪化しないですみます。しかし、名目賃金や名目金利には下方硬直性（上がりやすいが、下がりにくい）があるので、物価下落は収益にマイナスに作用する可能性が高くなるのです。特に心配なのは、金利

です。物価が下落し、期待インフレ率が低下して行く時に、名目金利が下がっていけば、実質金利は必ずしも上昇しません。ところが、名目金利は通常「ゼロ以下にはならない」という絶対的な下方硬直性があります。近年のように、名目金利が、これ以上は下がりようがないほど下がっている時に、なおも物価が下がると、実質金利は上昇してしまうのです。実質金利の上昇は、それだけで企業の投資を抑制する効果があります。すると、「物価の下落」→「企業収益の悪化」→「企業の投資の落ち込み」→「一層の景気悪化」→「物価の下落」という悪循環が発生することになります。

2000年頃の日本経済においては、こうしたメカニズムが、現実に作用していたようにみえます。賃金上昇率（現金給与総額）は98年以降マイナスとなっていますが、企業全体の売上の減少には及ばず、そのため労働分配率（付加価値に占める賃金のシェア）は2000年頃まで上昇しており、企業収益が圧迫されていることを示していました。金利についても、名目金利は下がっていますが、実質金利はむしろ高止まりしていたのです。

こうしてデフレの深刻な影響が懸念される中で、デフレから脱却するために、積極的に一定の物価上昇率を政策目標として掲げた上で経済政策を運営すべきだという「**インフレ・ターゲット**」（物価安定目標）が提案される局面もありました。この点は金融政策との関連が深いので、第11章の金融で扱うことにします。

デフレからの脱却へ

2002年以降の景気回復が長期化する中で、デフレ問題は次第に影が薄くなっていきました。その理由としては二つが考えられます。一つは、前述のように需給ギャップが縮小する中で、物価上昇率がゼロ以下の状態から脱していったことです。もう一つは、ある程度のデフレでも景気が拡大を続けたことです。2007年前半の消費者物価の上昇率はわずかにマイナスの状態となったこともありました。そういう意味ではデフレが続いていたのですが、景気は堅調に拡大し、企業収益も増加しました。労働分配率も低下しました。つまり、若干デフレ気味であっても経済は順調に拡大することができるということが示されたわけです。しかし、この背景には世界経済の好調や不良債権処理の進展などが寄与しており、世界金融危機後日本経済は再びのデフレとなりました。もちろん、物価下落は既にみたような問題があるのですが、このときはデフレスパイラルが議論されることはほ

とんどありませんでした。2013年になると図6−2にもあるように需給ギャップがプラスとなるにつれ消費者物価も上昇基調が続くようになり、日本経済はデフレという状況ではなくなりました。消費者物価は0〜1％程度で推移しています。

消費税率引上げとその影響

2014年4月に**消費税**が5％から8％に引き上げられました。3％の引き上げですから、17年前（1997年）の2％引上げと比べ1.5倍の規模ということです。この結果消費者物価は2014年3月の前年比1.3％上昇から、翌4月には3.2％へと跳ね上がりました。さらに、2019年10月には10％に引き上げられると同時に、食品など一部品目に**軽減税率**が導入されました。

消費税引上げが景気に及ぼす影響を考えてみましょう。まず、物価については、仮に2014年3月から4月への上昇率のジャンプ（拡大）が全て消費税の影響とすれば、1.9％分は消費税率引上げが原因ということになります。3％の引上げよりも小幅なのは、企業のコスト削減努力などもあるでしょうが、消費税非課税品目（家賃、学校授業料、公的医療保険でカバーされる医療費など）があるためです。

次に、物価以外への影響を、ここでは家計に注目して考えてみましょう。消費税引上げに伴い物価が上昇するわけですから、値上げ前に買おうとする駆け込み的な需要増が生じます。特に耐久消費財や新築住宅は節約できる金額も大きくなるので、駆け込み需要が起こりやすくなります。当然の帰結として、増税後は反動減で、需要を先食いした分だけしばらく消費が落ち込むことになります。ただ、2014年の引上げ時は増税後の景気低迷が予想より長引き、特に4−6月期に続いて7−9月期もマイナス成長となったことが注目されました。というのも、変動のパターンとして、1−3月期に駆け込み需要が起こり、4−6月期にその反動減がほぼ出尽くしていれば、4−6月期は反動減のために消費が通常よりもさらに一段低い水準になっていますので、7−9月は増税の影響が多少残っていてもむしろ少し高めの上昇率になって当然だからです。しかし、7−9月期以降も消費は微増にとどまり低迷してしまいました。この背景には、3％の引上げということで駆け込み増が大きく、その反動減も大きかったほか、名目賃金上昇が小幅にとどまり、実質所得が減少したことがあります。加えて、2013年秋から公的年金引下げが始まっていたのですが、年金を受給している高齢者の節約志向が高ま

ったことも消費を下押ししたと考えられます（年金引下げ開始後しばらくは消費を維持しようとする動きもみられたのですが、増税後は減少しています）。結局のところ、反動減に加え、実質所得が目減りしてしまったことから、7－9月以降も消費は低迷したということです。住宅投資も2四半期減少が続いたため、2013年度のGDP成長率は駆け込み需要もあって2％台に押し上げられましたが、2014年度はその反動減もあり0.9％減となりました。

　2019年はどうなったでしょうか。9月から10月への物価上昇率のジャンプは、0.3％上昇から0.4％上昇の微増にとどまりました。もともと引き上げ幅が2％と前回よりも小幅だったこともありますが、今回は消費税引上げと同時に負担を軽減する施策（飲食料品等に対する軽減税率（8％で据置き）の導入、幼保無償化）がとられたほか、電気代、通信料など一部品目は1カ月遅れて11月から新税率が適応されました。加えて、財・サービスの価格設定について、消費税率引上げ前後においても柔軟な価格付けを許容する旨のガイドラインが政府から示されたことにより、消費税が引き上げられた日には「価格据え置き」で対応した企業も多くみられました。

　さらに、駆け込み需要を抑制する施策（時限つき施策）として、①増税後一定期間におけるポイント還元、②住宅ローン減税の拡充、親からの贈与非課税限度額引上げ、③自動車購入時の税負担軽減などが図られました。これらの結果、増税時における価格引上げが抑制されるとともに需要平準化が図られ、駆け込み需要は前回ほどにはみられていないようです。

　最後に、より中長期的な影響を考えると、消費税率引上げにより、消費者物価上昇率（前年比）は高くなりますが、上昇率への影響は1年経ったら剥落します。事実、2015年4月には消費者物価上昇率は0.4％となり、需給ギャップの改善を反映した落ち着いた動きとなりました。一方で、消費に及ぼす影響は、物価上昇に見合った所得増があったかが重要です。多少遅れてでも所得が増えてくれないと、実質所得が目減りした状況が続いてしまうからです。実際には図3－3でみたように、実質所得も実質消費もその後再び増加率1％程度で推移しています。

参考文献

　デフレ、デフレ・スパイラル、インフレターゲット、デフレからの脱出策などは、成長、景気、物価、金融など多くの分野に関連する問題ですが、ここでまとめて参考文献

をリストアップしておきます。

　デフレ脱却のために金融政策面からの政策転換を求める著作としては、次のようなものがあります。

岩田規久男（2013）『日本経済再生　まずデフレをとめよ』（日本経済新聞社）

ポール・クルグマン（2002）『恐慌の罠』（中岡望訳、中央公論新社）

原田　泰（2014）『日本を救ったリフレ派経済学』（日経プレミアシリーズ）

岩田規久男・浜田宏一・原田泰編（2013）『リフレが日本経済を復活させる』（中央経済社）

　デフレ期の日本経済について幅広い視点から議論したものとして

岩田一政・内閣府経済社会総合研究所編（2011）『バブル／デフレ期の日本経済と経済政策』（佐伯印刷株式会社）

があります。

　以下は、20年間のデフレを振り返り、日本がデフレになった原因として賃金に着目しています。

吉川　洋（2013）『デフレーション　"日本の慢性病"の全貌を解明する』（日本経済新聞社）

▶▶課題

1．誰かに「なぜ物価の安定が必要なのですか」と聞いてみてください。必ず「物価が上がると生活に困る」という答えが出てきます。「では、デフレは良いことなのですね」と聞いてみてください。このようにして「なぜ物価の安定は必要なのか」を改めて議論してみてください。

2．デフレ時代が長く続いていたため、インフレの時代を思い浮かべることは難しいかもしれません。周囲の人で石油危機当時を経験した人に「インフレ時代はどんな時代だったか」をヒアリング調査してみてください。

3．日本では1989年4月に消費税を導入して以降、これまで3回税率を引き上げています。そのタイミングと数値（何％の引上げか）、および導入前後で消費者物価は何％変化したのか、それはなぜかを調べてみましょう。

4．インフレのコストとして、本章で述べた重要な点のほかに、「メニュー・コスト」、「靴底コスト」と呼ばれているものがあります。これらは予め予想されていてもかかってしまうコストです。興味のある人は調べてみましょう。

| 第7章 | 貿易と国際収支の姿 |

国際経済をめぐる議論について

第7章から第9章では、国際的な観点から見た日本経済を取り上げます。この「国際経済」という分野は、「一般の考え」と「エコノミストの常識」との違いが大きく、経済学的な観点からチェックした時、世間に流布している議論の中に誤りが特に目立つ分野です。

その第1は、経済的には明らかに誤りであるにもかかわらず、一般に案外受け入れられている考え方です。代表的なものは「二国間の貿易収支は均衡すべきだ」という考え方ですが、これは公式の二国間交渉においても堂々と登場しています。

第2は、言葉からくる印象論で誤った考え方になってしまう場合です。例えば、2011年の東日本大震災後、日本の貿易収支は赤字となりましたが、マスコミはこれを「日本の貿易収支、赤字に転落」と騒ぎました。しかし、経済理論的には必ずしも貿易収支や経常収支は黒字が大きいほど良いわけでもありませんし、赤字になったから困るというわけでもありません。

第3は、一般には広く支持されていますが、私は疑問を感じている考え方です。「円高によって日本経済は大変なことになる」「このまま日本企業の海外進出が続くと、日本経済の空洞化が生じ、雇用不安が深刻になる」といった議論がそれです。

これだけ経済学的・分析的な議論と一般の議論がすれ違っている分野は他にないように思われます。しかし、世間の常識がいかに間違っているかを知ることも、経済を勉強する一つの醍醐味だとすれば、だからこそ国際経済学は面白いとも言えるのではないかと思います。

　この章では貿易と国際収支の姿を見ることにします。戦後一貫して、日本は世界経済とのかかわりを強めながら発展してきました。その中心は財貨・サービスの輸出入という貿易活動でした。国際収支は、その貿易も含めて、日本の対外取引の姿を示しています。

1　経済にとっての貿易の意味

グローバル化の進展と貿易

　近年、財貨・サービス、資金、人、企業活動が国境を越えて自由に移動する度合いが強まり、経済的な国境がなくなってきています。いわゆる「グローバル化」の進展です。

　図7-1は、貿易取引量と世界の実質GDPを比較したものです。基調的にほぼ一貫して実質GDPの伸びよりも貿易の伸びが大きいことが分かります。もし、各国経済の貿易への依存度が不変だとすれば、経済規模の拡大テンポと貿易の伸びは同じになるはずです。経済規模よりも貿易の伸びが高いということが、それだけ貿易を通じたグローバル化が進展していることを示しています。これには次のような背景が考えられます。

　第1は、戦後進められてきた世界的な貿易の自由化です。戦後の世界では、関税の引き下げ、貿易障壁の削減などへの国際的な努力が続けられてきました。ただし、こうした動きは、保護貿易的な主張を実行し始めたアメリカのトランプ大統領の出現で逆流しつつあるようにも見えるのが気がかりです（後述します）。

　第2は、新興国が貿易をテコに経済を発展するというモデルを採用し始めたことです。ある時期までは、むしろ輸入を国産に代替させることが国内の生産を増やす道だという考えもありました。しかし、高度成長期の日本が先行して示したモデルは「得意な分野の輸出を増やして経済発展させる」というモデルでした。この日本モデルの成功に倣って、アジアの国々が同様に目覚ましい発展を遂げたのです。考えてみれば、輸入代替という戦略は貿易縮小的に作用しますが、輸出拡大という戦略は貿易拡大的に作用するはずのものなのです。

　第3は、国際的な生産工程の分散が進んでいることです。近年では、ある製品を作るのに、様々な国・地域から中間財を輸入して、完成品を製造するといった

図7-1　世界貿易取引量と世界実質 GDP の比較

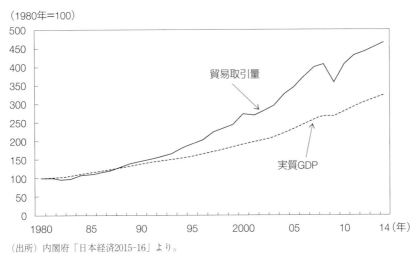

（出所）内閣府「日本経済2015-16」より。

国境を越えた生産ネットワークが形成されています。こうした生産工程の分散化は「フラグメンテーション」と呼ばれています。こうしたフラグメンテーションが進行すると、同じ製品を作るのに、従来よりも何度も国境を越えた取引がもたらされることになり、貿易量も増えることになるのです。

　ただし、世界貿易の動きをもう少していねいに見ると、2008年のリーマン・ショック以後、世界貿易の伸びが世界 GDP の伸びと同程度、またはやや下回るという動きが見られました。これはスロー・トレードとも呼ばれ、世界的な関心を集め、その背景をめぐって多くの議論が出ました。その理由としては、リーマン・ショック後の経済の落ち込みで供給力が余ったこと、アジアの新興国を巻き込んで展開されたグローバル・サプライチェーン構築の動きが一段落したことなどが指摘されていますが、2016年頃から再び世界貿易の伸びが高まる動きも見られています。

比較優位と貿易

　国同士が相互に輸出入しあうという「貿易」は経済にとって大変重要な意味を持っています。これは「比較優位」という概念でうまく説明することができます。

表7-1　比較優位の例

	イギリス	ポルトガル
毛織物1単位を生産するための労働	100人	90人
ワインを1単位生産するための労働	120人	80人

「比較優位」という考え方は、イギリスの経済学者リカードによって唱えられたもので、代表的な経済学的発想の一つです。

　リカードが示したオリジナルの例で説明しましょう。表7-1は、イギリスとポルトガルで、毛織物とワインを1単位生産するためにどれだけの労働量が必要となるかを示したものです。生産物はこの二つしかなく、生産は労働だけで行われているとします。この例では、毛織物もワインもポルトガルのほうが効率的に生産できるという状態になっています。すると、ポルトガルは貿易などしないで、毛織物もワインも自国で生産したほうが良いことになります。一方、イギリスは両方とも生産効率が悪いのですから、輸出などできないように思われます。それでも貿易をしたほうが良いというのがこの議論のポイントです。

　さて、生産要素は労働しかないわけですから、労働投入量の比率がそのまま価格の比率となりますから、イギリスでは毛織物とワインの交換比率は100対120、ポルトガルでは90対80となります。すると、イギリスの毛織物製造者が毛織物とワインを交換しようとすると、国内では5/6単位のワインしか手に入りませんが、これをポルトガルに持っていくと9/8単位のワインを手にすることができます。すなわち、イギリスは毛織物を輸出したほうがいいのです。一方、ポルトガルのワイン製造者がワインと毛織物を交換しようとすると、国内では8/9単位の毛織物しか手に入りませんが、これをイギリスに持っていくと、6/5単位の毛織物を手にすることができます。すなわち、ポルトガルはワインを輸出すべきなのです。

　こうしたことが起きるのは、ポルトガルの「得意である度合い」が毛織物とワインで異なるからです。毛織物については、ポルトガルが得意である割合は100対90ですが（必要となる人数が少ないほど得意である度合いが大きい）、ワインでは120対80だからです。すなわち、「絶対優位」という点では毛織物もワインもポルトガルが優位なのですが、「比較優位」という点では、ポルトガルはワインに比較優位を持ち、イギリスは毛織物に比較優位を持っているのです。

　この議論のもう一つのポイントは、貿易によってポルトガルもイギリスもより多くの毛織物とワインを手にすることができますから、両国とも経済状態が改善するということです。これは、より得意な分野に自国内の生産資源が集中することによって、分業の利益が発生するからです。

比較優位の原則を適用してみると

　この比較優位の原則は、経済学を勉強した人は誰でも知っている有名な理論です。おそらく本書の読者の中にも「そんなことは知っている」という人が多いと思います。しかし、この原則をいろいろな問題に適用してみると、次のようなことが言えます。

　第1は、戦後の日本の高度成長の要因についてです。しばしば日本は輸出にリードされて成長してきたと言われます。「輸出」というと「輸出で儲かる」「輸出産業が売り上げを増やす」という側面を頭に浮かべやすいのですが、必ずしもそれが重要だとは言えません。本当に重要なことは、貿易を通じて日本の産業構造が、より付加価値の高い分野へとシフトして行ったことです。第5章で述べたように、日本の産業構造は、軽工業⇒重化学工業⇒機械産業という具合に、付加価値の高い分野へとシフトし、それが経済全体の成長力を高めてきました。これができたのは、日本の輸出品目もまた付加価値の高い分野へシフトし、今まで生産していた分を輸入で補っていったからです。つまり、比較優位の高い分野に資源を集中させていったからだといえます。

　第2は、輸出も輸入も重要だということです。貿易の議論をしていると、しばしば「日本は資源がないから、資源を輸入しなければならない。そのために輸出が必要だ。」という議論が現われます。これは必ずしも正しいとは言えません。「輸入のために輸出する」という議論になっているからです。比較優位の議論から言えることは、国際分業を進めて経済を効率化するためには「輸出も輸入も同じように重要だ」ということです。

　ノーベル経済学賞受賞者のポール・クルグマンは、「輸出ではなく輸入が貿易の目的であることを教えるべきである。国が貿易によって得るのは、求めるものを輸入する能力である。輸出はそれ自体が目的ではない。輸出の必要は国にとって負担である」と述べています[1]。

　第3は、輸出がプラスで、輸入はマイナスという考え方も依然としてしばしば

見られます。例えば、後述するTPP（環太平洋経済連携協定）についての議論を見ていると、「TPPは相手国の貿易障壁を引き下げて日本の輸出を増やすというメリットがあるが、農産物の輸入が増えて、日本の農業が打撃を受けるというデメリットもある」という言い方が多くみられます。しかし、輸出は経済にとってプラスで、輸入はマイナスということはありません。比較優位に従って優位なものを輸出し、劣位なものを輸入することこそが経済発展の原動力なのです。

　これは、多くの人が、財貨・サービスごとの競争と日本全体の競争を混同しているのかもしれません。経済財政白書2011年には次のような言葉があります。「輸入が増えて『国際競争に負ける』のではなく、輸出と輸入が両建てで増えて『豊かさの競争に勝つ』のである。」[2] 我々は何となく、輸出が増えると勝ったような気になり、輸入が増えると負けたような気になってしまいます。確かに、個々の品目を見ると、輸出が増えることは国際競争に勝つことですし、輸入が増えることは競争に負けた場合があるでしょう。しかし、一国全体では、より豊かになった国が勝ったことになるのですから、輸出と輸入の両方を増やすことによって、資源を最大限に有効に活用し、国民の生活水準を引き上げることが求められるのです。

　第4は、2国間、品目ごとの不均衡を議論するのは意味がないということです。比較優位に従って、相対的に得意な分野で輸出し、不得意な分野で輸入すると、品目別の貿易収支は必ず輸出超過か輸入超過のどちらかになります。また、多くの国々と比較優位に基づいた貿易をすると、2国間では輸出超過か輸入超過になるのがむしろ自然です。

　にもかかわらず、品目ごと、国ごとの収支を問題にする議論は一向になくなりません。2017年1月就任したトランプ・アメリカ大統領は、貿易赤字の削減を経済政策の重要目標として掲げ、これを達成するために、米国にとっての最大の赤字国である中国に対して高率の関税を課すということを行いました。これは、本書で説いている国際経済学の教えに全く反することです。貿易収支（または経常収支）は、経済政策の目標に掲げるには不適切であり（詳しくは後述）、2国間の貿易収支を問題にすることもまた間違っているからです。

　世界一の経済大国がこれほど経済学の教えに反した行動を取れば、世界経済に

1）　ポール・クルグマン『良い経済学　悪い経済学』（山岡洋一訳）より。
2）　2011年版経済財政白書152ページ。

悪影響が及ばないはずがありません。事実、アメリカの高関税に対抗して、中国もアメリカからの輸入品に報復関税をかけるという米中貿易紛争により、世界貿易の伸びは目に見えて減速しました。今や、生産網は世界中に網の目のように張り巡らされています。アメリカ、中国の貿易の減少は、こうした貿易網を通じて多くの国の貿易をも抑制しています。日本の輸出も2018年秋頃から減速し始めており、これが景気の後退につながることを懸念する見方も出ています。

　このように良く知られた原則でも、それを現実の議論に応用してみると、意外に多くの議論が原則から逸脱しているのです。我々は、せっかく立派な原則を学んだのですから、それを現実に適用することを心がけるべきだと思います。

2　近年の経常収支の姿とその意味

　一国全体の貿易、投資、資金移動の姿を捉えたものが国際収支です。国際収支には多くの項目がありますが、基本的に重要なのは「**経常収支**」です。経常収支の内訳としては、財貨の輸出入の差を示す「**貿易収支**」、サービスの輸出入差額を示す「**サービス収支**」、利子・配当、海外で得た賃金等の収支を示す「**第一次所得収支**」、援助など見返りのない資金のやり取りを示す「**第二次所得収支**」があります。この経常収支は、国民経済計算上の経常海外余剰にほぼ等しく（第1章参照）、その黒字分は定義的に資本の流出（赤字の場合は流入）となります。

日本の経常収支の特徴

　表7-2は、長期的な経常収支の推移と最近の姿を整理したものです。これを見ると、近年の日本の経常収支については、次のような特徴があることが分かります。

　第1は、ほぼ一貫して大きな黒字を計上していることです。2018年の場合、絶対額ではドイツ（3110億ドル）に次いで世界で2番目の大きさ（1798億ドル）です。ただし、例外的に2011～15年については、経常収支が大幅に減少しました。これは、2011年3月に発生した東日本大震災により、サプライチェーンが断絶し、日本の輸出が物理的にストップしたりしたため、貿易収支が赤字となったためです（詳しくは後述）。このショックから立ち直った後は、再び経常収支は大幅黒字に戻っています。

表 7 - 2　日本の経常収支の推移

	経常収支	貿易・サービス収支			第一次所得収支	経常収支黒字対名目GDP比
			貿易収支	サービス収支		
1986-1990	10,352	8,204	12,253	-4,049	2,605	2.8
1991-1995	12,362	8,998	14,252	-5,254	4,147	2.6
1996-2000	12,069	6,582	12,570	-5,988	6,615	2.3
2001-2005	15,495	7,185	10,335	-2,642	11,420	3.1
2006-2010	18,627	5,550	7,566	-2,016	14,318	3.7
2011-2015	8,013	-7,952	-4,945	-3,007	17,406	1.6
2016 2018	21,073	3,000	3,876	-875	20,171	3.9

（注）年平均、単位10億円、GDP 比は％。
（出所）財務省「国際収支統計」、内閣府「国民経済計算」

　さて、一国の輸出は必ず他国の輸入になっているわけですから、世界全体の経常収支の合計はゼロとなるはずです。ドイツや日本がこうして大きな黒字を計上しているということは、どこかが赤字を計上しているということです。赤字については圧倒的にアメリカが最大の経常収支赤字を記録しており、2018年で実に4864億ドルの赤字となっています。

　なお、経常収支の大きさを評価するには名目 GDP 比で見るという方法もあります。経済規模が大きければ、輸出入の規模も大きくなりますから、経常収支も経済規模との相対的な関係で見たほうが良いという理屈です。2018年の名目GDP 比では、ドイツ7.7％、日本3.5％であり、アメリカは2.4％の赤字です（OECD 諸国は平均0.3％の黒字）。

　第 2 の特徴は、第 1 次所得収支の受取が大きいことです。その規模は2018年には20.9兆円に達しており、経常収支黒字のほとんどを生み出すまでになっています。モノを輸出して稼ぐ金額（輸入との差額）よりも、利子や配当で受け取っている金額の方が多いということです。

　これは日本が世界で最も多くの対外資産を保有しているからです。2018年末の日本の対外保有資産は341.6兆円、名目 GDP の62.4％に達しています。これは

世界の中で圧倒的に最も大きな金額です（第2位のドイツは、260.3兆円、3位の中国は236.1兆円）。日本は長い間世界一の経常収支黒字を記録し続けてきたことにより、これだけの対外資産を積み上げてきたのです。なお、アメリカは桁外れに対外負債が多く、1077兆円の負債超過となっています。

　第3の特徴は、財の収支（貿易収支）とサービスの収支の対照的な動きです。かつては、日本の財・サービス収支は、貿易収支が大幅黒字、サービス収支は大幅赤字、サービス収支の中でも特に旅行収支が大幅赤字という特徴がありました。旅行収支というのは、日本人が海外に出かけて行って使う金額と海外の人が日本で使う金額との差額です。日本人が海外旅行に出かけてお金を使ってくることは「観光」というサービスを輸入しているのであり、逆に海外の人が日本にやってきてお金を使うことは、日本が観光を輸出していることになります。

　しかし近年では、貿易収支が黒字、サービス収支は赤字という姿は同じなのですが、表を見れば分かるように、貿易収支の黒字幅、サービス収支の赤字幅が急速に小さくなっています。貿易収支の黒字幅が縮小しているのは、企業の海外生産が進展し、「日本で生産したものを輸出する」という形態から「海外で生産して海外に供給する」という形態に変化しつつあるからでしょう。サービス収支の赤字幅が減少した主因は、旅行収支が大幅赤字から黒字に転じたことです。

　日本の旅行収支は、2000年には3.1兆円の赤字だったのですが、2015年には黒字に転じ、2018年には2.0兆円の黒字を記録しています。これを、海外からの旅行者が日本で消費する「受け取り」と、日本人が海外で消費する「支払い」に分けてみましょう。2000年の受け取りは0.4兆円だったのですが、どんどん増えて2018年には4.6兆円となりました。一方、「支払い」の方は、同期間で2.9兆円から1.9兆円に減少しています。つまり、旅行収支の黒字化は、日本発の海外観光需要が頭打ちとなる中で、海外からの対日観光需要が爆発的に増加したことによるものです。訪日外国人の数は、2000年には476万人程度だったのですが、その後急増し、2018年には3192万人まで達しています。

　ではなぜ近年海外からの観光需要が激増したのでしょうか。この点は最近各方面で提起されるようになった「観光立国」という観点からも重要なポイントです。ここでは、これを「観光サービスの需要」という観点から考えてみましょう。一般に需要が変動する理由としては、買い手側の所得の増減（所得要因）と価格の変化（価格要因）があります。2000年以降、日本の所得は伸び悩む中で、中国を

はじめとしたアジア諸国の所得水準は上昇してきました。これにより、「今まで
は手の届かなかった日本への観光旅行」が手の届く範囲に入ってきたのです。価
格要因については、2012年以降のアベノミクスの下での円安が影響したものと思
われます。円の対ドルレートは2012年半ばころまで80円程度だったのが、2015年
には120円程度に下落しました。これによって海外の消費者から見た日本へ旅行
サービスの価格、それまでの約3分の2に下落したことになります。このように、
所得効果と価格効果が相まって、日本への観光客が爆発的に増えたのだと考えら
れます。

数量と価格の組み合わせからの接近

　次に、ここで述べてきたような経常収支は、どのような要因で変動するのかを
考えます。経常収支の変動メカニズムに接近する方法としては、①数量と価格の
組み合わせを見る方法、②貯蓄・投資バランスから接近する方法、③経済の発展
段階に即して考える方法の三つがあります。

　まず数量と価格からの接近について説明しましょう。これは、一国全体の経常
収支から、個々の財・サービスの変動要因分析まで応用可能で、しかも比較的簡
単な考え方です。

　例えば、一国全体の経常収支は、GDP統計の名目純輸出（財貨・サービスの
名目輸出と財貨・サービスの名目輸入の差額）にほぼ等しいという関係がありま
す。その財貨・サービスの輸出金額（名目輸出）は、数量（実質輸出）と価格
（輸出デフレータ）の積であり、これを伸び率に直すと、名目輸出の伸びは実質
輸出の伸びと輸出デフレータの伸びの和となります（ただし近似値）。輸入も同
じですから説明は省略します。

　貿易収支についても「数量」と「価格」に分けて分析が可能です。例えば、日
本の貿易収支は2011年から15年に突然赤字となりました。こうした突然の変化が
なぜ生じたのかを見るために輸出額、輸入額それぞれを数量と価格に分解したの
が表7-3です。

　これを見ると、2011年以降の貿易赤字への変化は、次のような背景が重なった
ためだということが分かります。

　第1は、輸出が減ったことです（輸出数量の変化）。これは、欧州債務危機の
影響などにより世界経済の伸びが鈍化し、このため日本の輸出が伸び悩んだため

表7-3　貿易統計による輸出入変動要因の分解

	輸出			輸入		
	金額	数量	価格	金額	数量	価格
2010年	102.7	101.4	101.3	106.7	100.5	106.2
2011年	99.8	98.4	101.5	119.6	103.7	115.4
2012年	97.1	93.9	103.4	124.1	105.9	117.2
2012年と2010年の比較(%)	-5.5%	-7.4%	2.1%	16.3%	5.4%	10.4%

（出所）財務省「貿易統計」

です。それぞれの時点では、2011年3月の東日本大震災直後の数カ月間は、サプライ・チェーンが断絶し、日本の輸出が物理的にストップしてしまったこと、2012年秋には、日中関係の悪化によって、中国との貿易が大きく落ち込んだことなども影響したものと考えられます。

　第2は、輸入の増加です（輸入数量の変化）。これは、ストップした原子力発電の代替のため、石油、LNGの輸入が増えたことが影響しているものと考えられます。

　そして第3は、輸入価格の上昇率が輸出価格のそれを大きく上回っていたことです。要するに**交易条件**（輸出価格と輸入価格の比率）が悪化したということです。

貯蓄投資バランスからの接近

　次に、貯蓄投資バランス（ISバランス）からの接近について説明します。前述の数量・価格から接近する方法は、誰にも納得してもらえるので、実務家には人気があり、細かい経済情勢の変化と経常収支の関係が明瞭になるので、短期的な経常収支の変動を説明するのに便利です。他方、貯蓄投資バランスによる考え方は、より理論的であるためアカデミックな研究者に多用される傾向があり、中期的な経常収支の変動を理解するのに便利です。

　国内貯蓄と国内投資の差額が経常収支黒字となるというISバランスの考え方については、第1章ですでに解説しました。このISバランスから経常収支をみると、次のような関係が明らかとなります。

　第1は、経常収支と景気変動との関係です。日本の場合、景気の上昇局面では民間設備投資が急拡大する傾向がありました。これは国内投資の増加となり、国内貯蓄（これは景気によってはそれほど左右されません）のうちのより多くの部分が国内投資に振り向けられることになるので黒字は減少します。例えば、80年代後半の経常収支黒字縮小という動き（黒字の名目GDP比86年度4.4％から90年度1.1％へと3.3％の縮小）をISバランス上の変化としてみますと、企業の投資超過幅（名目GDP比）がこの間に4.8％から11.1％へと拡大しており、これが黒字縮小の最大の背景であったことが分かります。

　第2は、経常収支と財政赤字との関係です。近年のアメリカは、「財政赤字と貿易赤字という双子の赤字を抱えている」と言われます。この二つの赤字は、ISバランスを通して関係があります。財政赤字は負の国内貯蓄ですから、財政赤字の拡大は、国内投資に振り向けられるべき国内貯蓄の減少を通じて経常収支の赤字要因となるのです。

　第3は、経常収支と貯蓄率との関係です。国内の投資比率は景気循環をならして考えればそれほど大きく変化しないとしますと、中長期的には国内貯蓄率の変化が経常収支の姿を変えることになります。日本の今後の長期的な貯蓄率を考えますと、高齢化の進展によって貯蓄率は低下するというのが一般的な見方です（第14章参照）。これは経常収支黒字の減少要因となります。黒字の減少どころか、やがては日本の経常収支は赤字になるだろうというのがエコノミストの常識的な見方だとさえ言えるのです。

　なお、前述の数量・価格からの接近も、ISバランスからの接近も、共に定義的な関係から出発しています。したがって両者が想定する関係は、短期でも長期でも常に成立しているはずです。ISバランスの議論は主に中期的な議論に使われるのですが、この関係もいわば日々成立しているものです。例えば、円高で円ベースの黒字が減少する場合には、輸出産業の利益が減少し、民間貯蓄が減少するという形でISバランスが成立しています。また、石油価格が上昇して経常収支黒字が減少する場合には、企業の収益が減少し、結果的に企業部門の投資超過幅が拡大するという形でISバランスが成立しているのです。

国際収支の発展段階説

　さらに長期の国際収支の変化は、経済の発展段階と関係していると考えられて

表7-4　国際収支の発展段階——イギリス、アメリカ、西ドイツ、日本

	財貨サービス収支	投資収益収支	経常収支	長期資本収支	戦前(上段)戦後(下段)	イギリス 期間(年)	経常収支/名目GNP	アメリカ 期間(年)	経常収支/名目GNP	西ドイツ 期間(年)	経常収支/名目GNP	日本 期間(年)	経常収支/名目GNP
I. 未成熟の債務国	−	−		+	前							(1868~1880)	−
					後								
II. 成熟した債務国	+	− −	−	+	前			(1871~1890)	(▲0.6)			(1881~1914)	−
					後							(1955~1964)	▲0.2
III. 債務返済国	++		+	−	前			(1891~1910)	(0.7)			(1914~1920)	(7.2)
					後					1951~1970	1.3	1965~1969	0.8
IV. 未成熟の債権国	+	+	++	− −	前	(1851~1890)	(3.8)	(1910~1940)	(2.4)				
					後			1946~1970	0.3	1971~1982	0.5	1970~1983	0.7
V. 成熟した債権国	−	++	+	−	前	(1891~1925)	(3.4)	1971~1981	0.4				
					後	1948~1982	0.3						
VI. 債権取崩し国	− −	+	+	+	前	(1926~1944)	(-2.6)						
					後								

(出所) 経済企画庁「昭和59年度　経済白書」

いています。これは「クローサーの**国際収支の発展段階説**」として知られています。**表7-4**は、この考え方に基づく国際収支の変化を見たものです。この説によれば、一国の国際収支は次のような段階を辿るとされています。

第1段階は、「未成熟の債務国」の段階です。これは、経済発展の初期の段階で、開発に必要な投資財は輸入によって賄われ、国内貯蓄は不十分であるため、必要な資本は海外に依存しています。したがって経常収支は赤字、長期資本は流入超過となります。

第2段階は、「成熟した債務国」の段階です。輸出産業の発達につれて財貨・サービス収支は黒字化しますが、過去の債務の利子支払いが続くため経常収支は赤字が続きます。

第3段階は、「債務返済国」の段階です。輸出がさらに拡大して経常収支は黒字化しますが、それまで累積していた対外債務を返済し始めるため、長期資本も流入超過となります。

第4段階は、「未成熟の債権国」の段階です。債務を全て返済して投資収益は黒字化するため、経常収支黒字はさらに増加することになります。

第5段階は、「成熟した債権国」の段階です。財貨・サービスの収支はついに

赤字化しますが、過去に累積した債権の存在によって投資収益は黒字であり、経常収支も黒字です。

第6段階は、「債権取崩し国」の段階です。貿易・サービス収支の赤字がさらに拡大して経常収支も赤字となり、対外資産が減っていくことになります。

歴史的に見ると、日本の経常収支もこうした発展段階を踏んで変化してきています。明治維新（1868年）から1880年にかけては財貨・サービス収支は赤字であり、戦後の復興期も赤字が続きました（債務国の段階）。その後1950年代後半から貿易収支は黒字となり、60年代後半からは経常収支も黒字に転じました（債務返済国の段階）。そして70年代以降は投資収益も黒字化し、今日に至っています（未成熟の債権国）。今後経済が成熟化していくとやがては第5段階へと進んでいき、経常収支は赤字となると考えられるのです。

こうした段階を踏むのは、単に経験的な事実というだけではなく、経済的にみてもある程度自然なことです。つまり、発展段階の初期の段階では国内に豊富な投資機会が存在しますが、貯蓄は不足しています。しかし次第に経済が成熟化すると、国内の投資機会が不足して、むしろ貯蓄が過剰になってきます。前述のような変化は、こうした国内の投資機会と国内の貯蓄との相対的な関係によって生ずるものと考えられています。

経常収支の評価

経常収支の説明を終えるにあたり、もう一度、経常収支の姿をどう評価するのかという点について考えておきましょう。

この点で、まず強調しておきたいことは、特に変動相場制になってからは、一定水準の外貨準備を持つ必要がなくなったこともあって、経常収支の姿そのものは、それほど重要な経済政策上の目標ではなくなったことです。何を経済政策の目標と考えるべきかについての鍵は「国民の福祉（または生活水準）の向上」です。経済政策の最終目標は、国民福祉の向上なのですから、経済政策の目標も、国民福祉の向上につながるようなものでなければ意味はありません。経済成長率が低下したり、デフレやインフレになったり、失業率が高まったりすれば、明らかに国民福祉は損なわれます。だからこそ、どの国でも「持続的な経済成長」「物価の安定」「完全雇用」が経済政策の重要目標となっているのです。

しかし、経常収支の変化そのものは、直接国民福祉と結びついてるわけではあ

りません。例えば、経常収支の黒字が減ったり、赤字が増えたりしたからといって国民福祉が損なわれるとは限りません。経常収支が黒字であっても国民福祉が損なわれることもあれば、赤字であっても国民福祉が向上することもあるのです。

「経常収支（または貿易収支）は赤字よりも黒字の方が良い」という認識から逃れられないのは、多くの人が「輸出の増加は経済にプラスで、輸入の増加はマイナス」と考えているからではないかと思われます。本章の初めで説明した通り、輸出と輸入が両建てで増えていくことこそが国民福祉を高めるのです。

こうして考えてくると、2017年1月に就任したトランプ・アメリカ大統領の貿易に対する考えがいかに間違っているかが改めて確認できるでしょう。この点については本章の冒頭でも触れましたが、ここでもう少し触れておきましょう。トランプ大統領は、貿易収支赤字の縮小を大きな経済政策の目標として掲げています。これは全く「貿易黒字は望ましいが、赤字は望ましくない」「輸出は望ましいが、輸入は望ましくない」という考え方そのもので、正しくありません。

どうやらトランプ大統領は、輸入を減らして赤字を減らせば、国内の雇用を維持できると考えているようです。しかし、アメリカが大口の輸入先である中国に高率の関税を課して輸入を減らせば、相手側もまたアメリカからの輸入に高率の報復関税を課すことになりますから、結局、両国の輸出入が並行的に減少するだけに終わるでしょう。また、アメリカの消費者は、中国からの輸入品より高価格の国産品を買わざるを得なくなりますから、消費者の選択の幅が狭まり、国民福祉はかえって損なわれるでしょう。全く困ったことだと言わざるを得ません。

3　日本の貿易構造の変化

最後にやや長期的な観点から、日本の貿易構造の変化の方向について考えます。

日本の貿易構造：品目別・地域別の輸出入構造

貿易の構成比の変化については、「財別・品目別」「地域別」という二つの見方があります。まず品目別に、次に地域別の構成をみましょう。

表7-5①、②は、輸出入それぞれについて、主要品目ごとの構成比の推移をみたものです。これによって、次のような点が明らかとなります。

第1は、輸出の品目構成のダイナミックな変動です。すなわち1960年頃までは、

繊維製品が日本にとっての最大の輸出品目でしたが、60年代以降は鉄鋼などの金属・同製品、機械機器類のシェアが急上昇しています。さらに70年代後半以降になると素材型の製品は次第にシェアが低下し、加工組立型のシェアが高まってきます。その後も現在に至るまでこうした動きが続いており、特に機械類のシェアが上昇しています。こうした輸出品目の高付加価値化は、まさに日本の産業構造の高付加価値化と軌を一にしており、日本の産業構造が輸出を一つのテコにして高度化してきたことを示しています。

　第2は、輸入に占める製品のシェアの上昇です。製品類のシェアは、55年当時は11.9%に過ぎませんでした。資源を輸入して製品を輸出するという「加工貿易」の典型的な姿です。その後この比率は徐々に上昇し、90年からは特に上昇して、輸入の半分以上は製品類という状態になっています。これはいうまでもなく度重なる円高の進行によって、価格面で大幅に有利化した海外の工業製品が国内市場に流入し始め、さらに近年では海外に生産拠点を移した日本企業自身の製品類が国内に浸透してきたためです。

　また、地域別の貿易構造（同表③、④）という点では、輸出入に占めるアジア諸国のウェイトが急上昇しています。特に、80年代後半以降はその傾向が顕著です。これは、特に85年の円高以降、日本からの生産拠点の移転もあって、NIES、ASEAN、中国地域が著しい工業化を遂げ、その結果、日本からの資本財の輸出、アジア地域からの工業製品輸入が急増したためです。

加工貿易型から水平分業的貿易構造へ

　かつての日本の貿易構造は、原材料を輸入して工業製品を先進国に輸出するという「**加工貿易**型」「**垂直分業型**」のものでした。製品輸入比率が低水準であったことはこのことを象徴しています。しかし、80年代後半以降は、日本とアジア地域との間で工業製品を相互に貿易し合うという「**水平分業的**」な貿易構造が形成されつつあります。

　ただし、一口に水平分業と言っても、その分業の形態は多様です。その一つは「製品間の分業」であり、アジア地域では知識集約度の低い製品を、日本ではハイテク製品を作るというものです。例えば、半導体について、アジアで量産型の部品としての半導体を、日本では資本財としての半導体製造装置を作るといった分業関係です。もう一つは「工程間の分業」であり、アジア地域では労働集約的

表7-5　日本の貿易構造の変化

①品目別輸出構造 (%)

	1955	1970	1980	1990	2000	2010	2018
繊維及び同製品	37.3	12.5	4.8	2.5	1.8	0.9	0.9
化学製品	4.7	6.4	5.2	5.5	7.4	10.3	10.9
鉄　鋼	12.9	14.7	11.9	4.4	3.1	5.5	4.2
一般機械	4.8	10.4	13.9	22.1	21.5	19.8	20.3
電気機器	1.5	12.3	14.4	23.0	26.5	18.8	17.4
自動車	0.5	6.9	17.9	17.8	13.4	13.6	20.4
船　舶	3.9	7.3	3.6	1.9	2.0	7.3	1.7
その他	34.4	29.5	28.2	22.8	24.3	27.8	24.2
輸出合計	100.0	100.0	100.0	100.0	100.0	100.0	100.0

②品目別輸入構造 (%)

	1955	1970	1980	1990	2000	2010	2018
鉱物性燃料	11.7	20.7	49.8	24.2	20.3	28.6	23.3
原油及び粗油	6.0	11.8	37.5	13.5	11.8	15.5	10.8
食料品	25.3	13.6	10.4	13.4	12.1	8.6	8.8
原料品	51.1	35.4	16.9	12.1	6.5	7.8	6.0
製品類	11.9	30.0	22.8	50.3	55.1	55.0	42.5
機械類・電気機械類	4.4	9.1	4.6	11.4	31.6	21.2	14.9
自動車	0.6	0.3	0.3	2.7	1.9	1.0	2.9
繊維及び同製品	0.5	1.7	2.3	5.5	6.5	4.8	1.2
輸入合計	100.0	100.0	100.0	100.0	100.0	100.0	100.0

③地域別輸出構造 (%)

	1955	1970	1980	1990	2000	2010	2018
アメリカ	22.3	30.7	24.2	31.5	29.7	15.4	19.0
西　欧	10.2	15.0	16.6	22.1	14.6	11.9	11.5
アジア	28.1	25.4	23.8	28.8	41.1	56.1	54.9
中　国	1.4	2.9	3.9	2.1	6.3	19.4	19.5
中近東	2.8	3.3	11.1	3.4	2.0	3.3	3.0
その他（上の地域以外の合計）	35.1	22.6	20.5	12.0	12.6	13.3	11.6
合　計	100.0	100.0	100.0	100.0	100.0	100.0	100.0

④地域別輸入構造 (%)

	1955	1970	1980	1990	2000	2010	2018
アメリカ	31.2	29.4	17.4	22.3	19.0	9.7	10.9
西　欧	7.1	10.4	7.4	18.2	13.6	10.6	12.5
アジア	21.3	16.0	22.6	23.3	41.7	45.3	47.4
中　国	3.3	1.3	3.1	5.1	14.5	22.1	23.2
中近東	5.7	12.4	31.7	13.3	13.0	17.1	12.5
その他（上の地域以外の合計）	31.3	30.5	17.9	17.8	12.7	17.3	16.7
合　計	100.0	100.0	100.0	100.0	100.0	100.0	100.0

（出所）財務省「外国貿易概況」
（注）中近東の95年以降は中東になっている。

な生産プロセスを、日本では技術集約的な生産プロセスを行うといったものです。こうした多様な分業形態を形成しながら、日本とアジア地域はダイナミックな貿易構造、産業構造の変化を続けているのです。

参考文献

　国際経済的な側面を全般的に扱ったものとしては、次のようなものがあります。

伊藤元重（2005）『ゼミナール　国際経済入門（改訂 3 版）』（日本経済新聞出版社）

伊藤元重（2016）『どうなる世界経済　入門　国際経済学』（光文社新書）

浦田秀次郎・小川英治・澤田康幸（2010）『はじめて学ぶ国際経済』（有斐閣）

木村福成（2000）『国際経済学入門』（日本評論社）

経済産業省『通商白書』（各年版、経済産業省のホームページからダウンロード可能）

小峰隆大・村田啓子（2012）『貿易の知識（第 3 版）』（日経文庫）

ジェトロ『貿易投資白書』（各年版、ジェトロのホームページからダウンロード可能）

▶▶課題

1．リカードと同じように、比較優位の例を考えてみてください。いろいろ例を考えていると、例えば、リカードの例で、ポルトガルが優位である度合いが、毛織物もワインも同程度であると、貿易のメリットが消えてしまいます。リカードの例がいかにうまく考えられているかが分かります。

2．本書が出る頃には、2019年の経常収支、貿易収支が公表されているはずです。本章の議論に沿って、最新の貿易、国際収支の動きをチェックしてみてください。

3．多くの人が「日本や中国の経常収支黒字は大きすぎる」「アメリカの経常収支赤字は大きすぎる」と考えているようです。ではなぜ黒字や赤字が「大きすぎる」と判断できるのでしょうか。また、それはなぜ問題なのでしょうか。

4．「日本は世界有数の経常収支黒字国である」という説明をすると、「ではなぜ日本は世界有数の豊かな国ではないのか」「それほど大きな黒字を記録しているのに、我々はちっとも豊かだとは思えない」という反応が返ってきます。こういう疑問にどう答えたらいいでしょうか。

第8章 | 円レートの変動と日本経済

円レートの変動は常に日本経済に大きな影響を及ぼしてきました。円レートはどんなメカニズムで変動するのか、それは日本経済にどんな影響を及ぼすのかを考えてみましょう。

1 円レートについての基本

円レートの議論を始める前に、為替レートの基本的な点を整理しておきましょう。

固定レートと変動レート

為替レートというのは、通貨の交換比率のことです。例えば、しばしば「1ドル100円になった」と表現されますが、これは、マーケットでは「1ドル」と「100円」が交換されているということです。つまり、日本の100円が1ドルと等価値ということになります。

各国の企業、家計、金融機関などの経済主体は、国境を越えて輸出入取引、金融取引を行う際に、自国通貨を外貨に交換する必要が出てきます。例えば、日本企業がアメリカに自動車を輸出すると、ドルで代金が払われますから、これを円に交換して売り上げとして計上することになります。逆に、石油を輸入する場合には、円資金を外貨に交換して、石油代金を支払うことになります。こうしてあらゆる国際取引に通貨の交換が伴うわけですから、為替レートは経済全体に大きな影響を及ぼすことになるのです。

戦後は、アメリカの圧倒的な経済力を背景に、ドルが世界的な取引で中心的に使用される「基軸通貨」となりました。当初は、ドルは一定の比率で金と交換で

きることになっており、そのドルと各国の通貨の交換比率（つまり為替レート）は固定されていました。例えば、日本の円は「1ドル＝360円」でした。

このように、通貨の交換比率を一定水準に維持する制度のことを「固定レート制」と言います。現在でも、パナマなどの中南米の国やサウジアラビアなどの中東産油国は自国通貨とドルとの交換比率を固定しています。

その後、ベトナム戦争などによってアメリカの経済力が相対的に低下し、経常収支赤字が続き、金の流出が続いたため、金が底をつくのを恐れたアメリカは1971年にドルと金との交換を停止しました。これがいわゆる「ニクソン・ショック」と言われる出来事です。この時、ドルと各国通貨との交換比率が再調整され、円は「1ドル＝308円」となりました。円が大幅に「切り上げられた」わけです。この時日本では「円が切り上げられると、輸出が大打撃を受け、日本経済は大変なことになる」という議論が沸き起こりました。その後、日本経済は円レートが上昇するたびに、同じような「円高危機説」が繰り返されることになります。

その後も経常収支の不均衡は解消せず、73年には日本を含む主要国が固定レート制をやめ、市場における自由な取引で為替レートが決まるという「変動レート制度」に移行し、現在に至っています。ただし、変動レートになっても、アメリカのドルが国際的な「基軸通貨」であることには変わりはありません。多くの国際的な取引価格はドルで表示されることが多く、各国は外貨準備などにもドル資産を多く保有しています。こうした「ドル基軸通貨制」は国際的な制度的枠組みとして設計されたものではなく、いわば「事実上」出来上がってきたものですから、今後の事態の推移によっては変化していく可能性もあります。

円レートの見方

以下は、円レートの話になって行きますので、円レートの見方について述べておきたいと思います。

円レートは、円という通貨と他の国の通貨とがどの程度の比率で交換されるかを示すものです。世界で圧倒的に多く使用されている通貨はドルですので、普通は「1ドル＝〇円」というように表示します。例えば、この本を書いている現在（2019年の12月末）、円レートは1ドル約110円です。

他の通貨（ここではドル）に対して円の価値が高くなることを「円高」、安くなることを「円安」と言います。1ドルを基準に考えますと、円で表示される数

字が大きくなると円安、小さくなると円高となります。これは、同じ１ドルと交換される円の量が大きくなることは円の価値が下がるということであり、逆に円の量が小さくてすむということは円の価値が上がることになるからです。普通は逆です。例えば、かぼちゃが「１個＝100円」から「１個＝120円」と円で表示される数字が上がることは、かぼちゃの価格が上昇したことを示します。こうして、円レートの場合に、価値の動きと円で表示された金額の動きが普通と反対になるのは、かぼちゃの場合は、価値を測定すべき対象が左側に来ているのに、円レートの場合は、価値を図るべき円が右側に来ているからです。

　このため、円が何％上昇（または下落）したかという計算にも注意が必要です。例えば、かぼちゃの値段が、「１個＝100円」から「１個＝120円」になったとします。この場合の価格上昇率は20％です（120÷100＝1.20）。では、円レートが「１ドル＝100円」から「１ドル＝120円」になった場合はどうでしょうか。円の表示が大きくなっていますから、円の価値が下がったことは分かります。では、何％下がったでしょうか。かぼちゃと同じように計算して20％の値下がりと答えたくなりますが、これは違います。正しくは約17％の円安となります。これは、価値を測るべき円を左側にして「１円＝１セント」だったものが、「１円≒0.83セント」になったと考えればよいのです。すると、円の下落率は約17％（0.83÷1＝0.83）となります。

　この考えをさらに進めて行くと、そもそも「１ドル＝○円」という表示の仕方そのものが間違っているのではないかという、やや驚くべき考えが浮かんできます。日本は円を基準に経済活動が営まれています。その日本で円の価値がどう変動するのかを見たいのであれば、通常の財貨・サービスと同様、測定すべき対象を左側に置いて「１円＝○ドル（またはセント）」と表示すべきだと言えそうです。事実他の先進諸国では「１ユーロ＝○ドル」「１ポンド＝○ドル」と表記されています。日本も円を左側にした表記にすれば「普通とは表示が逆だから注意すべきだ」「計算方法に気をつけて」といった議論は必要でなくなるのです。

　もっとも、誰もが「１ドル＝○円」という表記にあまりにも慣れすぎているので、いまさらこれを逆転させるのは不可能だと思います。

2　円レートはなぜ変動するのか

　日本は、73年2月以降は変動相場制を続けています。変動相場制の下では、円レートは基本的には為替市場における円と外貨の需給次第で決まることになります。

　では、その円レートはどんな理由で変動を繰り返すのかを考えてみましょう。

　円レートはこれまで、急に上昇したり、下落したりというううねりを繰り返しながら、70年代から90年代半ばまで長期的に円高傾向を続けてきました。例えば、プラザ合意前後の85年2月〜88年1月に激しい円高があり（260円から128円へ103％の上昇）、その後も繰り返し円高局面が訪れています。逆に、いわゆるアベノミクスが始まった2012年11月以降は、大幅な円安が進行しました。こうした円レートの変動について、ここでは「短期」「中期」「長期」という三つの時期区分でこれを考えてみることにします。

短期的な円レートの変動

　為替市場では、日々大量の取引が行われており、円レートは、市場における需要と供給の変化に応じて、一瞬ごとに変化しています。それが積み重なって、日々の、週、月単位での円レートの変動が生ずることになります。

　こうしたごく短期的な円レートはなぜ変動するのでしょうか。この問題を考える時重要なのは、為替市場の特徴です。為替市場は、誰もが自由に参入でき、取引量も大きく、かつ取引のスピードも早い市場です（こうした性質を持つ市場は「**効率的な市場**」と呼ばれます）。こうした市場では、市場に参加する人々は、現在手に入るすべての情報を考慮した上で取引に参加しているはずです。すると、次のようなことが言えます。

　第1に、円レートは、すでに形成されている「市場の期待」が、新しい情報によって修正されたときにのみ変動するということになります。手に入る情報は全て考慮されているのですから、新しい情報が入らない限りレートは動かないのです。

　第2に、レートは、市場の「期待」が、市場に供給される「情報」にいかに反応するかによって決まります。例えば、政府が財政再建のための歳出削減策を発

表したとします。もし市場が「これで財政が健全化し、日本経済の重要課題の一つが解決に向かう」と考えれば、円レートは上昇するでしょう。しかし「その程度の政策ではあまり効果はない」と考えると、むしろ市場の失望を招き、円レートは下落するでしょう。すると、市場に参加する人々は、「自分がどう思うか」ではなく、「人々がどう考えているか」を予想して行動します。したがってケインズの言う「美人投票」の状況（「誰が一番美人だと思うか」ではなく、「誰が最も多くの投票を集めるか」を当てさせようとすると、「一位になりそうな人」に投票が集中する）が現れ、相場が一方向に動きやすくなる傾向が生じることになります。円レートをめぐる経済環境が日々大きく変化しているわけではないのに、実際の円レートが日々大きく変動するのはこのためです。

第3に、こうした短期の円レートを事前に予測することは不可能だと考えたほうが良さそうです。普通は、インサイダー情報でもない限り、市場がまだ知らない情報をあらかじめ知ることは出来ないでしょうし、それを市場がどう判断するかも知りえないからです。

中期的な円レートの変動

では、円レートは経済的な条件と無関係に変動しているのかというとそんなことはありません。四半期から年単位での中期的な変動は、「経済的な基礎条件（**ファンダメンタルズ**）」によって決まると考えられています。

問題は、その「経済的条件」とは何かということです。それは、①対外純資産（または累積経常収支）、②内外実質金利差、③物価上昇率格差の三つです。

第1の対外純資産は、いわゆる「経常収支黒字が円高をもたらす」というメカニズムです。この点については、かつては（といっても私（小峰）が学生の頃ですが）、「黒字が増えるということは、輸出で稼いだドルを円に換えようとする動きの方が、輸入のために円をドルに変えようとする動きより大きいということだから、レートは円高に動く」と説明されていました。しかし現在はこの説明は正しくないとされています。現実の為替市場では、貿易の結果として持ち込まれる為替取引はごく一部に過ぎないからです[1]。

では、なぜ、経常収支の黒字が増えると円高になるのでしょうか。それは次の

1）　2016年の場合、為替市場における取引規模は年間1800兆ドルにも達していますが、同年の貿易規模（輸出入の合計）は、1.2兆ドルに過ぎません。

ように説明されます。まず、経常収支の黒字は定義的に外貨建て純資産の増加となります。外貨建て純資産の保有には為替リスクが伴います。例えば、1万ドルのドル建て金融資産を保有していたとします。1ドル120円とすると、これは120万円です。ところが、レートが円高になって、1ドル100円になると、この資産の価値は100万円に目減りしてしまいます。こうしたリスクがあるため、対外純資産の蓄積が進んで、為替リスクにさらされた資産の割合が高まると、次第にその保有を手控えるようになります。すると、為替市場でドルが売られて円が買われることになりますから、レートは円高方向に動くことになります。

　第2の実質金利差（物価を調整した金利差）は、理解が容易でしょう。例えば、日本よりもアメリカの実質金利が上昇すれば、ドル資産の魅力が相対的に高まりますから、ドルへの需要が増え、ドル高・円安となります。

　第3の物価上昇率格差は、通貨の将来価値そのものの期待を示します。物価が上がるということは、とりもなおさず通貨価値が下落することを意味します。例えば、海外よりも日本の物価が安定していれば、円の将来価値は高まるという期待が強まり円高となるのです。

　では、こうした要因で実際の円レートをどの程度説明できるのでしょうか。ここでは参考として、日本経済新聞社と日本経済研究センターが開発した「日経均衡為替レート」を紹介しておきましょう[2]。これは、為替レートは長い目で見れば経済のファンダメンタルズに沿って決まるという考え方の下に、為替レートの理論値を四半期ごとに計算したものです。具体的には、実質実効為替レート（取引先の通貨を総合的に勘案した実質レート）を、実質金利差、対外純資産残高などの変数で説明する回帰式を推計し、その推計値を理論値としています。

　図8−1は、その均衡為替レートと整合的になるように計算された円ドルレートと実際のレートの動きを対比したものです。これを見ると、現実の円レートは、中期的には、計算された均衡レートとほぼ似通った動きをしています。つまり、現実の為替レートの変動は、ある程度は経済的ファンダメンタルズで説明できるということです。また、この計算によると、2019年4−6月期のレート（109.88円）は、均衡レート（108.30円）よりやや円安となっていることも分かります。

2）　詳しくは、小野寺敦・渡辺肇・田原健吾「均衡為替レートの考え方と算出法」（日本経済研究センター、2019年6月26日）を参照してください。

図8-1 円の対ドル均衡為替レートと実際の円レートの推移

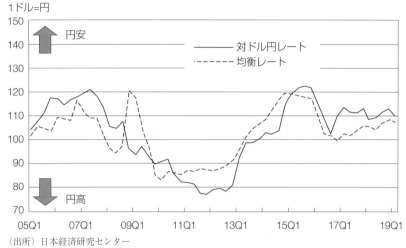

（出所）日本経済研究センター

長期的な円レートの変動

　最後に、長期的な円レートを考えましょう。10～20年という期間でみると、円レートは90年代半ばまで、円高傾向で推移し、その後は一進一退の動きとなっていましたが、2012年末以降は円安へと動いています。こうした長期的な円レートのトレンドは、どんな要因で決まってくるのでしょうか。

　長期的なレートは「**購買力平価**（PPP：Purchasing Power Parity）」に沿って決まると考えられます。「購買力平価」とは、「購買力」（その通貨がどれだけの財・サービスを購入できるか）が一致するようなレートのことです。長期的には国際的なマーケットにおいて「一物一価」が作用すると考えると、長期的に見たレートは購買力平価に一致するはずです。

　例えば、ハンバーガーの値段が日本では200円、アメリカでは2ドル、円レートは1ドル＝100円だったとしましょう。この時は、一物一価となっており、円レートは購買力平価に一致しています。ここで、日本のハンバーガーが300円に値上がりしたとします。今度は、日本とアメリカのハンバーガーの値段が違うので、一物一価になっていません。こうした状況のもとでは、アメリカの業者は、

日本にハンバーガーを輸出しようとするでしょう。アメリカでは2ドルのハンバーガーを、日本に持っていけば、3ドルで売ることができるからです。すると、次のようなことが生じます。

①日本のハンバーガー価格が下がる……アメリカから大量の安価なハンバーガーが入ってくれば、日本のハンバーガー価格は下がるでしょう。200円まで下がれば再び一物一価となり、安定します。

②アメリカのハンバーガー価格が上がる……アメリカではハンバーガーが供給不足となり、価格は上がるでしょう。3ドルまで上がれば、安定します。

③円安になる……日本の物価が上がったわけですから、円安になります。レートが1ドル=150円まで円安になると、一物一価となり、安定します。

以上のうちのどれか、または三つの組み合わせが起きることになりますが、いずれにせよ、安定した状態では、一物一価で購買力平価に沿った為替レートが成立していることが分かります。

この点を現実のレートと物価を使って確かめてみます。ただし、この「購買力平価」はどんな物価を使うかによって、無数の計算方法があります。図8-2は、企業物価指数を使い、73年を基準とした購買力平価と実際の円レートの変化を対比したものです。現実の円レートは、長期的にはほぼ、こうして計算した購買力平価に近い動きをしているようにみえます（このグラフは上に行くほど円安という表示になっています）。これは、貿易の対象となる工業製品については国際的な一物一価が作用しやすいからです。

円レートの変動についての常識の点検

以上が私なりに整理したごく標準的な円レートの変動についての考え方です。エコノミストの多くも賛成してくれるでしょう。しかし、この当然のことを尺度にして現実に行われている円レートについての議論をチェックすると、次のように多くの議論に疑問符が付くことになるのです。

第1に、円レートが変動すると、「思いがけず円高（円安）になった」「実勢からは考えられない変動だ」といった議論が出ます。こうした議論は、暗黙のうちに「円レートは外から与えられるもの」という前提を置いているようです。しかし、変動レート制のもとでは、中長期的な円レートは、日本と海外との経済条件の変化によって決まると考えるべきです。つまり、円レートの変動のかなりの部

図8−2　購買力平価でみた円レートの推移

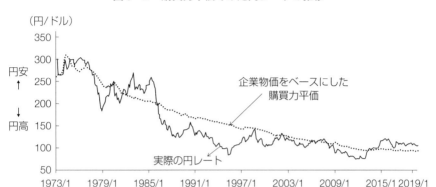

（出所）国際通貨問題研究所ホームページより。

分は、日本自らが生み出しているのです。

　第2に、円レートについては、円高になると「企業は大変な打撃を被るから、何とかしてほしい」という議論が出ます。また「もう少し円安になると輸出企業は助かるのだが」などと言われたりします。確かに、後述するように、円高になると輸出関連企業は打撃を受け、円安になると輸出企業は儲かります。しかし、残念ながら「円レートは、企業にとって心地良い水準に決まる」というメカニズムはないのです。また、仮に政府が望んだとしても、特定のレートを実現することはできないのです。

　第3に、多くの人は、「円高で競争条件が厳しくなるので、製造業が必死になって合理化努力を行い、生産性が上昇する」と考えがちです。しかし「長期的な円レートは購買力平価で決まる」という原則を適用すると、「長期的な円レートの変化は日本の製造業の生産性の変化（より正確には、海外諸国と比べた相対的な生産性の変化）によってもたらされる」ということになります。つまり、「円高だから製造業が効率化する」のではなく、「製造業が効率化したので円高になった」ということになるのです。

3　円レートの変化が日本経済に及ぼす影響

　これまでの議論からも分かるように、「円レートの先行き」を予測することは極めて難しいことです。しかし、「円レートが変化したら、経済はどうなるか」という点については分析的にもかなり確かなことが言えます。

　以下ではまず、円安の場合を例として、その経済的影響を整理します。その後、その考えを現実に応用してみます。円レートは、2012年11月の安倍政権の発足前後から、急速に円安に向かいました。そこで応用問題として、この円安が現実の日本経済にどう影響したかを考えることにします。

　円安の影響は次のように整理することができます。円高の場合は全てその逆であると考えて下さい。

円安の経済的影響の整理

　円レートが動くと、まず輸出入価格（以下、全て円建てで考えます）が変化します。以下では、レートが100円から120円に変化した場合を考えます（図 8 - 3 を参照）。

　まず、輸入価格については話は簡単です。今まで 1 ドル（100円）で輸入していたものが120円になるのですから、輸入価格は約20％上昇します（以下、取引通貨は全てドルだとします）。すなわち、輸入価格についての結論は、「円安になると、円の下落率と同じだけ輸入価格が上昇する」ということなのです。

　輸出価格についてはやや話が面倒です。今まで 1 ドルで製品を輸出していた日本企業は、二つの選択肢のどちらかを取ることになります。一つは、ドル建ての輸出価格を従来どおり 1 ドルに据え置くことです。この時、輸出価格は100円から120円へと約20％上昇します。もう一つは、円の手取りを従来どおり100円に据え置くことです。この時、円建ての輸出価格は不変ですが、ドル建ての輸出価格は約0.8（厳密には0.83）ドルへと約20％下落します。

　ただ、この二つは両極端の場合ですから、全輸出品を平均すると、この両極端の間のどこかに落ち着くことになります（例えば、ちょうど両極端の中間ですと、ドル建て価格0.9ドル、円建て価格110円となります）。すると、輸出価格についての結論は、「円安になると輸出価格は上昇するが、その上昇率は輸入価格より

図8-3　円レートの変化が経済に及ぼす影響（円安の場合）

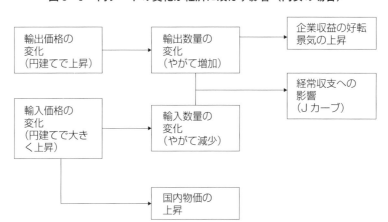

は小さい」ということになります。

　この輸出入価格の変化は、経済の各面に影響を広げていきます。

　第1に、円建て輸出価格の上昇を抑えれば、輸出数量が増えますが、円建て価格を引き上げると輸出数量は増えません。輸出数量の変動要因には、所得要因（取引相手国の所得が増えて、日本からの輸出が増える）と相対価格要因（日本からの輸出品の値段が下がって輸出が増える）の二つがあります。円安になった時、日本企業が円建て価格を据え置いてドル建て価格を下げれば、相対価格要因が作用して、日本からの輸出が増えるのです。

　ただし、この価格効果が現れるのには時間がかかります。契約価格を変えるのにも時間がかかりますし、変わった価格に相手国の買い手が反応して、日本からの輸入を増やすのにも時間がかかるからです。通常、このタイムラグは半年くらいはあるだろうと言われています。ただし、円建て価格を引き上げれば、ドル建て価格は不変ですから、相対価格要因は作用せず、輸出数量も不変となります。

　第2に、貿易収支が変化します。円安が生じた当初の段階で、輸出入数量は不変としましょう。前述のように、輸入価格も輸出価格も上昇しますから、輸入金額も輸出金額も増えます。この時、価格上昇率は輸入価格のほうが大きいので、金額の増加率も輸入の方が大きくなりますから、貿易収支は赤字方向に動きます。しかし、ある程度時間が経過して、相対価格要因が作用し始めると、輸出数量が増え、輸出金額が増えて来るので、やがて貿易収支は黒字化に向います。

　この円安になった時の貿易収支の動きを、横軸に時間、縦軸に貿易収支の図に描いてみると**図8-4**のようになります。これがＪの字に似ていることから、**Ｊカーブ**と呼ばれています。

　第3に、企業収益が変化します。輸出活動を行っている企業は、当初の段階では輸出価格が上昇することによって収益が拡大し、しばらくすると輸出品が売れるようになってさらに収益が拡大します。一方、輸入に頼って活動している企業は輸入コストが上がるので、収益は悪化します。

　繰り返しになりますが、円安の貿易収支や企業収益への影響の現れ方は、円建ての輸出価格がどの程度上昇するか（ドル建ての輸出価格がどの程度下落するか）によって異なります。円建ての上昇率が大きければ大きいほど、輸出数量に及ぼす影響は小さくなり、輸出企業の短期的な増収効果は大きくなるのですが、その代わり輸出数量はあまり増えず、生産活動は増えません。

　第4に、物価が上昇します。輸入価格の上昇がコストアップになって、企業物価、消費者物価を押し上げるからです。

　以上が、円安によってもたらされる経済的影響の整理です。

アベノミクス下の円安

　2012年11月にアベノミクスがスタートして以降、大幅な円安が進行しました。年度ベースでは、2012年度約80円→13年度約100円（約2割の円安）→14年度約110円（約1割の円安）という具合です。円レートは2年間で約4分の1減価したことになります。相当な円安だったと言っていいでしょう。

　前述の議論を踏まえて、実際に現れた円安の影響を整理してみましょう。

　まず、輸出入価格はどうなったでしょうか。**表8-1**を見てください。日本銀行の企業物価指数によると、2013〜14年度の輸出価格は、円ベースで上昇し、契約通貨ベースでは下落しました。また、輸入価格は円ベースで上昇し、契約通貨ベースでは下落しています。「輸出物価も輸入物価も円ベースの価格は上昇し、その上昇率は輸入物価の方が大きい」という説明の通りです。また、「輸出物価は円ベースで上昇し、契約通貨ベース（前述の説明ではドルベース）で下落する」というのも説明通りです。ただし、今回は契約通貨の輸出価格下落率は非常に小さく、その分円ベースの輸出価格上昇率が高かったことが分かります。

　この輸出入価格の変動は、前述の説明どおりの影響を各方面に及ぼしていきま

図8-4 Jカーブ

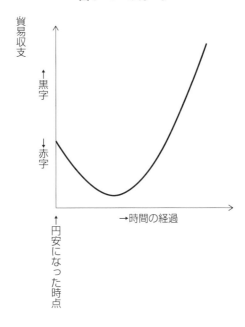

表8-1 円安の進行と関連指標の推移

		2012年度	2013年度	2014年度
対ドル円レート（変化率）		82.9円	100.2円 （▲17.3%）	109.8円 （▲8.7%）
輸入価格変化率	円建て	1.7%	13.5%	0.2%
	契約通貨建て	▲1.9%	▲1.4%	▲5.7%
輸出価格変化率	円建て	0.9%	10.3%	2.9%
	契約通貨建て	▲1.7%	▲2.1%	▲2.5%
輸入数量変化率		1.1%	0.6%	-2.1%
輸出数量変化率		▲5.5%	▲0.7%	1.4%
経常収支（黒字）		4.2兆円	1.5兆円	7.8兆円
消費者物価上昇率・生鮮食品を除く 総合（除く消費税の影響）		▲0.2%	0.8%	2.8% （0.8%）
製造業経常利益変化率		13.3%	36.0%	6.3%

（出所）日本銀行「企業物価指数」、財務省「貿易統計」「国際収支統計」「法人企業統計季報」
による。

す。

第1に、輸出数量は増えませんでした。表8-1に見るように、輸出数量の伸びは、2013〜14年度にかけてほぼ横ばいでした。前述のように、円安によって輸出数量がどの程度増えるかは、円安後に契約通貨ベースの輸出価格がどの程度下落するかに依存します。この時の円安局面では、輸出企業は契約通貨ベースの価格をほとんど下げなかったので、輸出数量もほとんど増えなかったのです。

第2に、経常収支の黒字は縮小しました。その主因は、貿易収支の赤字が拡大したことであり、その貿易収支赤字が拡大した理由は、輸入価格の上昇でした。前述の説明のように、輸出・輸入価格共に上昇したのですが、輸入価格の上昇率が輸出価格を上回ったため、輸入金額の増加が輸出金額の増加を大きく上回り、赤字が拡大したのです。これは前述の説明のJカーブ効果の当初の段階の赤字拡大効果そのものです。本来はこの後、輸出数量の増加が生じて赤字効果が小さくなっていくはずなのですが、この時は契約通貨ベースの輸出価格があまり下がらなかったので、黒字拡大効果の方はいつまでたっても現れなかったのです。また、東日本大震災後は、エネルギーの輸入量が増えたこともあって、輸入数量の減少効果もほとんど現われませんでした。その意味では「Jカーブ効果」と言うよりは、この時は一旦赤字方向に動いて、そのまま横ばいで推移したという意味で「L字カーブ効果」と言った方がいいかもしれません。

当時しばしば、「これだけ円安になったのに輸出が増えない」「円安になって時間が経過してもJカーブ効果が現われない」と言われたものですが、これは企業がそもそも輸出数量を増やすような戦略を採用しなかったからだと考えられます。

第3に、企業収益は製造業を中心に大幅に改善しました。その中心は製造業でした。これは輸出企業が円安分の多くを円建て輸出価格の引き上げに当てたからです。

第4に、物価が上昇しました。日本では生鮮食品を除く消費者物価指数（いわゆる「コア指数」）を見るのが慣例になっていますから、これをみますと、2012年度のマイナス0.2%から2013年度にはプラス0.8%、2014年度も0.8%（消費税率の影響を除く）となりました。円安によってエネルギー輸入価格などが上昇したからです。

アベノミクスの成果と円安

　2012年11月から始まった安倍政権下での経済政策（いわゆるアベノミクス）は、当初の段階で目覚ましい成果をあげました。成長率が高まって景気が好転し、消費者物価上昇率はマイナスからプラスに転じ、企業収益は大幅に増加しました。上記のような円安の経済的影響を踏まえて考えてみると、こうした成果はもっぱら円安によるものだったと言えそうです。

　ただし、このことはその後の経済に難しい課題を残すことになりました。

　第1に、こうした円安の効果はいずれも「円安が進行している時」に現れる短期的な効果でした。円安で物価上昇率をさらに引き上げたり、輸出製造業が価格上昇効果で収益を増やし続けるためには、円安が進行し続けなければなりません。円安が止まれば、その瞬間に物価の上昇も、企業収益の改善傾向も止まってしまうのです。事実、円レートは14年末以降ほぼ1年余り120円程度で推移しており、このため輸入価格を通じて物価が上がるという脱デフレの動きもストップしてしまいました。円安に頼らない経済の活性化が求められています。

　第2に、円安は必ずしも持続的な成長にはつながらないし、消費者にとってはむしろマイナスであることが分かってきました。前述のように、円安の過程で輸出製造業が輸出数量を増やす道を選択しなかったのは、もはや「国内で生産量を増やして、それを輸出して稼ぐ」という事業モデルを捨てつつあるからだと考えられます。だとすると、企業は円安で稼いでも、国内の生産設備増強のための設備投資は行いませんし、正規社員の雇用を増やしたり、人材確保のために賃金を大幅に引き上げることもしませんから、持続的成長にはつながらないのです。

　また、円安による輸入物価の上昇は、実質所得の減少をもたらしますから、生活者にはマイナスとなります。もともと円安は輸出企業にはプラスですが、消費者としての家計が円安によって利益を得ることはないのです。日本では何となく、円安を歓迎し、円高を「困ったこと」として扱う癖がついているようなのですが、これは日本人全員が、輸出企業の目線で為替レートの変動を評価しているからだと言っていいでしょう。

長期的視点で見た円レートと日本経済の関係

　これまでは円レート変化の短期的な影響を考えてきました。しかし、円レート

の変化は長期的な日本の経済構造にも影響を及ぼします。あるレベルの円レートが続くと、企業は今後もそのレートを前提として事態に対応し始め、企業の経営方針、従業員構成、設備ストックなどを円レートに見合ったものに変更するようになります。こうしたミクロの経済行動の変化がマクロの経済構造を変化させるのです。

　まず、円レートの変化は日本の貿易構造を変えます。輸出については、円高は輸出産業を高付加価値化させます。ドルでみた国内の賃金コストが割高になり、輸出価格も上昇するため、付加価値の低い労働集約的な産業、比較的簡単に海外生産が可能な標準化された製品は海外の企業との競争に勝てなくなります。これに対応するためには、輸出の重点を、値上げしても需要がついてくるような独自性の強い製品、労働コストの割合が低い技術集約度の高い製品などにシフトしていかなければならなくなります。また輸入面では、輸入品が安くなるため、これまで国内の製品で対応していた分が輸入製品によって賄われるようになります。「原材料を輸入して、製品を輸出する」という「垂直分業」的な貿易構造が、「製品を輸入して製品を輸出する」という「水平分業」的な貿易構造に変わっていくのです。

　また、円高は企業の生産拠点の海外への移転を促進します。円高によって国際競争力を失った企業が、それまで国内で蓄積されてきた経営資源を生かして生産活動を継続させたいと考えたとき、残された唯一の手段は生産設備を海外に移すことです。これは製造業による海外直接投資の増大となって現れます。これがひいては「空洞化」の議論と結びついていくことになるのですが、この点については第 9 章で説明します。

　逆に円安は、日本の賃金コストを国際的に見て低下させます。2012年末以降、円安傾向が続く中で、「生産の国内回帰の動きがみられる」という声が聞こえたりしたのはこのためです。

　最後に「円レートの評価」について考えておきましょう。これは、どんな期間を念頭においてレートの変化を捉えるかによって考え方が違ってきます。比較的短期的な視野で円レートの変動を捉えると、「円レートが変化した時、その影響がどう現れるか」というアプローチの議論が行われやすくなり、「円高は景気にマイナス」という結論になります。しかし、長期的な視野から円レートを見ると、「製造業の生産性が円レートを決める」というのが本章での結論でした。すると、

円高は日本経済の強さ（製造業の生産性の高さ）の反映だということになります。

　2012年末以降見られた円安傾向を本章のロジックに従って考えてみると、円安は短期的には企業収益を増加させ、景気にプラスに作用します。しかし、長期的に見ると、円安傾向が続いているということは、日本の製造業の生産性が相対的に海外より劣っているからだということになり、円安はむしろ日本経済の弱さの現れだということになるのです。

　日本では多くの人が「円安で輸出企業が収益を増やすのはいいことだ」「円高は輸出を減らすから経済にマイナスだ」と考える傾向があります。しかし長期的には、日本経済の生産性が上昇して円高傾向が続き、これを背景に、我々の持っている円の購買力が高まるのが望ましいのではないかと考えられます。

参考文献

　為替レートだけでなく、国際金融全般についてのテキストとして

浦田秀次郎・小川英治・澤田康幸（2010）『はじめて学ぶ国際経済』（有斐閣）

高木信二（2011）『入門　国際金融（第4版）』（日本評論社）

深尾光洋（2010）『国際金融論講義』（日本経済新聞出版社）

があります。

▶▶課題

1．本章では、円安を例にして、日本経済への影響を説明しました。円高の場合はどうなるのかを自分で考えて見てください。

2．読者が本書を読んだ後、為替レートが円高や円安に動いた時には、円建て、ドル建ての輸出価格、輸入価格が本書の指摘どおり動いているかを調べてみてください。本書の指摘どおりには動かない場合もあります。現実の輸出入価格は、石油価格など為替レート以外の原因でも変動するからです。

3．「購買力平価とは何か」「Jカーブとは何か」ということを、誰かに分かりやすく説明してみましょう。

第9章　グローバル化の中の日本経済

　ここまで、貿易・国際収支・為替レートなどについて見てきました。しかし、グローバル化の進展と日本経済との関係については、まだ十分説明していない点があります。

　一つは、直接投資を通じた企業活動のグローバル化です。日本経済と世界経済とのつながりを考える時、これまで第1に頭に浮かんできたのは「貿易」でした。しかし、近年では、貿易と並んで、またはそれ以上に重要なものとして「**直接投資**」が考えられるようになってきました。直接投資とは、貸し付け、資産運用などのポートフォリオ投資（**間接投資**）に対する言葉で、企業が海外で株式を取得したり、工場を建設したりして事業を行うことを目的とした投資を指します。この直接投資は、企業活動のグローバル化と密接に関係しています。

　二つ目は、日本企業の海外進出に伴う国内の空洞化問題です。「**空洞化**」というのは、製造業の生産拠点が海外に移転することによって、国内の生産が縮小し、経済の活力が失われたり、雇用機会が減少することを指します。この空洞化論議は、日本の直接投資が増えるたびに、しばしば議論の的になってきました。近年では、トランプ米大統領の保護主義が世界経済を混乱させていますが、これも空洞化への的外れな懸念が背景になっている可能性があります。

　三つ目は、グローバル化を推進するための枠組みの整備です。かつてはグローバル化の推進は、WTO（世界貿易機構）を中心に関税障壁を小さくするという方法で行われてきました。しかし近年では、特定の国同士が貿易・投資障壁を撤廃していくというFTA（自由貿易協定）やEPA（経済連携協定）が主役になってきました。その典型が大きな話題となったTPP（環太平洋経済連携協定）です。

　本章ではこうした点について考えてみます。

1　重要性を増す直接投資

世界的に増加する直接投資

　UNCTAD（国連貿易開発会議）によると、世界全体の直接投資（フロー）は、大きな変動を繰り返しながらも基調としては増加しています。1990年には2千億ドル程度だったのですが、90年代後半から急増し、2000年には1兆4千億ドル、2015年には2兆1千億ドルの規模となりました（ただしこの間、一本調子で増加したわけではなく、大きく減少した時期もあります）。2016年以降は減少しており、2018年は1兆3千億ドルとなっています。

　このようにフローとしての直接投資は大きく変動しているのですが、重要なことは、こうしたフローの投資がストックとして積み上がっていることです。直接投資は、事業活動の移転を伴いますから、積み上がった投資は、国境を超えた事業活動規模を着実に拡大させており、外国企業の活動が増えたり、世界的に網の目のように張り巡らされた供給網（サプライチェーン）を作り上げているのです。ではなぜ世界的に高水準の直接投資が続き、そのストックが積み上がり続けているのでしょうか。その理由としては、次のような点が考えられます。

　第1は、世界的に工業製品の差別化が進んでいることです。重化学工業製品のように、標準品を大量に生産する場合には、できるだけ生産拠点は集中しておき、それを各国に輸出するという方式が有利です。しかし、自動車、家電製品、工作機械、ハイテク製品などのように、最終需要者のニーズに応じて、差別化された製品を供給する場合には、需要者に近い場所で生産することが有利となります。これが直接投資による現地生産を促進するのです。

　第2は、直接投資の受け入れ国（ホスト・カントリー）が、直接投資のメリットを高く評価するようになったことです。かつての途上国では、多国籍企業が直接投資を通じて進出してくることは、自国の資源や産業が外国の企業に支配されることになるから、経済発展にとって好ましくないという考えも有力でした。しかし、近年では、直接投資によって海外の企業が進出してくることが、経済発展にプラスだと考えられるようになってきました。それは、①国内貯蓄の不足を補って投資が可能になること、②間接投資のように債務性がないこと（金利などの

固定的なコストを支払う義務がない）、③進出企業に蓄積されている生産技術、経営手法などの移転が期待できること、④生産拠点がシフトしてくることによって、輸出機会、雇用機会が増大すること、などが積極的に評価されるようになったからです。

これを最大限に発揮したのが、近年の中国でしょう。中国の直接投資受け入れ金額は、90年代から急増しており、近年ではアメリカに次いで世界第２位の直接投資受け入れ国となっています。これは、世界の直接投資受け入れ総額の10.7%（2018年）に相当します。こうした直接投資の受け入れは、①海外からの投資が国内の設備投資の大きな源泉となったこと、②特に先端産業である電気機械などの分野で外資系企業の生産が増大し、輸出を増やしたこと、③優れた技術を備え、効率的な外資系企業が市場に参入してくることによって、中国全体の生産性が上昇したことなどのルートを通して、中国の経済成長に貢献しました。

日本の対外直接投資の動き

次に日本の直接投資の動きを見ましょう。日本の**対外直接投資**の推移を見たのが**表9-1①**です。この表を見ると、まず日本の対外直接投資が80年代後半以降急増していることが分かります。この時の急増によって、日本は一気に世界有数の直接投資大国となりました。90年には、世界の対外直接投資の21.5%を占めるまでになり、世界一の対外直接投資大国となりました。その後は何回かの増加、減少局面を繰り返して今日に至っています。最新の時点（2018年）でも、日本の対外直接投資は世界一の規模となっています（シェアは世界の11.0%）。

この間の動きをやや詳しく見てみますと、次のような点を指摘できます。

第1に、80年代後半以降、対外直接投資が急増したのには、非製造業の増加がかなり寄与しています。この時期特に増加したのは、不動産業の直接投資でした。これは、当時日本がバブルの渦中にあって、地価・株価が急騰し、海外の地価が相対的に割安になったためです。当時はニューヨークのロックフェラー・センターが日本企業によって買収されたり、ハワイの土地が日本の不動産会社によって大量に買い占められたりしたことが、大きな話題になりました。いわば日本のバブルが海外に波及したものだと言えるでしょう。その意味では、これらの直接投資は、経営資源の移転のための投資というよりは、資産選択上の判断に基づくポートフォリオ投資だったと言えます。こうした不動産投資は、国内のバブルが崩

表9-1　日本の直接投資の推移

①絶対額の推移（年平均、億円）

	1983〜85	1986〜90	1991〜96	96〜2005	2006〜2010	2011〜18
対外直接投資	12,706	45,392	23,603	38,233	81,264	152,285
対内直接投資	831	505	1,267	7,966	13,376	16,713

②相手国別シェア（2018年、%）

	対外直接投資	対内直接投資
アジア	33.1	19.4
うち中国	6.8	3.1
ASEAN	18.7	4.2
北米	15.1	23.0
うちアメリカ	13.6	22.8
欧州	33.8	-27.9
中南米	15.5	17.0
大洋州	1.1	7.5
中東	0.4	5.1
アフリカ	1.0	0
合計	100.0	100.0

（注）対内直接投資のシェアにマイナスが現われるのは、一旦行った投資を引き上げたためです。

（出所）財務省「国際収支の状況」、95年までは国際収支マニュアル第5版ベース、96年以降は同第6版ベース。

壊するとともに一気に減少に転じました。

　第2に、本来の経営資源の移転としての直接投資である製造業についてみますと、87〜89年にかなり増加した後、何回かの変動を繰り返しています。93年以降の変動は主に製造業の投資によってもたらされたものです。これは後述するように、円高の進行によって、海外での生産が有利化したためでしょう。なお、製造業の中でも、対外直接投資を積極的に行っているのは、電機、機械、輸送機械（自動車）といった加工組立型の産業が中心です。これは、標準品ではなく差別化された製品を製造しているため、現地生産への誘引が強いこと、生産工程の中

に労働集約的な部分を含んでいるため、安価な労働力を確保するため生産拠点を
シフトさせやすいことなどのためです。

これを地域別に見ますと（表9-1②）、日本の直接投資先は、北米、欧州の先
進国と中国、東アジア地域向けがほとんどであることが分かります。

対外直接投資変動の背景

次に対外直接投資の変動の経済的背景を考えてみましょう。直接投資が変動す
る経済的要因としては、次のようなことがあることが確かめられています。

第1は、進出国の経済成長です。経済成長が高い国は、内需が増えてマーケッ
トが急速に拡大します。そのマーケットに食い込むためには、なるべく現地に経
営の意思決定、生産、販売拠点を置き、迅速にニーズに応えられるようにしてお
く必要があり、それが現地への企業進出を促進するのです。

第2は、為替レートです。為替が円高に動くと、外貨建てで見た国内生産コス
トは上昇します。同じことですが、海外の円建てで見た生産コストは低下します。
例えば、1ドル100円の状態で、国内で自動車を1台生産するのに100万円（1万
ドル）、海外では1万1千ドル（110万円）のコストがかかるとします。この場合
は国内で生産したほうが有利です。しかし、この状態で、為替レートが1ドル80
円に上昇すると、国内の生産コストは100万円（1万2千5百ドル）、海外では1
万1千ドル（88万円）となり、今度は海外生産のほうが有利になります。

第3は、進出する企業の収益状況です。企業の収益状況が良く、元気な企業ほ
ど海外進出にも熱心である傾向があります。

ただしこれには地域差があります。先進国向けの直接投資は、進出先の市場へ
の販売を目指した「市場追求型」のものである場合が多いので、為替レートより
も相手国市場の動きが大きな影響力を持ちます。一方、アジア向けの直接投資は、
進出先の低労働コストを生かそうとする「生産コスト追求型」のものも加わって
きます。この場合は、為替レートが大きな影響力を持つことになります。

この点を、具体的に確かめてみましょう。表9-2は、国際協力銀行のアンケ
ート調査によって、有望進出先別にその国がなぜ有望と考えるかという理由を比
較したものです。これによると、アメリカについては、「現地マーケットの現状
規模」「現地マーケットの今後の成長性」と答えた企業が圧倒的多数であり、「安
価な労働力」という理由はほとんど見られません。一方、アジア地域では、「現

表9-2　進出先の国別にみた「有望である理由」

(複数回答、%)

	インド (1位)	中国 (2位)	ベトナム (3位)	タイ (4位)	米国 (6位)
優秀な人材	18.7	9.7	26.6	21.4	12.0
安価な労働力	31.0	7.4	42.4	18.3	1.1
産業集積がある	12.8	20.5	9.8	28.2	23.9
第3国輸出拠点	14.4	10.2	14.9	26.7	5.4
現地マーケット の現状規模	36.9	60.8	18.9	40.5	69.6
現地マーケット の今後の成長性	74.3	56.3	63.6	42.7	43.5

（出所）国際協力銀行「2019年度　海外直接投資アンケート調査」より。

地マーケットの規模、成長性」に加えて、「安価な労働力」という理由もかなり多くなっています。先進国向けは「需要追求型」タイプ、アジア向けは「生産コスト追求型」と「需要追求型」の混合タイプだと言えるでしょう。なお、インドやベトナムについては、「現地マーケットの成長性」という理由も、「安価な労働力」という理由も、共に高水準です。インド、ベトナムが事業展開先として有望な国の第1位と第3位を占めているのは、この二つの理由が両方とも強力に作用しているからだと言えます。これに対して、中国については、「安価な労働力」という理由はそれほど高くありません。中国の賃金コストが上昇してきているからだと思われます。

直接投資を動かす長期的な要因

ただ以上のような要因だけで直接投資の動きを説明することには限界があるでしょう。例えば、2013年以降のアベノミクスの下で相当な円安が進行しましたが、対外直接投資のペースが鈍ることはありませんでした。この点を理解するには、より長期的な視点が欠かせません。それは次のような点です。

第1は、経済全体の発展段階です。第7章で説明した国際収支の発展段階の考え方によると、一国の経済が途上国から先進国へと発展して行くプロセスでは、資本の流れには「国内への資金の流入」→「海外への資金の流出」という変化が

生ずるのが普通です。これは、経済が発展し、先進国のレベルに近付いてくると、国内貯蓄の蓄積が進む一方で、国内への投資効率よりも海外への投資のほうが効率が良くなるためです。長期資本の流出の一形態としての直接投資は、こうした歴史的な流れのなかで80年代以降、長期的に継続するようになったものと考えられます。

　第2は、企業の発展段階です。経済が発展するなかで、企業もまた次第に姿を変えていきます、それは国際化またはグローバル化の動きとして捉えることができるでしょう。企業のグローバル化には次のような段階があるように思われます。

　①「国内の生産活動、貿易中心」の段階（第1段階）……技術的には海外からの技術導入を図りつつ、国内で経営、生産活動を行い、貿易関係を中心に国際的交流を行う。

　②「国内の企業活動を中心にしながらも、経営・生産活動の海外進出が進む」段階（第2段階）……企業内でも国内事業と海外事業の展開は別々に行われ、海外での意思決定の範囲も限られたものに止まる。

　③「全世界的な視野に立って経営資源を配分し、企業活動を行う」段階（第3段階）……企業は、グローバルな観点から、生産コスト、資金調達コスト、研究開発コストを比較して、統一的な意思のもとに企業内での国際分業を進める。国内事業と海外事業の差はなくなり、一元的に世界市場に対応する体制が整えられる。

　こうした発展段階に照らしてみますと、70年代の日本の企業はまだ第1段階に位置していたのでしょう。だから円レートが上昇しても直接投資は盛り上がらなかったのです。しかし、80年代に入ると第2段階に入るようになり、90年代になると先端的な企業は第3段階に入りつつあるように見えます。近年では、こうした企業に引きずられて、中小企業もどしどし海外に活動の拠点を築くようになりました。

見劣りする対内直接投資

　ここまでは、対外直接投資について見てきましたが、もっと視野を広げると、日本の直接投資事情には、「**対内直接投資**（海外企業の日本への直接投資）が少ない」という大きな特徴があります。表9−1を見れば、対内直接投資の規模が対外直接投資に比べてかなり小さいことが分かります。

　最初に紹介したように、海外から直接投資が入ってくることは、国内経済に多様なメリットをもたらします。日本への対内直接投資が少ないということは、日本がそうしたメリットを受けていないということを意味しています。もっと日本国内に海外からの投資を呼び込むことは、国内経済の活性化という観点からも、大変重要な課題だといえます。

　このことは日本政府も十分認識しています。例えば、2013年6月に閣議決定された「日本再興戦略」では、「対内直接投資の拡大等を通じて、世界のヒト、モノ、カネを日本国内に引き付けることにより、世界の経済成長を取り込んでいく」とし、対内直接投資残高を2012年末の17.8兆円から2020年に35兆円へ倍増させるという目標を掲げています。

　ではどうしたら対内直接投資を増やせるのでしょうか。残念ながらこれは簡単なことではありません。そもそも日本企業が海外に直接投資を行うのは、国内よりも海外に投資機会があるから、または、国内に投資するよりも海外に投資するほうが有利だからです。国内企業でさえ投資しないのですから、海外の企業が簡単に投資してくれるはずがないとも言えます。

　もちろん、投資を呼び込むための努力は必要です。前述の「日本再興戦略」では、①特区制度の抜本的改革（「国家戦略特区」を活用し、世界で一番企業が活動しやすいビジネス環境を整備する）、②政府の外国企業誘致・支援体制の抜本強化、③国際会議等誘致体制の構築・強化、④高度外国人材の活用などの施策を推進するとしています。

　他方で、実際に海外の企業に、対日ビジネスの阻害要因を尋ねてみますと（2018年の経済産業省「外資系企業動向調査」、複数回答）、「ビジネスコストの高さ（72.7%）」「人材確保の難しさ（53.6%）」「日本市場の閉鎖性・特殊性（46.4%）」「製品・サービスに対するユーザーの要求水準の高さ（44.4%）」などといった事項が回答されています。また、日本では総論としては「対内直接投資を増やすのは良いことだ」とは言うものの、実際に海外の企業が日本企業を買収しようとすると、「外資に買われるのはいやだ」という反応を示す人が出てきます。また、学生諸君の就職行動を見ていると、「外資系企業は日系企業と違う」という苦手意識が見られます。要するに、内外を問わず企業が自由に活力を発揮しやすい環境、企業の国籍を問わず働く先を自由に選択できるような環境を整えれば、海外の企業ももっと日本市場に進出してくることが期待できるでしょう。

図9-1　日本・アジア・欧米間の三角貿易

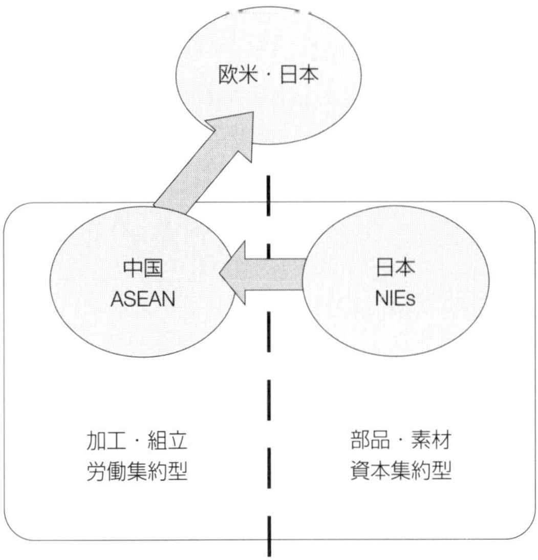

（出所）経済産業省「2007年版通商白書」より

2　企業活動のグローバル化と空洞化の議論

日本企業の海外への展開

　前述のように、日本の直接投資は80年代後半以降増加していきましたが、これに歩調を合わせて、日本企業の海外生産比率も傾向的に高まってきています。内閣府が毎年実施している「企業行動に関するアンケート調査」によりますと、日本の製造業の海外現地生産比率（企業の生産全体に占める海外生産の比率）は、90年度4.6％→2000年度11.1％→2010年度17.9％→2017年度22.9％と上昇しています。特に加工組立産業については、同6.5％→15.9％→24.8％→32.7％という具合です。

　特に目立つのが、日本企業の東アジアへの事業展開です。この点については、日本・東アジア・欧米諸国の三つがトライアングルを形成しつつあることが特徴的です。すなわち、図9-1のように日本やNIESが技術・資本集約的な部品・

加工品を生産し、中国、ASEAN はこれを中間投入財として輸入し、組み立てた製品を最終消費地である欧米諸国に輸出するというトライアングル関係です。こうした貿易関係は「**三角貿易**」とも呼ばれています。

　この三角貿易関係は、国際収支、二国間関係にも影響しています。例えば、アメリカから見た 2 国間の貿易収支は、中国との間で大幅赤字となっていますが、これは最終製品の輸入先が中国だからそうなっているわけで、その中には日本製の中間製品がたくさん詰まっているわけですから、日本が中国を通して、アメリカに間接的に輸出しているのと同じことになります。2017年 1 月に就任したトランプ・アメリカ大統領は、貿易赤字の縮小を大きな目標とし、アメリカから見て最も大きな貿易赤字国である対中国の貿易赤字を削減すべく、中国からの輸入品に高率の関税をかけたりして中国に圧力をかけました。こうして米中の間で摩擦が起きているのは、ある意味では、中国が日本の分まで矢面に立っているのだと考えることができます。

　また、2018年後半からは、その米中貿易紛争の影響もあって、中国からアメリカへの輸出が急減し、それが三角貿易を介して日本の輸出も減らすという動きが現われました。

直接投資の増大と空洞化問題

　直接投資の増大は、前述のように企業活動のグローバル化と密接に関係しています。企業活動がグローバル化すると、直接投資を行う側の国（ホームカントリー）では、「**空洞化問題**」が議論になります。

　空洞化とは、企業が活動の拠点を国内から海外に移してしまうことにより、国内の経済活動が「カラ」になってしまい、所得や雇用を生み出す力が低下することをいいます。この「空洞化問題」はたびたび議論になってきたのですが、日本では、2011年夏以降、各方面で大きな議論を呼びました。これには二つの背景がありました。一つは、東日本大震災です。2011年 3 月の震災によって、日本国内のサプライチェーンが災害というリスクにいかに弱いものかが認識されたことから、日本企業が活動拠点を国内から海外にシフトさせようとする動きが出てきたのです。もう一つは円高です。2011年には、円高への動きが続き、円レートは 1 ドル76円台にまで急上昇しました。円高になれば、外貨建てで見た国内の生産コストは相対的に上昇し、逆に海外の生産コストは相対的に下がります。これも企

業の海外移転の動きを加速させたのです。

　その後、大震災の影響は次第に消え、円レートも2012年末以降円安に向かいました。前述のように、円安を受けて、生産の国内回帰が見られることは事実なのですが、基本的には日本企業の海外展開の動きは続いています。

　また、何度も出てくるアメリカのトランプ大統領は、就任直後から、アメリカ企業が海外ではなく国内の生産拠点のために投資すべきだと要求してきました。これも、生産拠点の海外移転が国内の雇用にマイナスの影響を与えることを懸念したもので、空洞化論の一形態だったと言えます。

空洞化のロジック

　日本の場合を中心に空洞化のロジックを再点検してみましょう。多くの人は「企業が出て行くから空洞化が起きる」と考えます。しかし、このプロセスは案外複雑です。少し丁寧に辿ると、空洞化は次の三つのステップを踏んで生じるはずです。

　第1のステップは、企業が活動拠点を国内から海外に広げていくことです。これは直接投資を通じたグローバル化の動きだと考えることができます。

　第2のステップは、海外への事業展開を強めた結果、国内の事業活動が縮小することです。これは、後述するように企業の海外事業展開と国内の事業活動が「代替的」だと仮定していることになります。

　第3のステップは、企業が抜けることによって生じた国内の経済活動の穴を別の経済活動によって埋めることができないことです。これは、国内の資源移動が硬直的だということを意味しています。この三つのステップを経て初めて空洞化が生じることになります。以下、それぞれのステップについて吟味してみましょう。

　まず第1のステップから考えましょう。企業が海外に進出するという企業活動のグローバル化は、積極的に進めるべきものでしょう。国境を越えてヒト、モノ、カネが自由に動くようになって行くのは世界的な趨勢です。その中で日本の企業だけが国内にとどまっていたら、発展の可能性を自ら摘むことになります。このことは、もし日本の企業が海外に活動拠点を配置していなかったらどうなっていたか考えれば分かります。80年代半ば以降、円レートが上昇する中で、日本企業は生き残りをかけて海外に進出していきました。仮に、海外展開をしないで、

図9-2　対外直接投資と国内設備投資の関係

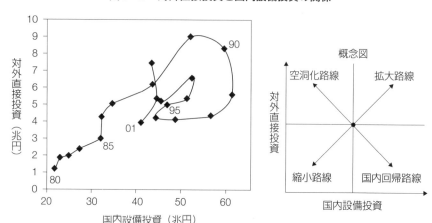

（備考）内閣府「2002年版　経済財政白書」より。

「国内で生産して輸出する」というやり方に固執していたら、今頃日本企業のシェアは海外企業に軒並み奪われてしまっていたでしょう。

海外投資と国内投資は代替的か

　ステップ2に移りましょう。空洞化の議論は、暗黙のうちに企業が海外で設備投資を行って生産拠点を移すと、その分国内の企業活動が減ることを前提にしているようです。しかし、これは必ずしも自明ではありません。

　これは、国内投資と海外投資が代替的か補完的かという問題です。「海外か国内か」という代替的関係である場合は、海外で投資が増えれば国内の投資が減ります。この場合は、空洞化の危険があるでしょう。しかし、「海外で増やす時には、国内も増やす」という補完的関係である場合は、海外と国内の企業活動が並行的に増えるわけですから空洞化は生じません。

　実際のところはどうなのでしょうか。これは実証してみるしかないのですが、私の見る限りでは「案外補完的である」という結論が多いようです。例えば、「2002年版経済財政白書」では、図9-2に基づいて、「海外投資が増えると国内投資が減るとは必ずしも言えない」ことを示しています。この図は、横軸に国内設備投資、縦軸に海外直接投資をとったものです。もし、海外直接投資が国内投資を代替するのであれば、グラフは左上に動くはずですが、現実には右上方向に

上下するという動きとなっています。「国内の設備投資が増える時は海外直接投資も増え、国内で投資が減るときは、海外への投資も減る」という傾向があり、両者は必ずしも代替的ではないというわけです。つまり、日本の企業は単純に国内の生産を海外に移しているだけではないのです。労働集約的な部分を海外に移して、技術集約的な部分を国内に集約したりすることにより、海外展開と国内の事業再編を同時進行させているのです。そのように考えれば、海外投資が増えるときには、国内の投資も増えるという関係が生ずることは自然だと言えます。

　もう少し新しい例を探してみましょう。国際協力銀行「2019年度海外直接投資アンケート結果」によりますと、中期的に海外事業を強化・拡大すると答えている企業のうち、「国内事業も拡大強化する」または「国内事業は現状程度を維持する」と答えた企業は93.2％、「国内事業は縮小する」と答えた企業は4.3％にすぎません。つまり、海外への事業展開を積極化している企業は、必ずしもその分国内の事業活動を縮小しているわけではありません。むしろ逆に、海外進出を図るような企業は、国内設備投資も増やし、雇用も増やす傾向があるということなのです。

　これは考えてみれば納得できるのではないでしょうか。一つは、積極的に海外に出ていくような企業は、元気な企業で、元気な企業は国内の活動も伸びていることが多いということであり、もう一つは、企業活動の再配置をする中で、一部が海外に出ていっても、別の分野（研究開発など）では国内の活動を強化する場合が多いということでしょう。

本当の問題は国内資源の流動性が乏しいこと

　最後はステップ3です。マクロ的には前述のような議論が成立したとしても、個々の事例では、企業が海外に移転して、その分すっぽり穴が開いてしまう場合があるかもしれません。しかしその場合でも、それによって浮いた資源（労働力や資本、土地など）が他の分野で生かされれば、結果的に空洞化は生じないことになります。

　ましてや日本の今後を考えると、一方では人口に占める労働力人口の低下によって、長期的には労働力が足りなくなり、他方では、高齢化に伴い、医療・介護・福祉などの需要が出てくるはずです。すると、むしろこれまでが国内で行われていた経済活動を海外に移し、それによって浮いた分を新しく伸びてくる分野

に振り向けたほうが良いとさえ言えるのです。

　空洞化論が想定するのは、日本の国内資源（特に労働力）の流動性が低く、抜けて行った分野の穴が埋まらないという事態です。この点こそが本当に懸念すべき点ではないでしょうか。残念ながら空洞化論が想定するように、日本の資源の流動性は低いのです。労働力は基本的には最初に就業した企業や職業にとどまる傾向が強く、地域間の流動性も低いため、第5章でもみたようにミスマッチが存在しています。衰退産業から企業が退出して、発展分野にベンチャー企業が輩出するという企業の新陳代謝の動きも弱いのです。

　これに対しては、空洞化を懸念して企業の海外展開そのものを押さえ込もうとするのではなく、企業が出て行ってもその穴がすぐに埋まるように資源の移動を流動化させることが重要だということになります。

企業活動のグローバル化と国の政策

　以上の議論は、企業を取り巻く環境そのものには大きな問題はなく、「出ていくべき企業は出ていく」という前提に立っています。しかし、現実には必ずしもそうは言えません。国内環境に構造的な問題がある場合には、「国内に残るべき企業まで出ていく」ということが生じ得るからです。

　例えば、制度的な障害があります。税制、社会保障制度などによって企業にどの程度の負担を求めるかは、国の制度設計によって異なります。労働法制などで企業活動が制約されればこれも企業にとってのコスト上昇となります。会計基準が国際的な基準と異なる場合も同様です。

　こうした点では、制度をめぐる国際競争が展開されていると考えられます。企業が活動しやすい環境を整えれば、海外の企業が集まってきて経済が活性化します。逆に、制度的に遅れをとると企業は出て行ってしまいます。前述のように、日本では、日本企業の海外直接投資は多いのですが、海外企業の対内直接投資は少ないということは、制度的な国際競争の面で日本が遅れをとっていることを示している可能性が強いのです。

　以上述べてきたことを結論的に要約すると次のようになります。

　第1に、空洞化の懸念があるからといって、企業活動のグローバル化の動きそのものを妨げるのは間違いです。

　第2に、基本的には、資源の移動を出来るだけ流動化させ、企業の海外展開が

より効率的な国内の資源配分につながるようにすべきです。

　第3に、規制改革などの構造改革、明確なエネルギー政策方針の提示などによって、できるだけ円滑な企業活動が行われるような環境を整備していくべきです。

3　世界的な自由貿易体制への歩み

　日本が今後も経済的な活力を維持していくためには、グローバル化の流れに積極的に対応し、貿易・投資の相互交流を促進していく必要があります。そのためには、世界経済全体がより自由な経済的交流が可能になるよう枠組みを整備していく必要があります。

　戦後の世界経済は、各国間の協力の下、できるだけ多くの国が参加して、自由貿易体制を構築しようとしてきました。

WTO から FTA、EPA へ

　戦後日本の通商政策は、一貫して **GATT**、**WTO** を中心とする多国間交渉がその主流でした。GATT（General Agreement on Tariff and Trade: 関税および貿易に関する一般協定）は、戦前の反省から生まれました。1929年のニューヨークでの株式暴落を契機に世界不況が深刻化する中で、各国は海外からの輸入を制限することによって、国内の生産・雇用を守ろうとし、競って関税率を引き上げました。各国は自国のブロック内でのみ低い関税を適用し、アメリカ中心のドルブロック、フランス中心のフランブロック、イギリス中心のポンドブロックなどが生まれました。こうしたブロック経済は世界貿易を縮小させ、世界的不況を長期化させただけではなく、ブロック相互間の政治的・経済的摩擦を強め、第2次世界大戦を引き起こす一因になったとされています。

　GATT は特に、関税の引き下げという面で大きな役割を果たしました。GATT ではこれまでに7回の多角的関税引き下げ交渉（ラウンドと呼ばれます）を完結させ、大幅な関税引き下げに貢献しました。

　この GATT の流れを発展させ、95年に発足したのが WTO（世界貿易機構: World Trade Organization）です。WTO は引き続き自由貿易体制をさらに発展させることを目指し、2002年に包括的な交渉をスタートさせました（一般に「ドーハ・ラウンド」と呼ばれます）。GATT は、国際紛争の処理にも力を入れてお

り、紛争処理件数は大きく増加しています。

　しかし、WTO は、先進国から途上国まで立場の異なる多くの国が、全会一意を原則として議論を進めていることもあって、なかなか合意に辿り着きません。ドーハ・ラウンドも、現時点（2020年初）でまだ合意できない有様です。

　そこで広がってきたのが **FTA**（自由貿易協定: Free Trade Agreement）または **EPA**（経済連携協定: Economic Policy Agreement）です。FTA は、参加国間で貿易障壁を撤廃するという協定で、EPA は、参加国間で貿易はもとより、さらに広範な分野での連携を目指すものです。つまり、FTA は EPA に含まれるということになります。近年では、貿易以外の分野の重要性が高まってきていることもあり、EPA と呼ぶケースが増えてきています。

　1990年代の半ば以降、日本はそれまでの多国間一辺倒の姿勢を改め、地域間のFTA、EPA に力を入れ始めます。これは、一つには前述のように、多国間交渉の要である WTO のラウンドが停滞したことと、もう一つは、世界中に自由貿易協定の網の目が張り巡らされてきたことから、いつまでも日本がその網の目に入らないでいると、貿易面で不利な扱いを受けかねないようになってきたからです。

TPP 交渉の歩み

　さて、こうした EPA の推進の集大成のようなものが、2013年以降、日本が加入交渉に加わった **TPP**（環太平洋経済連携協定: Trans-Pacific Partnership Agreement）です。

　TPP は、2006年にブルネイ、チリ、ニュージーランド、シンガポールの 4 カ国の間で発効した EPA（経済連携協定）から始まりました。2010年の 3 月からこれを母体としてより広域的な経済連携協定を目指す交渉が始まり、その後、アメリカ、オーストラリア、ペルー、ベトナム、マレーシアが加わり、さらに2012年にカナダとメキシコが加わりました。

　この TPP に参加するか否かをめぐっては紆余曲折があり、賛否両論がある中で、安倍内閣の発足後、2013年にようやく加入を表明しました。この TPP には次のような特徴がありました。

　第 1 は、地域的にカバーする範囲が広いことです。その後アメリカは離脱したため、そのカバーする範囲は当初計画よりはずっと狭まったのですが、それでも

表9-3　TPP交渉で合意した主な項目

物品市場アクセス	関税の撤廃や削減
原産地規制	TPP域内の産品として認める条件を決定
貿易円滑化	税関・通関手続きの円滑化
衛生植物検疫	食の安全確保のルールを整備
政府調達	国や地方自治体の物品調達のルールを整備
知的財産	特許権、著作権保護の枠組みの整備
競争政策・国有企業	国有企業と民間企業の公平な競争を確保
サービス	ビジネス関係者の入国ルールの整備 国境を越える金融サービスのルールを整備
投資	投資に関する紛争解決手続きの整備
労働・環境	貿易や投資のために労働・環境基準を緩めないことを合意

（出所）内閣官房TPP対策本部資料などにより作成。

かなり地域的な広がりが大きいことは変わりません。

　第2は、貿易に例外が少ないことです。当初のTPP交渉では、10年以内にほぼ100%の関税撤廃を目指していました。この点については、結果的に、日本の農産物など一部の例外は求められたのですが、それでも大幅な関税撤廃であることは変わりません。

　第3は、関税以外の政策分野が広く議論の対象になっていることです（表9-3）。TPP交渉では、政府調達、知的財産権、競争政策、サービス（電気通信や金融など）、投資など24の分科会が設けられました。

　要するに、TPPはEPAとしては「先端的で」「質の高い」ものだったわけです。だからこそ期待も大きく、その影響を懸念して反対する人も多かったのです。多くの経済学者は、このTPPに加入して行くことは、日本経済にとって大きなプラスであると考えました。環太平洋地域での自由貿易が推進されれば、日本の輸出入が増え、雇用の増大や国民生活の豊かさに寄与すること、国内産業が厳しい国際競争にさらされることにより効率化すること、東アジア地域における共通のルール作りに参画出来ることなどがその理由でした。

　このTPPへの参加の最大の障害となったのが農産物の扱いでした。100%の関税撤廃ということは、農産物の関税も全て撤廃されるということです。農業関

係者は「日本の農業が壊滅的な打撃を受ける」と猛烈な反対運動を繰り広げました。安倍首相は、就任直後のオバマ米大統領との首脳会談で「聖域なき関税撤廃がTPP交渉の前提ではない」ことを確認した上で、3月に参加を表明しました。自民党はコメ、麦、牛豚肉、乳製品、砂糖を農産品の重要5項目と指定し、関税維持を求めました。これがいわゆる「聖域」と呼ばれる分野です。

　難交渉の末、2015年10月、TPPはついに合意に達しました。いわゆる「聖域」とされた重要5項目については、関税撤廃は免れ、関税ゼロでの最低輸入枠の設定や関税引き下げで決着しました。参加12カ国は16年2月にニュージーランドで署名を行い、日本はその後国内法制の整備も終え、後は発効を待つばかりになっていたのです。

トランプ保護主義の登場とTPP11

　ここで登場したのがトランプ米大統領です。トランプ氏は、選挙戦の時から保護貿易的姿勢を明らかにしていましたが、その姿勢は大統領に就任しても全く変わらず、就任直後に早々とTPPからの離脱を表明しました。TPPが発効するためには、参加国のGDPの85%以上を占める少なくとも6カ国の批准が条件でした。アメリカのGDPは加盟国全体の約60%を占めていましたから、アメリカが離脱した時点でTPPの成立は不可能となりました。

　トランプ大統領はその後も保護貿易的な措置を繰り出してきましたが、中でも世界を不安に陥れたのが、米中間の報復関税合戦でした。アメリカ政府は、中国との間で貿易収支の赤字が拡大していることを背景に、18年3月鉄鋼・アルミニウムへの追加関税を実施したほか、7月から9月にかけて、知的財産権の侵害を理由に、中国製品を対象に総計で2千5百億ドルにのぼる追加関税を課したのです。これに対応して、中国も1千百億ドル相当のアメリカ製品に5%の追加課税を課しました。これは、相手がボートに穴を空け始めたので、対抗して自分も乗っているボートに穴を空けるような全く馬鹿げた行動です。戦後世界が営々として築いてきた自由貿易への歩みを逆転させるものであり、世界貿易の縮小を招きかねません。

　こうした中で、日本はいち早く、米の離脱で崩壊しかけていたTPPを建て直し、米抜きの11カ国による**TPP11**をまとめるべく、その先頭に立ちました。TPP交渉で積み重ねてきた成果を残し、将来米国が復帰した場合の受け皿を整

えておこうという狙いです。その甲斐あって、TPP11は18年3月に関係国が署名し、同年12月30日に発効しました。

　日本はこれをさらに多国間に広めようとしており、タイ、韓国、台湾、コロンビア、英国などが参加に関心を寄せているということです。日本がこのような多国間交渉にリーダーシップを発揮し、そのとりまとめに成功したことは画期的な成果だといえるでしょう。

　続いて日本はEU（欧州連合）との経済連携協定交渉を進め、18年7月に署名にこぎつけました。日本は更に、RCEP（東アジア地域包括的経済連携）の合意を目指しています。これは、ASEAN、中国、インドなどを含む巨大な自由貿易圏構想であり、これが誕生すれば米の保護主義が更に孤立することになり、米国の方針転換を促す力になることが期待されます。

TPP批判について思うこと

　TPP（その後TPP11）を巡っては、その是非を巡って「国論を二分する」といわれたほどの議論がありました。当然多くの反対論も出ました。この反対論を見ていると、貿易について多くの人が抱きやすい誤解が典型的に現われているように感じられました。例えば次のようなことです。

　まず、関税が撤廃ないし引き下げられることによって農産物の輸入が増えたり、海外企業が公共事業の入札に参入しやすくなることがTPPの懸念される点とされていたことです。しかし、これは懸念されることではなく、むしろメリットとして評価すべきことでしょう。

　これは、貿易の自由化の効果を短期的な視点で見るか長期的な視点で見るかの差なのかもしれません。短期的に見れば、輸入の拡大は国内の生産者に打撃を与えるかもしれません。しかし長期的に見れば、それによって日本の産業がより強くなったり、安くて多様な財貨・サービスが入ってきて消費者利益が高まったり、輸入によって浮いた資源が発展分野に向かって経済が効率化するからです。

　また公共事業への海外からの参入が増えると、短期的には従来の国内の事業は打撃を受けるかもしれませんが、長期的に見れば、その競争の中でより安価で効率的な公共事業が可能となり、財政も効率化するはずです。

　もう一つよくあるTPP反対論は「**食料自給率が低下してしまう**」というものでした。筆者が大学で講義した経験でも「食料自給率をもっと高めるべきだと思

うか」と学生に問いかけると、かなりの学生が「イエス」と答えます。

　この点について議論すべき点は多いのですが、ここでは「では自給率100％が望ましいのか」ということを考えてみます。自給率が低いことを心配する人は、いざという時に食料が足りなくなることを心配します。すると、自給率を100％にすることが一番安心できるということになります。

　しかしよく考えてみると、自給率100％の場合は、仮に日本が凶作になったときに食料が足りなくなってしまいますから、かえって食料の供給は不安定になる可能性があります。「日本が凶作になったときだけ輸入すればいい」という人が出るかもしれませんが、普段は「日本は食料自給率100％を目指しているので輸入はしません」と言っておいて、困ったときだけ「売ってください」というのはあまりにも自分勝手でしょう。

　要は、「自給率が高いこと」と「食料の安全保障の度合いが高い」ことは必ずしも一対一の関係ではないということです。国産も重要ですが、むしろ自由化を進め、輸入先を多様化しておいたほうが、よほど食料の安全保障になるかもしれません。

　確かに、高校の政治経済の教科書には「日本の農業に関しては、食糧安全保障の見地から食糧自給の必要性が課題となっている」と書いてありますし、多くの人がその点を指摘します。しかし、教科書に書いてあるから、多くの人が言っているから正しいとは限らないのです。TPPをめぐる議論を見ていると改めて「自分の頭で考える」ことの重要性を感じます。

参考文献

　直接投資の最新の動きを知るには、毎年出版されている、日本貿易振興会（ジェトロ）『ジェトロ貿易投資白書』が便利です。

　海外直接投資全般については、第8章であげた国際経済学に関する参考文献を参照してください。

▶▶**課題**

1. 直接投資のデータについても、次々に新しいものが出てきています。本章の記述を新しいデータで確認してみてください。
2. 実際に海外生産をしている企業関係者にヒアリング調査をし、海外進出の動機、問

題点などを調べてみてください。

3．日本の対内直接投資はなぜ増えないのでしょうか。今後他の先進諸国なみに増やして
　いくことは可能なのでしょうか。これは現在進行中の大きな課題で、まだ答えは見
　つかっていません。是非読者の皆さんも考えてください。

財政をめぐる諸問題

財政・金融論議の特殊性

第10章と第11章では、財政と金融を扱います。この財政と金融という分野は、これまで述べてきたような分野とはやや色合いが違います。それは次のような点です。

第1は、政策判断の余地が大きいことです。本書でこれまで扱ってきたような生産、雇用、物価、経常収支などは、いずれも基本的には市場経済において、それぞれの経済主体が自己の利益の最大化を図りながら行動する結果としてその姿が決まってくるものです。これに対して、財政、金融には政策的意図が強く反映されます。「経済学を学ぶ目的は、政策的手段を動員してより良い経済の姿を実現することにある」と考える人々は、こうした財政・金融政策の運営に大きな魅力を見出すのです。

第2は、制度的知識が求められることです。一国の財政・金融の姿は、それぞれ固有の制度の中で決まってきます。予算の仕組み、税制、政府と国会との関係などが財政の姿を決め、中央銀行の仕組み、金融機関の種類と役割分担などが金融の姿を決定づけます。したがって、財政・金融のテキストはかなりのウェイトを割いて、こうした制度的な仕組みを解説しています。

こうした財政・金融分野が持っている特徴点は、大きな魅力でもありますが、逆に注意しなければならない点でもあります。

まず、政策的判断については、「望ましい経済の姿を実現するためには、財政・金融政策はいかにあるべきか」が重要であることは当然ですが、同時に「政策の限界」を認識しておくことも必要です。財政・金融政策がマクロ経済パフォーマンスに影響を及ぼすことは間違いないのですが、財政・金融政策さえ万全で

あれば経済が全てうまく行くわけではありません。財政・金融政策は経済主体が行動する上での基盤的な条件を整備したり、一時的・緊急避難的処置を施すものです。基本的には経済を構成する民間経済主体の行動いかんが経済パフォーマンスを決めるのであり、その結果についても自己責任で対応するというのが市場経済の基本原則です。

　また、制度的要素が強いことは、それが参入障壁として作用するため、議論が専門家内に閉じ込められるという傾向を生みがちです。財政・金融の専門家は、制度的枠組みに守られた独善的な議論に陥らないよう、また財政・金融を取り巻く人々は、過大な政策的期待を持たないよう注意する必要があります。

日本の政府部門の姿

　最初に日本の政府部門全体の姿が、国民経済全体の中でどのように位置づけられるかを、「国民経済計算（GDP 統計）」によって概観しておきましょう。「財政」について登場する経済主体は「政府（または公共部門）」です。政府というと一般には「国の政府」を思い浮かべる人が多いと思いますが、国民経済計算上の政府の範囲はもっと広いものです。

　国民経済計算上の政府は「**一般政府**」と「**公的企業**」に大別されます。一般政府はさらに、「中央政府」（国）、「地方政府」（都道府県、市町村）、「社会保障基金」（健康保険、年金など）に分かれます。公的企業は、国の公社、公団、事業団、独立行政法人、地方の公営企業などであり、一応政府のコントロールは受けるものの基本的には独立の事業体として運営されているものです。

　では、政府はどのような経済活動を営んでいるのでしょうか。まず一般政府は、外交、防衛、警察、福祉などの「政府サービス」を提供しています。また、一般政府、公的企業は、公共事業などを行うことによって社会資本を建設しています。GDP の上では、前者が「**政府最終消費支出**」、後者は「**公的固定資本形成**」と呼ばれます。また額は少ないのですが、公的企業の在庫投資もあります（「公的在庫品増加」）。2018年の場合、政府最終消費支出の名目 GDP に占める比率は19.7％、公的固定資本形成は4.9％、公的在庫品増加は０％です。

　こうした日本の政府部門の姿の特徴を見るために、他の先進諸国と一般政府支出の規模を比較してみたのが**表10-1**です。この表から次のような点を読み取ることができます。

表10-1　一般政府支出の国際比較（名目 GDP 比：%）

年	政府最終消費支出	総固定資本形成	総支出
日　本 2001	17.5	5.4	36.8
2017	19.7	3.7	38.3
アメリカ 2001	14.5	3.7	35.8
2017	14.1	3.2	38.1
イギリス 2001	17.4	1.9	36.5
2017	18.7	2.7	41.0
ドイツ 2001	18.9	2.3	46.8
2017	19.9	2.3	43.9
フランス 2001	22.1	3.9	51.7
2016	23.7	3.4	56.8
スウェーデン 1996	24.9	4.1	52.7
2017	26.1	4.6	49.4

（備考）　1．総支出には、これ以外に年金給付などの移転支出、利払い費
　　　　　　などが含まれる。
　　　　　2．OECD 資料による。

　第1に、経常的な政府活動という面では、日本の政府は比較的「小さな政府」だということが分かります。これは、日本の政府部門は強力だという一般通念からするとやや意外かもしれません。名目 GDP に占める一般政府総支出の比率（2017年）は38.3％です。これはアメリカとほぼ同じで、イギリス、ドイツ、フランス、スウェーデンよりは低いレベルとなっています。第2に、投資活動という面では、日本はかつてはかなり「大きな政府」でしたが、近年その色彩が弱まっています。名目 GDP に占める一般政府の固定資本形成（公共事業）の比率は、2001年には5.4％で主要国中最も高い比率でしたが、17年にはかなり低下しています。財政再建のための歳出削減の中で、2000年代以降2011年度まで約10年にわたり公共投資の減少が続いたためです。

　こうした政府部門の歳入・歳出行動、需要・供給活動をみるのが財政です。以下では、こうした日本の政府部門、財政が直面している三つの課題について考えます。その第1は、短期的な視点からの「財政と景気」という問題であり、第2が、中長期的な観点からの「財政バランス」という問題であり、第3が、長期的な観点からの財政をどう展望するかという問題です。

1　景気対策としての財政の役割

　1980年代以降、先進国では景気安定化のためには財政政策よりも金融政策を重視すべきという考え方が広まりました。日本では現在でも、景気が弱い動きとなると財政政策で対応することがあります[1]。景気対策としての財政政策はどの程度の経済効果をもつのでしょうか。以下ではまず、短期的な景気と財政政策との関係を考える上での重要なポイントである「財政政策の景気刺激効果」について、1990年代以降の日本の経験をもとに考えてみます。

財政政策の効果はあったのか

　バブル崩壊後、日本の景気が低迷を続ける中で、政府は繰り返し財政政策の出動によって景気をテコ入れしようとしました。具体的に見ますと、政府は92年の宮澤内閣の「緊急経済対策」に始まり、2002年小泉内閣の「改革加速プログラム」に至るまで、17回にわたって繰り返し景気対策を取りました。その総事業費の単純合計は実に135.4兆円、うち公共投資が52.3兆円、減税が17.4兆円となっています。こうして景気対策がとられるたびに政府は「この政策によって、成長率は何パーセント引き上げられる」という説明を繰り返してきました。そのたびに繰り返された政府の言い分が正しかったとすると、それによって経済規模は10％以上高められていたことになります。ところが90年代以降の日本経済は先進諸国の中でもっとも低い成長率にとどまっています。結果的に見て、巨額の財政出動は効果があまりなかったと言えそうです。

　しかし、これを実証するのは意外に難しいです。「財政による景気刺激策を実行してきたにもかかわらず、景気が低迷を続けている」からといって「財政政策の効果がなかった」とは必ずしも言えません。財政支出がなければ景気はもっと悪化していたかもしれないからです。

　これは、「何と比較するのが正しいのか」という問題です。普通は「財政出動があった前の経済」と「財政出動があった後の経済」を比較するのですが、正確

1）2012年以降では、2012年11月（野田政権）、安部政権下で2013年に2回、2014年、2016年に経済対策が決定・実施され、2019年にも新たな経済対策が議論されています（2019年11月末時点）。

には「財政出動がなかったらどうなっていたか」と比較しなければならないのです。

　そこで、公共投資（正確には政府固定資本形成）を例にして簡単な計算をしてみましょう。今、特に公共投資が増えた90年代前半（90〜95年度）を考えてみます。この間、公共投資は50.8％、年平均8.6％増加しました。ところがGDP全体はこの間、10.8％（年平均2.1％）の増加にとどまっています。もしこの間の公共投資の増加がなかったとすると、その分GDPの水準が低下しますから、GDPの増加は5.8％（年平均1.1％）にとどまっていたはずです。つまり、公共投資は5年間にわたって年平均1％程度経済成長率を引き上げたという計算になります。結果としての成長率が低かったとしても、公共投資の効果はそれなりにあったということになります。

　しかし、これも厳密な議論だとは言えません。この議論は暗黙のうちに、「公共投資が変化した時に、他の需要項目は不変」という「部分均衡的な」前提を置いているからです。といっても、経済は「実験ができない」という宿命があるので、「公共投資を増やさなかったとした場合の経済」を観察することはできません。こうして、財政政策の効果をめぐる議論は、「効果はなかった」「いや、やらなかったらもっとひどいことになっていた」という堂々巡りになってしまうのです。

計量モデルによる乗数の議論

　ではどうにもならないかというと、計量モデルでシミュレーションをしてみるという方法があります。**計量モデル**は、現実経済を方程式体系で表現した模型です。このモデルを準備しておけば、「公共投資を増やしたときの経済」と「増やさなかったときの経済」を同じ土俵で比較することが出来ますから、公共投資の景気刺激効果を数量的に確かめることが出来ます。これがいわゆる「乗数」の議論です。

　「**乗数**」というのは、1単位の公共投資を増やしたときに、経済全体の変数にどの程度の影響が現れるかをみたもので、公共投資だけでなく、減税、円レート、石油価格、アメリカ景気など**外生変数**（モデルの外から与える変数）であれば、何でも乗数を計算することが出来ます。

　政府が現在使っている乗数は、内閣府経済社会総合研究所のマクロモデルの乗

数です（詳しくは、経済社会総合研究所「短期日本経済マクロ計量モデルの構造と乗数分析」2018年９月を参照）。これによると、公共投資を実質GDPの１％継続的に増加させると、１年目の実質GDPは1.12％増える（つまり乗数は1.12）という結果が得られています。

公共投資は（用地費を除けば）、GDPそのものなのですから、１％だけ公共投資を増やせば、少なくとも１％はGDPが膨らむはずです（ただし実際には輸入分があるので１％まるまる増えるわけではありません）。にもかかわらず１％以上GDPが増えるのは、波及効果のせいです。つまり、公共事業を実施して企業が受け取った所得（一次効果）が、設備投資や消費支出を増やすという二次効果があるので、乗数は１以上になるのです。

しかし、近年では景気対策として財政政策を使うべきではないという議論が有力になっています。それは次のようなものです。

政治的な観点からの議論

まず政治的な観点からは、J. M ブキャナンの議論があります。この議論は、景気が良い時と悪い時の財政が非対称的となりやすいことを強調します。すなわち、景気が悪くなって減税や歳出の増加が要請されるときは賛成が得られやすい反面、歳出削減や増税は賛成が得られにくいという傾向があります。減税は多くの人が喜びますが、増税を喜ぶ人はいません。また公共事業で道が立派になり、かつ仕事が増えるのは歓迎されますが、工事を減らされるのはいやがります。このため、民主主義のプロセスの中で財政政策を景気対策に使おうとすると、どうしても赤字が累積してしまうことになります。

私は、この議論は90年代から2000年代初めの日本に、極めてよく当てはまっていたと思います。90年代以降、小泉政権で歳出カットが行われるまでは、減税、公共投資といった財政赤字を増やす方向での政策は実施されましたが、逆の増税、歳出削減は行われにくかったからです。97年には橋本総理のもとで、消費税の引き上げが行われましたが、97年夏以降のアジア通貨危機、金融危機などのなかで、たちまち減税路線に戻ってしまいました。このため膨大な財政赤字が累増したのです。

また、ブキャナンの議論は特に税制について当てはまるように思われます。最近の消費税増税の２回にわたる延期もその一例です。社会保障制度の機能強化お

よび財政健全化のため、消費税率は2014年4月に5％から8％引き上げられた後、2015年10月に10％に引き上げられることが決まっていました。しかし、8％への引上げ後消費低迷が長引いたことなどから、10％への消費税増税は2度にわたり延期され、当初の予定より4年後の2019年10月にようやく引き上げられました。

　こうした弊害を避けるには、二つの方法があります。一つは、財政運営を恣意的な裁量に任せるのではなく、ルール化することです。例えば、「公共投資や社会保障費の伸びを、名目成長率の範囲内に抑える」「歳出増を伴うような政策を提示する場合は、必ずその財源を明らかにする（別分野での同額の歳出減を義務化する）」といったことです。このようなルールは、海外でもみられており、欧州連合（EU）には「財政赤字の対GDP比を3％以下、債務残高の対GDP比を60％以下にする」というEU財政規律があります。

　もう一つ、財政運営を政治的なプロセスから切り離すことです。例えば、金融政策の独立性が保障されているのは、政治的な思惑が入り込むと、インフレ的な方向に偏りが生じるためです（財政と同じように、金融は緩和しやすいが、引き締めにくい）。2001年に小泉内閣のもとで、党関係者を含めない経済財政諮問会議で予算編成の基本方針を決めることとしたのもそうした工夫の一つと言えるでしょう。

　ただし、これはいずれも「民主的なプロセスは信頼できない」ことを認めるものであり、民主国家としてはあまり誉められたことではありません。民主的なプロセスによりつつ、かつ、バイアスのない財政政策運営が行われるのが理想的であることは言うまでもありません。

　なお、以上のような議論に関連して、「景気が悪いときに財政で景気対策を行い、景気を良くすれば、経済活動が盛んになり、税収が増えるのだから、それで問題はないのではないか」という議論があります。しかし、そんなうまい話はありません。この議論が成立するためには、1単位減税した時（または公共事業を増やした時）、成長率が高くなって、1単位以上に税収が増えることが必要です。これは常識的に言ってもありえないことです。そんなうまい話があるのなら、経済は「減税すればするほど税収が増えて、財政赤字は減る」ということになってしまいます。念のため前述の経済社会総合研究所のモデルで確かめてみますと、GDPの1％公共投資を増やすと、財政バランスは名目GDPの0.5％悪化する（赤字が増える）という結論が得られています。

理論的な観点からの議論

　理論的な観点から財政政策の効果に疑問を呈するものもあります。それは、概ね次の四つのような議論です。

　第1は、資本市場を通じた**クラウディング・アウト**を問題とするものです。例えば、公共投資を行えば、GDP は増えます。しかし、そのためには国債を増発して資金を調達しなければなりません。すると、資本市場で資金の競合が起こり、長期金利が上昇し、民間投資が抑制されることになります。公共投資が増えても、民間投資が減ってしまうわけですから、景気刺激効果はそれだけ相殺されてしまうというわけです。

　第2は、**マンデル＝フレミングの議論**です。これは、前述のクラウディング・アウトの議論を国際的な資本移動が自由な状態で展開させたものです。まず、財政政策の場合を考えましょう。景気刺激のために国債を増発して財政支出を拡大させたとします。すると、長期金利が上昇し、円レートが上昇します。このため、公共投資は増えるものの、輸出が減少し、その分景気刺激効果は小さくなります。次に、金融政策の場合を考えます。金融を緩和して金利が下がると円安になります。すると、金利の低下が国内投資を刺激するのに加えて、輸出の増加がさらに景気を刺激することになります。つまり、自由な国際的資本移動を前提とした世界では、財政政策の効果は制約され、金融政策の効果は増幅されることになります。

　この二つの議論は、理論的にはその通りです。しかし、それが現実の経済の中でどの程度現れるかは、国債の増発によって長期金利がどの程度上昇するかによって異なります。また、拡張的な財政政策（財政支出増、減税など）が用いられたときに、緩和的な金融政策がとられれば金利上昇を抑制する効果が働きます[2]。

　第3は、人々の合理的な反応を仮定した「**リカードの等価定理（中立命題）**」に基づく議論です。これは、仮に公債を発行して公共投資を増やしても、国民が将来の増税を予想すると、増えた所得を消費せず、貯蓄に回してしまうので、効

2）2016年以降は、12章でもみるように、長短金利を日本銀行がコントロールしていますので、拡張的な財政政策を行っても、金利上昇はほとんど抑えられることになります。とはいえ、拡張的財政政策が繰り返されれば2節でみるように財政赤字が深刻化しますので、本当に必要な時にとどめるべきでしょう。

果はないという議論です。この議論が正しいとすると、財政政策は全く効果がないことになります（減税をしても全く消費は増えない）。前述の計量モデルの計算では乗数は「1をやや上回る程度」でしたが、リカードの等価定理が正しいとすると、乗数は「ゼロ」となるのです。つまり、「波及効果が小さい」という話ではなく、「やってもまったく無駄」ということなのです。

　この議論も理論的に否定するのは難しいのですが、経験的に言って「少なくとも国民が完全に合理的だとは言えない」ということは分かります。97年4月の消費税率の引き上げの際の経験があるからです。この時、消費税が引き上げられたことによって、財政バランスの回復が図られたのですから、リカードの等価定理が作用すれば、国民は「将来の増税が回避された」と考えて、「消費を減らさない」はずです。ところが、消費は大きく落ち込んだのです。等価定理は作用しなかったわけです。2014年の消費税率引上げ後も消費は低迷しました。

　もう少し厳密な実証もあります。2000年の「経済白書」では、政府支出を公債発行によって賄った場合と課税によって賄った場合で、貯蓄や消費に与える影響が異なるかどうかを検証しています。もしリカードの等価定理が成り立つのであれば、公債か課税かの違いは、消費には影響せず、貯蓄にのみ影響するはずです。この結果によると、政府の調達手段の違いは、消費に影響を与えるという結論になっており、「中立命題が厳密に成り立つとは言えない」という結果が得られています。ただし、これを、1957〜73年度と74〜98年度に分けて検証してみると、近年では弱いながらも中立命題が成り立ちやすくなっているという結論が得られています。

　これはある意味では説得的です。というのは、リカードの等価定理が成立するかどうかは、国民サイドの認識の問題だとも言えるからです。もし国民が「課税による負担は実感するが、公債の負担は実感しない」「公債による負担は我々の後の世代の問題だから、我々には関係ない」という認識である場合は、この定理は成立しません。しかし、「公債による負担は実感されにくいが、やがては我々自身に返ってくる問題だ」「将来世代の負担だからといって先送りするのは正しくない」という認識が支配的になると、リカードの定理は成立しやすくなるのです。

　第4は、タイミングの問題です。景気対策としての財政政策には、景気の状況を認識するタイムラグ（時間的な遅れ）に加え、政府による政策立案から国会の

承認を経て予算執行に至るまで、あるいはその効果が出て来るまで、一定の時間がかかります。このため、適切なタイミングで機動的な政策対応が常にできるとは限らないのです。

　以上のような点を踏まえて考えますと、財政政策によって景気を刺激しようとする政策は、その副作用にも十分注意して判断するべきだということになるでしょう。

景気と財政をめぐる議論の日本的特徴

　日本では当然のように「景気が悪いから財政面から対策を」と考えられてきましたが、他の先進諸国では景気変動に財政で対処するということはあまり行われていません。この点で、日本は国際標準から乖離していたといえます[3]。財政は長期的に維持可能なバランスを目指し、短期的な景気への対応は、金融政策に委ねるというのが国際常識となっています。

　ただし、2008年のリーマン・ショック後においては、世界金融危機に対応するため、日本は累次にわたる経済対策を策定し財政支出を拡大しましたが、この時は先進各国でも金融政策のみならず財政政策による対応が行われました。これはなぜでしょうか。危機においては民間需要が沈滞し、市場経済に任せておくと、リスクの高まりから需要が必要以上に冷え込んだり、売り上げが急減した企業がそのショックに耐えられず倒産したりします。こうした状況においては、公的部門が一時的に市場の下支えをすることにより、必要以上の経済の落ち込みを回避することが求められるわけです。

　このような政策対応は緊急時のものであり、そうでない場合とは分けて考えることが重要です。また、あくまで緊急的な一時的な措置ですから、危機が落ち着けば、財政政策は通常に戻していくことになります。

2　深刻化する日本の財政赤字

　日本の財政で最大の問題は、財政赤字が大きいことです。それがどんな状況にあるのか、なぜ問題なのかを考えてみます。

3）もっとも、小泉内閣の頃は「改革なくして成長なし」という考えの下、景気よりも構造改革が優先された時期がありました。

表10-2　財政バランスの国際比較（名目 GDP 比）

① 一般政府の財政赤字

	1990	1995	2000	2005	2010	2015	2017
日本	2.2	−4.3	−7.4	−4.4	−9.1	−3.6	−3.0
アメリカ	−5.5	−4.7	0.3	−4.5	−12.6	−4.7	−4.3
OECD 平均	−3.3*	−5.2	−0.8	−2.9	−8.2	−3.1	−2.2

② 一般政府の債務残高

	1990	1995	2000	2005	2010	2015	2017
日本	66	90	131	158	187	217	223
アメリカ	61	69	53	65	95	104	106
OECD 平均	57	72	69	77	97	111	110

③ 一般政府の構造赤字

	1990	1995	2000	2005	2010	2015	2017
日本	0.7	−3.9	−6.5	−4.5	−8.5	−4.0	−3.9
アメリカ	−5.9	−3.9	−0.6	−5.1	−10.3	−3.7	−3.4
OECD 平均	−4.0*	−4.3	−1.5	−3.5	−7.0	−2.1	−1.7

④ 一般政府のプライマリー・バランス

	1990	1995	2000	2005	2010	2015	2017
日本	3.3	−3.2	−6.1	−4.3	−8.6	−3.2	−2.7
アメリカ	−1.1	−0.0	3.4	−1.5	−9.7	−2.2	−1.6
OECD 平均	0.1*	−1.3	1.8	−0.8	−6.1	−1.3	−0.4

（出所）OECD "Economic Outlook", 2019年11月
（備考）＊の値は旧バージョンによるもので他と接続しておらず、参考値。

深刻化する財政事情

　90年代後半から2000年代初まで、日本の財政事情は極端に悪化しました。その後しばらくは財政再建の動きが進展したのですが、リーマン・ショック後再び大幅に悪化しています。

　まずは、フローの財政赤字（名目 GDP 比）を見てみましょう（表10-2 ①）。90年代初頭の日本の財政バランスは黒字であり、先進諸国の中で最も良好な姿で

した。ところが、その後93年に赤字に転じてからは、坂道を駆け落ちるように赤字が拡大し、90年代後半から2005年まで先進諸国中最悪の水準が続きました。世界金融危機によりその直後は各国の財政赤字も大幅に拡大したのですが、危機後は各国が赤字を縮小させていく流れの中で、日本は縮小が遅れ、先進諸国中アメリカに次いで2番目に高い水準となっています。

　このため、これまでの財政赤字の累積であるストックも悪化しています。政府の債務残高のGDP比は（表②）、概ね先進諸国並みのレベルでしたが、90年代を通して上昇を続け、99年にはG7の中で最大となり、2017年の時点では、223%と先進諸国中最も高レベル（OECD加盟国平均の2倍）になっています。

日本の財政バランス悪化の背景

　ではなぜ日本の財政赤字はこれほど急激かつ長期にわたり悪化してしまったのでしょうか。この点を「**構造赤字**」と「**循環赤字**」という概念を使って考えてみましょう。財政バランスが景気変動の影響を強く受けることは間違いありません。景気が悪くなると、税収が減る一方で、失業給付費などの歳出が増えるため、財政バランスは悪化します。景気が良くなると、逆のメカニズムが働いて、財政バランスは好転します。現実の財政バランスの変動のうち、こうした景気変動に対応する部分が「循環赤字」です。

　実際の赤字のうち「循環赤字」以外の部分が「構造赤字」です。「構造赤字」というと、その名前からして「制度的に決まっており、短期的には変化しない赤字（例えば医療費・年金など）」だと考えたくなりますが、そればかりではありません。例えば、景気が悪くなったので公共投資を増やしたり、減税をしたりすると、これは「循環赤字ではない赤字」ですから「構造赤字」となります。「構造赤字」というよりは「裁量赤字」と呼んだほうがいいかもしれません。構造赤字として示される赤字は、私たちが自らの意思で裁量的に増やした赤字を示しているからです。

　この循環赤字を計算するには、経済が潜在成長率に沿った経路で推移した場合の歳入と歳出を計算しなければならず、それほど簡単ではありませんが、幸いOECDが主要国の構造赤字を計算してくれています。表10-2③がそれです。これを見ると次のようなことが分かります。

　まず、2017年の財政赤字（GDP比）3.0%であるのに対し構造赤字が3.9%で

す。つまり、循環赤字はむしろプラスということです。それ以外の年をみると低い年でも8割程度は構造赤字なのです。また、日本では、95年の4.3％の赤字から、2010年の9.1％の赤字へと財政バランスが4.8ポイント悪化しましたが、この悪化のうち4.6ポイントは構造赤字の増大によるものだったということも分かります。

　これは大変重要な点です。多くの人は、「これまではこれだけ景気が悪かったのだから、財政赤字が拡大するのもやむをえなかった。今後景気が良くなれば、財政赤字はかなり減るはずだ」と考えているのかもしれませんが、そううまくは行かないのです。循環赤字は少ないのですから、景気が多少良くなっても財政赤字は大して減らないのです。

　これは考えてみれば当然のことだとも言えます。私たちは景気の悪化に対処するため、減税を行い、歳出を増やしてきました。これは、政策的に増やそうとして増やした赤字です。政策的に増やした赤字は、政策的に減らすしかないということなのです。もし、政策的に増やした赤字が、景気の拡大によって帳消しになるのであれば、政策的な赤字を誰も負担しないで済むという手品のようなことが実現してしまうことになります。

　こういう議論をすると、「アメリカは、90年代に景気拡大が続いた結果、あれほど大きかった財政赤字が消え、90年代末には財政は黒字になったではないか」という反論が出るかもしれません。しかしこの議論は誤りです。アメリカの財政赤字が90年代に大幅に減少したのは、景気が良かったというよりも、政策的努力（軍事費の削減、93年の包括財政調整法（OBRA93）等法律に基づく歳出の抑制など）によって構造的な財政赤字を減らしたからなのです。世界金融危機後もアメリカの財政赤字（GDP比）は2010年の12.6％の大幅赤字から2017年には4.3％に減少していますが、8.3ポイントの改善のうち、6.9ポイントは歳出削減などによる構造収支の改善によることがわかります。

　さらに構造赤字拡大のもうひとつの大きな要因として、90年代以降の社会保障費の増加があります。政策的な判断により、財政支出のうち社会保障関係費の増大が続いています。これについては第13章でより詳しく説明します。

財政赤字はなぜ問題か

　では財政赤字が続き政府債務残高が巨額に達したことはなぜ問題なのか考えて

みましょう。この点については、赤字の分は、それを返済しなければならない将来世代が大きな負担を負うことになるのだから、赤字が望ましくないのは当然だというのが常識的な考えでしょう。例えば、2019年度の国の財政状況を家計にたとえると、「年収（税収）688万円の家計が、235万円を借金の返済（国債費）にとられているので手元に残る使えるお金は453万円となる。一方で、田舎への仕送り（地方交付税交付金）160万円を含め、この家計は780万円を支出している。このために、327万円借金をしている（国債を出している）。こうした状態が続いてきたため、この家計の借金の残高（国債残高）は8970万円となっている。」となります（数値は財務省資料を参考に作成）。

　この議論は、「分かりやすい」という大きなメリットがあるのですが、経済学的には、国民経済的な財政赤字を家計にたとえるのは不適当だとされています。それは、国家の場合は、赤字が国内でファイナンスされている限りは、国民が国民から借金をしているだけなので、国民全体が負担を背負い込むことにはならないからです（海外からの借金の場合は、将来国民全体が働いて借金を返済しなければならないので、国民全体の負担になります）。一方で国債という負債が増えても、それを保有する国民の資産も増えているので、帳消しになると言ってもいいでしょう。

　また、フローの実物経済を考えた時、現世代が享受する経済的果実は、現世代が生産するものでしかありえないのですから、赤字の負担が将来に転嫁されることはないとも言えます。まだ働いていない将来の世代が、現世代の人々に財貨・サービスを提供してくれることはあり得ないからです。

　こうしていろいろ理屈を並べていくと、議論は簡単ではないことが分かります。しかしそれでも、「財政赤字を中長期的にも気にしないで良い」とまで言い切るエコノミストはいないでしょう。むしろOECD、IMFなどの国際的な議論の場では「中期的に財政のバランスを維持可能なレベルに保つ」ことの重要性が強調されています。ではなぜ財政赤字は問題なのでしょうか。

　これには四つの理由が考えられます。一つは、財政赤字は負の貯蓄であり、生産的な投資と競合することです。

　国内で形成された貯蓄を国債の発行によって吸い上げてしまえば、その分国内の他の分野への投資または海外への投資は減らざるを得ません。この時、国債に基づいて実施される財政支出と、それによって排除された投資のどちらが生産的

かという比較の問題になります。その答えは一概には言えませんが、財政支出の
うちの経常的経費（いわゆる「赤字国債」の部分）はストックとして残らない非
生産的な支出としての色彩が強いでしょう。社会資本として使われる場合は、必
ずしも非生産的だとはいえませんが、それによって国内の民間投資が排除される
場合は、生産的な民間資本の蓄積スピードが落ちることになりますから、やはり
経済にはマイナスとなります。

　この貯蓄の奪い合いは、結局は金利によって調整されるはずです。財政赤字が
増えれば、いずれは実質金利が上昇して、他の投資を排除するのです。金融関係
者が財政赤字の増大を気にするのはこのためです。市場が財政赤字をサステイナ
ブル（維持可能）だと判断している間は、金利が急上昇することはありませんが、
その判断が急激に変化すると（市場の判断は往々にして急激に変化するもので
す）、金利が急上昇し、経済を混乱させる恐れがあります。そこで、コントロー
ル可能な範囲に財政赤字を封じ込めておくことが必要となるのです。

財政赤字のサステナビリティ（持続可能性）

　財政赤字が問題となる第2の理由は、条件次第では、財政赤字が経済規模に比
べて無限に発散する可能性があることです。財政赤字が無限に発散していくと、
歳入のほとんどを国債の利払いに当てなければならなくなり、財政そのものの機
能が果たせなくなってしまいます。「そんなことがありうるのか」と思われるか
もしれませんが、現在の日本の財政はまさに発散しつつあるのです。今の時点だ
けを見れば何とかなっているようですが、その姿を維持することは不可能、つま
りサステナビリティがないということなのです。

　「財政赤字が発散するかどうか」を考える一つの目安は、公債残高のGDP比
率が無限に拡大していくような状態になっているかどうかです。これは、二つの
要素で決まります。一つは、プライマリー・バランスの状態であり、もう一つは
名目成長率と長期金利の相対関係です。

　プライマリー・バランス（基礎的財政収支）というのは、歳出から国債費を除
き、歳入から公債金を除いたもので、これが赤字であると、新たな国債が増える
ことになります。つまり、

$$歳出＝国債費（A）＋一般歳出及び地方交付税交付金（B）$$

図10-1　プライマリー・バランスの見方

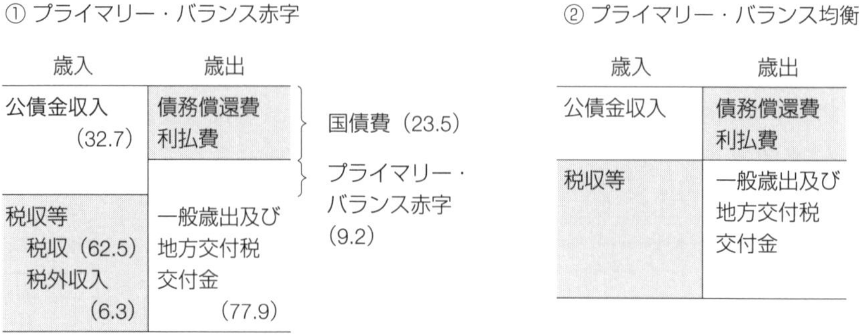

① プライマリー・バランス赤字　　　　　　　② プライマリー・バランス均衡

（備考）括弧内は2019年度一般会計当初予算の数値、兆円。

$$歳入 = 公債金収入（C）＋税収等（D）$$

とすると、

$$プライマリー・バランス = D － B$$

です。また、歳出と歳入は等しいのですから、

$$プライマリー・バランス = A － C$$

と考えても同じです（**図10-1**）。最近では B の部分を基礎的財政収支対象経費と呼ぶようになっています。

　プライマリー・バランスが均衡しているということは、現時点での財政ニーズ（一般歳出等）を現時点で得られる税収で賄っているということですから、「今後新たな国債発行はない」「将来の世代につけを回さない」状態だと考えることもできます。

　プライマリー・バランスが均衡しており、名目成長率と長期金利が等しい場合、公債残高の GDP 比は、一定水準に収斂し、発散することはありません。分子の公債残高は、金利分だけ増加する一方、分母の GDP は名目成長率で増加するからです。あとはこれらの変数の組み合わせ次第ですが、名目成長率が金利を上回っていれば、公債残高の GDP 比は低下します。

　では日本の現状はどうでしょうか。ここでも OECD が主要国の一般政府ベー

スでのプライマリー・バランスを計算してくれていますので、これを見ることにしましょう（表10-2④）。これによりますと、2017年の日本のプライマリー・バランス（名目GDP比）は、2.7％の赤字となっています。2017年の名目成長率は1.9％、長期金利は0.05％でした。プライマリー・バランスの赤字が縮小し、名目成長率が長期金利を大きく上回ったので、2017年については日本の財政は維持可能性（サステナビリティ）の道筋になんとか乗っていたといえます。ところが、2018年には名目GDP成長率は0.2％に低下し、長期金利は0.07％でしたので、プライマリー・バランスの赤字が0.3％程度まで大幅に縮小しない限り持続性は維持できないのです。残念ですが0.3％まで低下した可能性は低いでしょう。そのまま推移すれば公債残高は再び無限に拡大していくことになるのです。

　第三に、**財政硬直化**です。もともと日本では、成長率の低下にしたがい予算の新規の獲得が難しくなっていました。成長率が低くなると、税収総額が増えにくくなりますので歳出総額をそれほど増やすことができません。そうなると、何かを新たに増やすためには別の何かを減らさねばならないという状況になります。しかし、減らすというのは容易ではないので、結局歳出構造はあまり変わらなくなるわけです。また、債務が増えれば毎年の利払い費（国債費）が増加します。とすると、税収が増えないと利払い費を除いた歳出額は減少してしまいます。ますます新規の予算の余裕がなくなり、財政が硬直化していくというわけです。

　第四に、財政赤字の要因として利払い費や社会保障関係費が増えてくると、財政赤字の水準（規模）の問題に加え、**世代間の不公平**の視点も無視できなくなります。これについては、第12章と13章でより詳しく考えます。

　以上述べてきたような財政赤字をめぐる議論は、結局は「国民、政府、議会の理性をどの程度信頼するか」という問題だとも言えそうです。①不況期に赤字が増えても、好況期の税収の増加によって中期的な財政バランスが保たれ、②民間資本に負けないような効率的な社会資本投資だけが実行され、③社会保障の受給と負担のバランスも長期的に維持され、④財政赤字が発散することのないようなレベルに維持されていれば、財政赤字の存在を気にする必要はないでしょう。しかし、①歳出の増加は歓迎されるが、税を喜んで納める人は少なく、②市場メカニズムの作用しない分野では、よほど注意しないと非効率な分野への投資が増えがちであり、③社会保障の恩恵は受けたいが負担は避けたいと思い、④現在問題が起きていなければサステナビリティは気にしない人が多いというのが現実です。

だとすれば、やはり、財政バランスの状態に常に注意を喚起し続けることは重要なことだといえるでしょう。

3　財政健全化への道

これまで、日本の財政が維持不可能なほどの大赤字を抱えていることを見てきました。もちろん、政府は**財政再建**（最近は**財政健全化**ともいいます）のための努力を続けています。最後に、近年の財政再建への動きを概観しておきましょう。

財政破綻リスクをどう考えるか

日本の政府債務残高は先進国で最も高レベルになっており、サステナビリティがない状況にあるということを見てきました。2015年9月には、アメリカの大手格付け会社スタンダード＆プアーズが日本の国債格付けを AA⁻から A⁺へと一段階引き下げました。その後も引き上げはないままで、アメリカの AA⁺、ドイツ AAA、英仏 AA よりも低い評価です。

一方で、「政府は資産も保有しているから、純資産でみればそれほど悪くない」という見方をする人もあります。私はそれには賛同しません。資産といっても、株式等の金融資産などであれば確かに何かあれば手放すことも容易でしょうが、売れない資産もあるからです。

政府のバランスシートはどうなっているかを、2011年の「経済財政白書」の試算をもとにみてみましょう。それによると、2009年度末時点で一般政府の資産986兆円（金融資産516兆円、非金融資産470兆円）に対し、負債は1231兆円であり、政府はネットでみても赤字（債務超過）となっています。売却できる資産があれば売却することも債務削減の役には立ちますが、たとえ資産を全て手放しても赤字ということです。その後の白書では同様の数値を試算・公表していないようなのですが、地方公共団体などを含まない国に限定すれば、財務省が「国の財務書類」を毎年公表するようになっています。これをみると、国の資産は、独立行政法人なども含めた連結ベースで2017年度末に1001兆円であったのに対し、負債は1493兆円で、492兆円の負債超過となっています。これを2009年度末と比較すると、資産778兆円、負債1135兆円で負債超過357兆円から拡大しています。

では、日本の**財政破綻**のリスクは高いのでしょうか。リーマン・ショック後、

各国の財政赤字が拡大する中、ギリシャ、アイルランドなどでは財政破綻（国債のデフォルト）リスクが顕在化し、欧州財政危機（または欧州債務危機）といわれました。しかし、政府の債務残高のGDP比は、ギリシャですら180％程度であり、日本はそれを上回っています。

　この点を考えるには少なくとも二つの点が重要です。第1に、ギリシャやアイルランドなどは、ユーロ通貨に加入している国だということです。ユーロ各国は共通通貨を採用しており、金融政策も共通で、金融機関はユーロ各国の国債を保有していますから、ある国がもし財政破綻したらその国の問題となるだけでなく、ユーロ全体に影響を及ぼします。欧州の財政危機はそれもあって当初から世界の関心を呼んだのです。

　第2の点は、国債を誰が保有しているかという点です。ギリシャ、アイルランドなどでは、国債の外国保有比率が70％程度と高くなっていました。大勢の外国投資家が財政破綻によるリスクを避けて国債を売れば、国債の暴落につながっていきます。

　では、日本はどうでしょうか。第1の点は関係ないでしょう。第2の点は、日本は経常収支黒字国であり、国債の多くを国内で保有しています。このため、財政破綻リスクが顕在化しにくい構造となっています[4]。

財政の再建はできるのか

　今後の財政を考える時、まず重要なことは、前述のようなサステナビリティを欠いた財政赤字の状況から脱却することでしょう。そのためには何と言っても、まずはプライマリー・バランス（基礎的財政収支）をゼロにしなければなりません。プライマリー・バランスを均衡させるには、基本的には歳出を削るか、歳入を増やすしかありません。しかし、歳入を増やすということは増税するというこ

4）簡単な例として、日本国債がすべて海外投資家に保有されている場合を考えてみましょう。財政収支改善のための増税負担が大きいことがわかると、日本国債を保有していない日本の税負担者は、増税（財政再建）よりむしろ破綻を望むかもしれません。一方、国債が国内投資家に保有されている場合、国債を保有している税負担者（国内投資家）は、破綻したら損失を被りますので、財政再建を望むと考えられます。したがって、国債が国内投資家により保有されている場合は、破綻よりも財政再建が支持されやすくなるわけです。

　ただし、破綻すると今後日本の国債に対する信用は落ちますので、長期的には望ましいとはいえません。実際、戦後G7各国で財政危機に直面しても、破綻した国はありません。

とですから、簡単に国民の支持を得ることはできません。とはいえ、社会保障費の増加もありますから、「全てを歳出削減でというのは無理だろう」と誰もが考えているのではないでしょうか。結局「歳出をできるだけ削って、増税はなるべく小さめに」というのが多くの国民の気持ちでしょう。

　これは内閣府経済社会総合研究所の調査でも確認できます。多くの国民は日本が現状よりもさらに福祉国家になることが望ましいと考えているのですが、一方で、国民負担の今後の引上げについては、「国民負担の引上げは最小限にとどめるべきで、可能な限りの無駄な支出を削減してから引上げを議論すべき」と考える人が半数を超えているのです[5]。国民の正直な気持ちが現れているといえるのではないでしょうか。もっとも、同じ質問に対し、学者やエコノミストは「国民の負担増が不可避」という回答を選んだ人が半数を超えています。国民に日本経済の実態や先行きをより理解してもらうことが重要といえるでしょう。

　では、政府は財政の持続可能性のためどのような政策運営を行っているのでしょうか。

　2006年7月に決定された「経済財政運営と構造改革に関する基本方針（いわゆる**骨太の方針**）」では、2011年までの5年間でプライマリー・バランスを黒字化するために必要とされる改善額のうち、歳出カットで7〜8割程度、歳入増加で2〜3割程度を賄うという方針が示されました（**歳出・歳入一体改革**）。景気回復にも助けられ2005年以降財政赤字の名目GDP比は縮小し、債務残高の名目GDP比もやや改善に向かいました。しかし、アメリカの景気減速やリーマン・ショック後の世界金融危機に対応するため、2008年になると再び拡張的な財政政策がとられ、この方針は軌道修正されました。

　2012年末に発足した安倍内閣は、2013年6月の骨太の方針2013で、プライマリー・バランスのGDP比を①2010年度（6.6％）に比べ2015年度までに半減、②2020年度までに黒字化、③その後の債務残高対GDP比の安定的な引き下げを目指すとする「**財政健全化目標**」を決定しました[6]。同年8月には「当面の財政健

5）梅田正徳・川本琢磨・堀雅博「日本経済と経済政策に係る国民一般および専門家の認識と背景に関する調査について—調査の概要と簡易集計結果の紹介」『経済分析』第197号、2018年。

6）2012年2月には民主党政権のもと「社会保障・税一体改革大綱」が閣議決定され、消費税率引き上げという政府の方針が決まりました。これについては、社会保障と関連するので第13章で説明してあります。

図10-2　国・地方の基礎的財政収支（対GDP比）

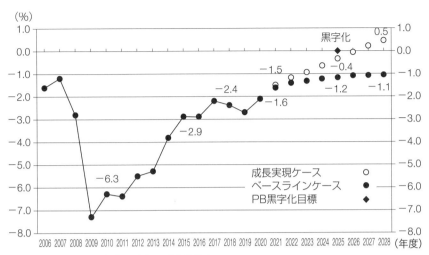

（注）復旧・復興対策の経費及び財源の金額を除く。
（出所）内閣府「中長期の経済財政に関する試算」（2019年7月31日経済財政諮問会議提出資料）

全化に向けた取り組み等について─中期財政計画」も公表されました。この骨太
の方針や中期財政計画においては、日本経済の将来の中長期的展望についても検
討を行っているのですが、今後10年間の平均として、実質GDP成長率1％程度、
物価上昇率2％程度、名目GDP成長率3％程度を目指すとされています。日本
経済は20年にわたり平均の実質GDP、名目GDP成長率がともに1％程度ですか
ら、決して容易とはいえない目標値です。

　2015年の骨太の方針では、「経済・財政一体改革」（**経済財政再生計画**）を断行
するとし、「デフレ脱却・経済再生」「歳出改革」「歳入改革」を3本の柱として
推進するとしました。社会保障関係費を歳出改革の重点分野とし、その伸びを年
間5000億円増程度に抑制する（3年間で1.5兆円）という数値指標が示されまし
た。歳出の伸びの中心は社会保障関連ですので、社会保障関係費の歳出抑制の考
え方を数値で示したことは評価できます。

　しかし、財政健全化に遅れが見られたことから、「骨太の方針2018」（**新経済財
政再生計画**）において、プライマリー・バランスの黒字化目標は2025年度へと5
年間先送りされました。「3本柱」は引き続き掲げているのですが、社会保障費

については効率化に触れるにとどまり、歳出改革としての増額を一定規模以下に
とどめるための数値設定は消えてしまいました。

　このような政府の財政運営により、どのような見通しが立つのでしょうか。内
閣府の試算「中長期の経済財政に関する試算」（2019年7月公表）によると、「成
長実現ケース」でも2025年度のプライマリー・バランスは0.4%赤字となってい
ます。目標達成のためには一層の収支改善努力が必要ということがわかります
（図10-2）。

財政再建と経済成長

　ところで、たとえプライマリー・バランスが黒字になったとしても、黒字を継
続することが重要です。つまり、プライマリー・バランスの均衡は財政再建の第
一歩に過ぎないということです。前述のように、プライマリー・バランスが均衡
し、かつ名目成長率と名目金利が同じであれば、債務残高の名目GDP比は横ば
いになります。しかし、横ばいで良いとはいえません。日本の債務残高の名目
GDP比は、国際的に見ても格段に高いからです。また、名目成長率と名目金利
が一致する保障はありませんから、仮に金利のほうが成長率よりも高くなったと
すると、プライマリー・バランスが均衡しても、債務残高のGDP比は上昇して
しまうことになります。したがって、たとえば増税により一時的に赤字が縮小し
ても、それにより経済が大きく低迷し、税収が減るというような状況を招くこと
は避ける必要があります。

　いいかえれば、経済成長を維持しつつ財政を健全化していくことが重要です。
2014年の「経済財政白書」では、経済成長と両立する財政健全化策として、歳出
面では年金開始年齢の引き上げや雇用促進策の拡充など、労働供給増加や労働生
産性改善が期待できる施策を、歳入面では所得税や法人税の課税ベースの拡大を
指摘しています。

法人税率の引き下げはなぜ必要なのか

　アベノミクスの成長戦略の一つとして、法人税率が引き下げられました。財政
赤字拡大が続き、消費税は増税するのに、逆に法人税は減税するというのは不思
議な気がします。どうしてでしょうか。

　これについては2つの点を挙げることができます。第1は、国際的な法人税引

き下げ競争の結果、日本の法人税が国際的にみて高くなってしまったことがあります。経済のグローバル化が進み資本移動も自由になったため、旧東欧諸国などでは法人税率を引き下げて自国に企業を招き入れようとしたため、それに対抗するために先進国でも法人税率を引き下げて流出を防ごうとする動きが起こりました。こうして、各国で法人税が引き下げられていきました。この間、日本の法人税も引き下げられたのですが、海外諸国の引き下げの動きの方が速いのです。

　第2に、実際に法人税を引き下げた欧州諸国を対象とした分析によると、法人税を引き下げたからといって法人税収が減るとは限らないということです。これは「法人税のパラドックス」とも呼ばれています。その理由としては、①税率の引き下げと同時に課税ベースの拡大が行われたこと、②個人（勤労所得）から法人へのシフト（いわゆる法人成り、個人事業者だった人が法人を設立すれば、こんどは法人税を払うことになります）、③減税により経済の活性化等を通じ成長が促されること、などがあげられています。①はある意味増税とのセットということですし、②はたとえ法人税収が増えても他の税収が減っていることが考えられます。一方で、③の効果がもし大きいとすれば、法人税引き下げはまさに成長戦略としてふさわしい手段といえるでしょう。

　残念ながら、今のところ、「法人税のパラドックス」は日本では確認されないといわれています。とはいえ、経済のグローバル化が進む中、法人税率も世界の動向を常に視野に入れながら考えていかねばならない時代になっているのです。法人税率は2012年以降段階的に引き下げられ、法人実効税率は39.54％から16年度に29.74％まで低下しました。これは米英よりは依然高いのですが、ドイツとほぼ同じ水準です。一方で、税収を確保するため課税ベースは拡大されていますが、賃金などについては配慮することとなっています。企業収益の改善ともあいまって法人税収は2010年度以降緩やかに増加しており、税率引き下げが設備投資や賃金引き上げに向かうことが期待されています。

実効性のある財政ルールとは

　ユーロ各国では財政赤字についてルールがあったにもかかわらず、ギリシャでは財政危機を招きました。当たり前のことですが、ルールが存在しているだけでは財政赤字の基準が守られるとは限りません。ルールも重要ですが、その運営が重要です。また、あまり厳し過ぎて守れないルールを作っても実効性はありませ

ん。では、どのような財政ルールが有効なのでしょうか。

　第1に、明確な数値目標があるということです。また、数値目標は、堅実な予測に基づくものが求められます。例えば、1980年代にアメリカのグラム＝ラドマン＝ホリングス法は、財政収支均衡を目指しましたが、財政収支予測が楽観的であったことなどから、赤字削減に失敗したと言われています。きちんとした中長期的な経済予測のもとに財政収支目標を作ることが必要です。その際、国民にもわかりやすく説明し**説明責任**を果たすことが重要です。

　第2にルールの実効性の確保（規律づけ）です。望ましいルールを作ってもそれが守られなければ意味がありません。そのためには、**財政の透明性**を確保することも役立つと言われています。何にお金が使われているかが解れば、ルール違反も難しくなります。もちろん、事後的な確認も重要です。

　第3に、数値目標は明確である一方で景気変動に対しては一定の柔軟性も認めた方がむしろ実効性が高まる面があります。景気が悪くなればどうしても財政収支は悪化します。したがって、財政収支も景気による変動分を考慮したルールにするという工夫が求められます。これは既にユーロなどで採用されています。ただし、あまりルールを緩めることになってしまっては本末転倒ですから、両者のバランスが重要です。

参考文献

　財政の仕組みや財政政策、政府・公共部門の役割を論じたものとしては、

土居丈朗（2017）『入門　財政学』（日本評論社）

佐藤主光（2017）『公共経済学　15講』（新世社）

があります。

　毎年の財政の状況を確認するには、財務省のHPの他、毎年発刊される

『図説　日本の財政』（財経詳報社）

が便利です。

　近年の財政の姿と問題を論じたものとしては、

井堀利宏（2016）『消費増税は、なぜ経済学的に正しいのか』（ダイヤモンド社）

土居丈朗編（2012）『日本の財政をどう立て直すか』（日本経済新聞社）

田中秀明（2013）『日本の財政　再建の道筋と予算制度』（中公新書）

小黒一正（2014）『財政危機の深層』（NHK出版新書）

があります。

▶▶課題

1．「財政政策を行わなかったらもっと景気は悪くなっていたかもしれないから、政策の効果は不明」というタイプの議論は経済でしばしば登場します。自分なりの例を考えて「経済は実験ができないから簡単に結論を出すことはできない」ということを説明してください。

2．内閣府のホームページから計量モデルの乗数を探すことができます。この乗数を使うと、簡単に「石油価格が上がると日本経済の成長はどうなる」「消費税を上げると物価はどの程度上がる」といった計算をすることができます。やってみてください。

3．表10-2の数値、および文章内で紹介した名目金利および名目成長率を用いて、2017年の日本経済はどうして財政のサステナビリティ（持続可能性）があったといえるのか、計算してみましょう。また最近の統計をみて現在はどうかを確認してみましょう。（ヒント：債務残高GDP比は、昨年の債務残高GDP比と長期利子率、成長率、およびプライマリー・バランスGDP比から求めることができますので、プライマリー・バランスGDP比が、昨年に比べこの債務残高GDP比を拡大させてしまう値である場合持続可能性があるとはいえないことになります。）

4．1980年代のデンマークとアイルランドでは、財政再建と経済成長が同時に達成されました。これについて、当時の経済状況下では「非ケインズ効果」が働いたからという指摘があります。非ケインズ効果とは何か、調べてみましょう。

5．財政再建の問題は当分の間日本経済の大問題であり続けることは間違いありません。本書の叙述後の財政再建がどう推移するのかを是非追跡してみてください。

第11章 | 経済の鍵を握る金融

現代の日本経済を考える上で、金融を理解することが重要となっています。80年代半ば以降のバブルの生成と崩壊、97年のアジア通貨危機、2008年秋以降の世界金融危機など、過去30年の間に日本経済で起こったこれらの大きな出来事は、全て金融部門と深く関わっています。一方で、物価安定を担う金融政策運営は、デフレーションやゼロ金利という新たな課題に直面しています。

金融をどう理解するか

金融という分野は、一般の人々にはなかなか馴染みにくい分野です。難しい専門用語が飛び交い、いろいろな制度的な仕組みが複雑に入り組んでいます。筆者は、一見して難しく見える金融問題を分かりやすく考えるための一つのポイントは、「普通の産業と同じだ」と考えることだと思っています。もちろん、後で述べるように、他の産業と決定的に違う点もあるのですが、例えば、次のような点は、他の産業と同じだと考えれば理解が早いように思われます。

第1に、「金融」という活動は、どうも「積極的に価値を生み出していない」産業だという、あまり良くないイメージがあります。金融というものは、モノ作りのように、実体的に価値のあるものを作り出しているわけではなく、他人の金を右から左に動かしているだけだ、と考えられがちだからでしょう。また、債券、株式、為替のディーリングなどに象徴される金融取引は、要すれば投機であり、誰かが損をしないと利益は出ない（ゼロ・サム・ゲーム）というイメージもあるようです。

しかし、こうした考えは間違いです。金融活動は資金の仲介、決済サービスという付加価値を生み出している産業であり、その点ではモノの取引を仲介している卸小売業と全く同じだと言えます。ディーリング活動も、リスクの分散、ヘッ

ジといったサービスを提供し、経済活動の効率化に寄与しているのです[1]）。

　第2に、先物、オプション、スワップなどのデリバティブに象徴される金融新商品は、その仕組が難しいこともあって、何となくうさん臭いものと受け取られる場合もあります。しかしこれらは、金融面での技術革新です。製造業におけるナノ・テクノロジー、バイオ・テクノロジーなどの技術革新について、私たちはその中身を十分理解することはできませんが、それが経済全体、企業、消費者双方にメリットをもたらすものだということは良く分かります。金融面での技術革新も同じです。私たちがその仕組みを理解しなくても、それは、経済全体にプラスとなるのです。

　第3に、景気対策として金利を引き下げたりすると、必ず「年金・金利で生活している高齢者の立場をどう考えるか」という議論が出てきます。これを「景気対策と福祉政策の矛盾」と捉えたりすると話が複雑になりますが、筆者は、これも、金融を普通の財の生産と同じだと考えればいいと思います。一般の財・サービスの場合、生産者は自分が作った生産物をなるべく高く売ろうとし、需要者は安く買おうとします。金融の場合は、預金主体が資金の供給者であり、借り手が需要者です。したがって預金者側が出来るだけ高い価格（金利）を望むのは当然です。しかし一般の財貨・サービスの場合、高齢者向けだからといって特別安い価格は付けないのと同様に、金利面で高齢者に配慮すべき理由はないと思います（高齢者の立場を考えるのは社会福祉政策が分担すべきものであり、金融政策で高齢者に配慮するのは政策割当上疑問だという趣旨で、高齢者のことを無視してよいと言っているわけではありませんので、念のため）。

　第4に、「金融の国際競争力」という議論を始めると、多くの人が、当然のように「日本の金融機関が日本の資金を仲介すべきだ」と言います。その理由としては「日本は一大貯蓄供給国だから」「効率的な金融の存在は経済全体にとって基本的に重要なことだから」などが挙げられます。しかし、一般の財・サービスについて「消費量が多いから」「必需品だから」日本で製造すべきだと言う人はいません。金融についても、基本的には金融サービスを輸入して（外国の銀行が日本国内で金融サービスを提供して）悪い理由は見当たらないように思われます。

　こうした理解が正しいとすれば、一般の産業と同様、金融業においても、参

1）ディーリングによって所得を得ている人々、金融機関が存在することはその何よりの証明です。ゼロ・サムであれば、プラスの所得を生み出し続けることは出来ないはずです。

入・退出も自由、企業間の競争も自由、消費者の選択も自由、結果は自己責任で良いということになります。このように、金融活動も他の製造業、サービス業と同じであると考えた方が、ものごとの理解がすっきりすると筆者は考えています。

ただ、金融には一つだけ、普通の財・サービスにはない特殊な側面があります。それは、金融システムは本質的に経済主体間の「信用」をベースに成立しているため、その信用が失われると、システム自体が成立しなくなるという潜在的な危険性を持っていることです。仮に、一部の銀行が破綻して、多くの人が不安になって銀行から預金を引き出そうとすると、どんな健全な銀行でも破綻してしまいます。すると、金融システムそのものが機能しなくなり、経済活動全体に被害が及びます。「リーマン・ショック」後の世界金融危機では、市場型システミックリスクと呼ばれる現象（市場参加者の行動が合成されて予期しない形でリスクが一挙に増幅すること。システミックリスクは危機連鎖という意味です）も起こりました。こうした事態を防ぐためには、金融活動については特に、公的な監視、規制が必要だということになります。

この一般性と特殊性のどちらにどの程度重点を置くかによって、金融に対する議論の方向は大きく異なってくるのです。

資金循環表で見る金融の姿

個別の議論に入る前に、日本全体の金融の姿を概観しておきましょう。

金融の基本的な役割は、「資金余剰主体からの資金の供給」と「資金不足主体の資金の需要」を結びつけることにあります（金融仲介機能）。その価格が金利であり、金利が需給を調節することにより、事後的には資金余剰と資金不足の総量は必ず一致します。価格と在庫が需給を調節することによって、財貨・サービスの需要と供給が事後的には必ず一致するのと同じです。

こうした一国全体の金融の状況をみるのが「**資金循環表**」です。これにはある期間（例えば1年間）における部門別の資金の流れを示す「金融取引表」と、ある時点（各四半期末）における部門別の金融資産、負債の残高を示す「金融資産、負債残高表」とがあります。実体経済の動きが基本的にはGDP統計に現われるように、金融面の動きはほとんどすべてこの資金循環勘定に現われます。図11-1は、2019年6月時点での残高を見たものです。

例えば、日本の家計部門は、1860兆円の資産を保有しており、325兆円の負債

（住宅ローンなど）を保有しています。家計部門はネットで、大幅な資産超過であり、経済全体に資金を提供していることが分かります。この家計部門の資産保有額の数字は、「1860兆円もの家計資産をいかに活用するかが重要だ」といった具合に、経済の議論にしばしば登場する数字です。「日本の強さはこの巨額の家計部門の金融資産だ」という人もいます。

　しかし、筆者はこの議論は、マクロとミクロを混同した議論で、間違いだと考えています。ミクロの家計で考えれば、巨額の金融資産を持っていることは確かに強みです。いざとなればその金融資産を取り崩すことができるからです。しかし、マクロではそれが強みだとは言えません。例えば、家計の代表的な金融資産は銀行預金ですが、その同額は金融機関の負債となっています。それはまた企業への貸し出し（金融機関の資産で企業の負債）や国債の保有（金融機関の資産で政府の負債）となって使われているはずです。したがって、家計の金融資産をマクロ的に「活用する」ためには、現在の貸し出しを回収したり国債を売却しなければならないことになります。家計の金融資産を通常の資源と同じように考えるのは間違いだということが分かります。

　さて、この資金循環表から読み取ることのできる日本の金融の特徴は次のような点です。

　第1は、日本の家計資産が安全資産に偏っているということです。2019年6月の場合、1860兆円の金融資産のうち、現金・預金、保険などの安全資産の比率は82%となっていますが、これは国際的に見てもかなり高い比率です。日本銀行「資金循環の日米欧比較」（2019年9月）によって、家計の資産構成をアメリカと比較してみましょう。日本では、現金・預金、保険・年金準備金といった安全資産のシェアが82%ですが、アメリカは45%に過ぎません。ユーロ圏でも68%です。一方、債券、株式、投資信託などのリスク資産のシェアは、日本が15%ですが、アメリカは53%、ユーロ圏は30%に達しています。しかも、90年代に入って日本の家計の安全資産の比率は上昇しました。これは、バブルの経験があったためリスクに慎重になったからだと考えられます。経済が活性化するためには、経済にリスクマネーが供給される必要がありますが、家計の安全資産選好の強さは、入り口の段階でリスクマネーの供給を阻害していることになります。

　第2は、企業の資金調達が、間接金融中心になっていることです。企業が不足資金を外部から調達する方法のうち、株式や社債の発行による資金調達（図の証

図11－1　部門別の金融資産・負債残高（2019年6月末、兆円）

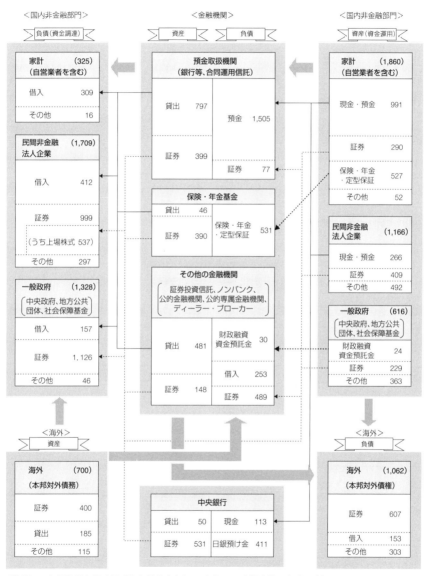

（備考）日本銀行調査統計局「資金循環表」（2019年第2四半期速報：参考図表）より。

券）は「**直接金融**」、金融機関からの借り入れ（図の貸出、借入）は「**間接金融**」
と呼ばれています。直接金融の場合は、最終的な借り手である企業の発行する本
源的証券（株式、社債など）が最終的な借り手に渡ることによって資金が動きま
す。その両者を仲介するのが証券会社です。証券会社は、①本源的証券の販売に
要する取引コストを軽減する（企業が直接、株式の買い手を探さなくて済む）、
②最終的な貸し手に代わって本源的証券の質に関する情報を生産する（株式の買
い手が一々企業の業績を調査しないで済む）という２点で金融取引を円滑化する
という役割を果しています。

　一方、間接金融の場合は、最終的な借り手と貸し手との間に銀行などの金融機
関が介在します。金融機関は、最終的な借り手の発行する本源的証券を取得する
一方で、最終的な貸し手に間接的証券（定期預金など）を販売します。ここでは、
金融機関は、①リスクが高く流動性の低い本源的証券を、リスクが小さく流動性
の高い間接的証券に変換することによって、貸し手のリスク負担を軽減する（こ
れは、短期的な資金供給を長期的な資金需要に結び付けることにもなっていま
す）、②最終的な貸し手に変わって、企業の支払い能力に関する情報を収集・分
析しモニタリングを行う、という２点で金融取引を円滑化するという役割を果し
ています。

　資金循環表によりますと、日本の企業（非金融法人）は2019年６月末で1709兆
円の資金調達残高（負債）を保有していますが、その内訳は、借入金（間接金
融）が24％、株式を含む証券が59％となっています。これを他の先進国と比べま
すと、アメリカは借り入れが７％、株式・債券・証券が73％に達しています。ア
メリカと比べると、日本企業の資金調達が、間接金融依存型であることが分かり
ます。

　第３は、フローで見た資金の流れにも、日本経済の問題点が色濃く反映してい
るということです。フロー（ストックの変化分）で2017年度から2018年度にかけ
ての動きを見ますと、家計は17.6兆円の資金余剰、企業（非金融法人）は7.3兆
円の資金余剰、政府が11.1兆円の資金不足となっています。

　このうち、企業が資金余剰（黒字）になっているのは極めて異常なことです。
ところがその状況が長期間にわたり続いてしまっています。企業は本来、資金を
使う経済主体であり、資金不足になるのが正常な姿です。事実、90年代後半にな
るまでは、企業は一貫して資金不足状態でした。資金余剰になるということは、

日本の企業が積極的に投資をしなくなった、または過去の負債の処理に追われていることを示しています（負債を減らすことは、資金不足が小さくなるということですから）。企業の資金余剰は2003年度まで拡大し、その後債務返済が進むとともに設備投資も増加基調となったことから縮小に向かい、2005年度にはほぼ余剰でも不足でもない状況になりました。しかし、残念ながらその後再び資金余剰の状況が続くようになっています。政府の資金不足が巨額なのは、言うまでもなく巨額の財政赤字を賄うため大量の国債を発行しているためです。

このように、日本の資金循環の姿は、かなりいびつな姿となっており、日本の経済がいかに多くの課題に直面しているかを「お金の流れ（金融取引）」の視点からも改めて教えてくれるのです。

1　デフレからの脱却と金融政策

日本の金融政策は「デフレからの脱却」という極めて重要な課題に直面しています。日本銀行は、金利を誘導目標とする政策を行ってきましたが、政策金利がゼロ金利（名目金利の下限）という壁に直面したことから、その後量的緩和政策、包括緩和政策、量的・質的金融緩和といった**非伝統的金融政策**と呼ばれる新たな施策を採用しています。

金融政策の運営－その目的と手段

金融政策運営については、次のような点をまず頭に入れておく必要があります。

第1は、景気安定化のための施策として、財政政策よりも金融政策が中心になっているということです。これは、世界的な流れでもあり、日本の90年代以降の苦い経験を踏まえた方向でもあります。前章で述べたように、90年代以降の日本では、財政を活用して景気の浮揚を目指しましたが、大きな効果はなく、莫大な財政赤字を抱え込む結果となってしまいました。また、財政による景気刺激は結局は一時的な効果しかもたらさないこと、意思決定やその予算執行に時間がかかること、理論的にも財政政策よりも金融政策のほうが効果的だという議論が強いことなどの理由により、先進諸国では物価、景気への対応としては金融政策を活用する方向が主流となっています[2]。

第2に、金融政策の運営については、日本銀行が独立的にこれを行うことが保

証されています。金融政策は専門的な知識に基づいて、迅速な意思決定を行う必要があります。また、常にマーケットと向き合っているため、長期的にみて矛盾のない運営を行う必要があります。一方、金融政策は利害関係が複雑に入り組んでいるため、政治的な要請にもさらされやすいという面があります。そこで、金融政策の運営に関しては、日本銀行が独立して、独自の判断に基づいて一貫した姿勢で政策運営を行うことにしているのです。1998年に改定された日本銀行法では、「日本銀行の通貨及び金融の調節における自主性は、尊重されなければならない。」（第3条）と規定されています。

　もちろん日本銀行が全く何でも自由にしていいというわけではありません。日本銀行法では、通貨及び金融の調節の理念として「日本銀行は、通貨及び金融の調節を行うに当たっては、物価の安定を図ることを通じて国民経済の健全な発展に資することをもってその理念とする」（第2条）とその目的が規定されています。また、金融政策の具体的な運用方針は、日本銀行の総裁、副総裁2名、政府が指名して国会が同意した上で任命される6名の審議委員からなる**金融政策決定会合**において決まることになっており、議事要旨は速やかに公表されます。この政策決定会合には、政府代表も出席し、意見を述べることはできますが、議決権はありません[3]。

デフレ下の金融政策

　さてこの日本の金融政策運営は、90年代以降、世界的にも前例がないほど難しい舵取りを迫られました。デフレからの脱却という難問に直面したからです。

　日本経済が先進国で唯一デフレ下にあったこと、物価が下がることは物価が上がることと同じように経済にとって避けるべきことであること、デフレスパイラルに陥っているような時にはさらに問題が大きいことは第6章で見ました。そのデフレから脱却するのに重要な役割を果たすのが金融政策です。金融政策の最も

2）ただし、たとえば世界金融危機のような状況下では、財政政策により経済を下支えすることも意義があると評価されています。危機後はすぐ金利も引き下げましたのでクラウディング・アウトの懸念も小さくなりますし、財市場、労働市場とも需要不足の状況になるからです。

3）筆者の一人（小峰）も役人時代にこの決定会合に政府代表として出席したことがありますが、議決の際には政府代表は会議場の外に出されてしまいます。外の控え室で議決が終わるのを待ちながら「なるほどこれが金融政策の独立性というものか」と思ったものです。

重要な目標は「通貨価値の安定」ですが、インフレと同じようにデフレもまた通貨価値が不安定であることを意味しているからです。

　日本銀行は、バブル崩壊後の91年7月以降相次いで金利を引き下げましたが、99年2月には「(政策金利である) 無担保コールレートをできるだけ低めに推移するよう促す」ことになり、事実上コールレートは金利ゼロとなりました。これがいわゆる**「ゼロ金利政策」**です。

　ゼロ金利政策は、その後約1年半にわたって続けられましたが、2000年8月には0.25％に引き上げられ、ゼロ金利は解除されました。ところがその後も景気は本格的な回復には至らず、2001年に入ると、むしろ景気の先行きにもかげりがみられ始め、株価も大幅に下落するという事態となりました。そこで日本銀行は、2001年3月、金融政策を再び大きく転換しました。そのポイントは次の通りです。

　①金融調節の操作目標を無担保コール翌日物から日銀当座預金残高に変更し、その当座預金残高を1兆円程度積み増して5兆円程度とする。

　②日銀当座預金の円滑な供給に必要な場合は長期国債の買い入れを増額する。

　③この緩和策は、消費者物価の前年比上昇率が安定的にゼロ以上となるまで継続される。

　これが**「量的緩和」**です。この決定は、単に「ゼロ金利政策が復活した」というだけではなく、①政策目標が金利ではなく資金量になったこと、②長期国債の日銀買い入れに積極的な姿勢を示したこと、③緩和継続の政策判断の基準となる特定の物価上昇率及びその水準（ゼロ％）を事前に明示したこと、といった点で、金融政策の大転換を示すものだったと言えるでしょう。当座預金残高の目標額は、以後段階的に引き上げられ、2006年3月には30-35兆円程度となりました。

　この頃の二つの重要な金融指標の動きを見てみましょう。一つは金利、もう一つはマネーストックです。

歴史的低水準まで低下した金利

　前述のような金融政策の中で、日本の金利は歴史的にほとんど例のないほどの低水準となりました。(**図11-2**)

　金利には、誰が借りるか（国が借りる国債、企業が借りる社債など）、どの程度の期間か（3か月程度の短期や10年の長期など）によって多くの種類があります。普通は、期間が長くなるほど、また借り手の信用度が低くなるほど金利は高

図11- 2　　短期金利と長期金利の推移

①ゼロ金利政策 99 年 2 月〜 00 年 7 月	④量的・質的金融緩和（QQE）13 年 4 月〜 16 年 1 月
②量的緩和（QE）01 年 3 月〜 06 年 3 月	⑤マイナス金利付き QQE16 年 1 月〜 16 年 9 月
③包括緩和 10 年 10 月〜 13 年 3 月	⑥長短金利操作付き QQE（YCC）16 年 9 月〜

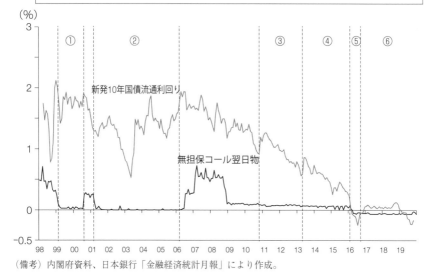

（備考）内閣府資料、日本銀行「金融経済統計月報」により作成。

くなります。また、短期になるほど金融政策の影響が及び、長期になるほど市場の力が強く作用するようになります。このうち最も短期で信用力が高いのが、金融機関同士で 1 日だけ資金を融通しあう「**無担保翌日物コールレート**」です。これは日々の資金需給によって決まりますが、日本銀行は市場に供給する資金をコントロールすることによって、このレートをほぼ自由にコントロールすることができます。この金利が、金融政策を運用する際の誘導目標となっているのもそのためです。

　90年代以降の日本経済の置かれた状況を考えると、金利を低くすることには、ⅰ）資金を調達しやすくなって投資が促進されること、ⅱ）円安になって輸出が増えること、ⅲ）裁定関係が作用して資産価格が上昇すること、ⅳ）金融機関の資金の余裕が増すため、金融不安が起きにくくなることといった効果が期待されていました。しかし、「ゼロ金利」になってしまうと、日本銀行がコントロールできるコールレートをそれ以上下げることはできなくなります。そこで、新たに「量的緩和」という政策により金融緩和を図ろうとしたわけです。

マネーストックの低い伸び

　次に、マネーストックについて考えます。**マネーストック**とは、民間非金融部門が保有する通貨量のことですが、「何を通貨とみなすか」によって幾つかの見方があります。かつてはマネーサプライと呼ばれていました。代表的なものはM2で、非金融機関が保有する現金通貨、要求払い預金、定期性預金、譲渡性預金を合計したもの（ゆうちょ等は除く）です。

　このマネーストックは、名目 GDP の伸びと連動して動く傾向があります。したがって、金融面から経済が活性化するためには、このマネーストックがある程度高い伸びを示す必要がありますが、近年では低い伸びにとどまっており、実体経済との関係の安定性など、無数の議論が繰り返されてきています。中でも重要なポイントになっているのが、マネーストックはどの程度政策的にコントロールできるのかという点です。

　この点については、一方では、**ハイパワード・マネー**（または**ベース・マネー**）を通じてマネーストックはコントロール可能という議論があります。ベース・マネーというのは現金と金融機関の日銀預け金をあわせたものです。民間主体の現金・預金比率が一定であれば、ベース・マネーに**貨幣乗数**を掛けた分だけマネーストックは増えます。これに対して、マネーストックは、民間主体がどの程度マネーを保有するかに応じて受け身で供給されているのであり、政策的にコントロールすることは難しいという反論もあります。

　この点は、日本銀行が2002年 3 月以降、金融の量的緩和に踏み切った後の効果をめぐって大きな論争点になりました。すなわち、量的緩和以後、貨幣乗数が急激に低下したのです。つまり、いくらベース・マネーを増やしても、マネーストックが増えないのです（図11- 3 ）。

　これはなぜでしょうか。景気が悪くもともと資金需要が低迷していたことなどもマネーストックの拡大を阻害する要因となり得ますが、政策金利が既にゼロであったことも一つの要因として作用していた可能性があります。

　翁邦雄氏（法政大学客員教授、元日本銀行金融研究所長）は、量的緩和を「椅子取りゲーム」にたとえて説明しています[4]。わかりやすいのでその一部をここで紹介しましょう。中央銀行の金融引き締めは、あたかも「椅子取りゲーム」で椅子の数を減らして行くようなものです。ここで椅子は日本銀行当座預金（日銀

図11-3　マネーストック、マネタリーベースと名目GDP

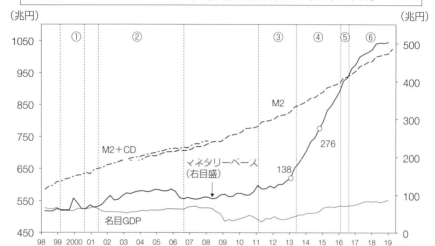

①ゼロ金利政策	99年2月〜00年7月	④量的・質的金融緩和(QQE)13年4月〜16年1月
②量的緩和(QE)	01年3月〜06年3月	⑤マイナス金利付きQQE16年1月〜16年9月
③包括緩和	10年10月〜13年3月	⑥長短金利操作付きQQE(YCC)16年9月〜

（備考）日本銀行「マネーストック」、同「マネタリーサーベイ」、内閣府「国民経済計算」より作成。
　　　M2＋CDは旧統計による。マネタリーベースの数値はそれぞれ2012年末及び2014年末。

預け金に相当）です。椅子の数を減らしてしまうと、椅子の希少性が高まります
から、椅子の借り賃（＝「日銀当座預金の借り賃」であるコールレート）が上が
ります。逆に増やせば金利は下がります。しかし、ゼロ金利に到達した後の量的
緩和の拡大は、広場いっぱいに椅子が並び、まばらに人が椅子に座っている状況
で、さらに椅子を増やすような政策です。つまり、ゼロ金利になってしまうと、
緩和しようと椅子の数をさらに増やしたところで、（座りたい人は既に座ってい
るしそれ以上借り賃は下げられないので）座る人は増えていかないということで
す。

「時間軸政策」（フォワードガイダンス）とは

　こうしたことから、量的緩和政策の評価としては、231頁で説明した量的緩和

4）翁氏は中央銀行について解説されていますが、ここでは筆者がそれを日本に当てはめて説
　明しています。より詳しくは翁邦雄『経済の大転換と日本銀行』（岩波書店、2015年）、p.72
　にあります。

政策の3つのポイントのうち、①と②の量的な緩和については潤沢な資金供給という点で金融システムの安定には貢献したものの、景気を刺激し物価を押し上げるという効果はほとんどなかったと指摘されています。

　一方、③の時間軸政策は、将来のゼロ金利の継続を日銀がコミット（約束）することにより、人々の将来の金利経路に関する期待形成に働きかけ、長期金利を引き下げることを意図したものです。

　そこで、先ほどの金利のグラフ（図11-2）で、**長期金利**の動きについてもう少しみてみましょう。長期金利の代表は国債金利です。その中でも代表的な金利として扱われているのが10年物の国債金利ですが、通常は10年間もの金利となると、政策的にコントロールできる度合いは小さくなり、インフレ期待（将来インフレになると考える人が多くなると金利は上がります）、景気の見通し（景気がよくなると考えれば、金利は上がります）など市場の判断が金利を動かす度合いが大きくなります。

　つまり、景気低迷により物価が下落し、政策金利がゼロ近傍まで下げられていた時に、日銀が、「物価が上昇を始めるまでゼロ金利を継続しますよ」と約束したとしましょう。その結果、人々が「日本銀行がそう言っているのだから、今後も当分ゼロ金利が続くだろう」との先行き期待を持つようになると、それを通じて長期金利が低下しやすくなるわけです。図11-2をみると、量的緩和の時期になると長期金利が1.5％前後という極めて低い水準で推移するようになります。時間軸政策は、一定の効果を持ったと評価されています。いつまで継続するかなど政策の将来の指針を伝える時間軸政策は今では**フォワードガイダンス**と呼ばれるようになり、海外の中央銀行でも採用されています。

2　世界金融危機とその対応

　2006年3月に、消費者物価上昇率が05年後半以降プラスになったことなどを踏まえ、量的緩和政策は解除され、政策金利は7月に0.25％に、07年2月には0.5％まで引き上げられました。しかし、景気に力強さを欠くなかその後の金利引き上げは見送られ、2008年秋に世界金融危機が起こりました。世界的な危機的状況下、非伝統的金融政策の手法にも変化がみられていきます。

米国のサブプライム・ローン問題と日本経済への影響

　アメリカにおける信用度の低い低所得者向け住宅ローンであるサブプライム・ローンは、ローン債権をもとに生成された証券化商品が他の証券と組み合わされてより複雑な商品となり、世界中に転売されていました[5]。このため住宅バブルが崩壊し証券化商品の価格が下落するとその影響は世界に波及することとなり、特に2008年秋のリーマン・ブラザーズ破綻後、世界の金融市場は危機的な状況に陥りました。

　2008年7-9月期の実質成長率はアメリカ、ユーロ、日本ともマイナスを記録し、以降3四半期連続マイナス成長が続きました。日本では金融部門が保有するサブプライム・ローン関連証券は少なかったので、サブプライム・ローン問題が日本経済に及ぼす影響は小さいというのが当初の一般的な見方でした。しかし、実際には輸出が大幅に減少したことなどから、2009年の実質GDPはアメリカが−2.6％、ユーロ圏−4.1％に対し、日本は−6.3％と大きな打撃を受けました。

「非伝統的金融政策」とは

　このような状況下、世界の主要中央銀行は08年秋以降相次いで政策金利を引き下げた後、「非伝統的な金融政策」と呼ばれる政策を採用していきます。

　「伝統的な金融政策」が想定している金融市場は、中央銀行が短期金利の水準を調節することにより実体経済や物価に影響を及ぼすという、金融政策の波及経路が有効である状況です。この前提としては、金融機関による金融仲介機能が正常に働いているということがあります。ところが、金融危機のような状況では、金融市場の信用リスクが急激に上昇したり、ゼロ金利制約により、このような波及経路が働きにくくなります。そこで、中央銀行は、政策金利のゼロ金利（あるいは極めて低い金利）までの引下げに加え、通常の波及経路を改善したり、別の波及経路を活用するため、さらなる政策を行いました。これが「非伝統的金融政策」と呼ばれている政策です。既に説明した日本銀行による量的緩和政策もその一つです。

5）ここで、証券化商品とは、流動性の低い住宅などの資産を、分割して取引できるように証券の形にした商品という意味です。証券化により分割して取引できることから、市場の流動性を高めたり、リスクを分散することが可能となります

　非伝統的金融政策は、大きく分けて以下の３つの手段に整理して考えることができます。すなわち、金利がゼロに下がってしまって以降もさらに緩和したい場合、採用可能な主な手段として

　　手段Ⅰ：将来の金融政策または短期金利期待をコントロールする（フォワードガイダンス）

　　手段Ⅱ：特定資産（長期国債やリスク資産など）を購入する

　　手段Ⅲ：中央銀行のバランスシートを拡大する

の３つの選択肢があるということです。とすると、量的緩和政策はこのうち手段Ⅰ及び手段Ⅲを実施したということになります。手段Ⅱについては金融危機後日本銀行でも積極的に採用していくことになります。

「包括的緩和」政策の導入

　世界金融危機後、日本でも再び非伝統的な金融政策がとられていきます。まず、2008年秋以降政策金利は0.1％まで再び引き下げられました。並行して、金融危機対策として流動性を供給する観点から、長期国債買入れの増額などのほか、時限措置として企業のCP（コマーシャルペーパー）や社債の買入れなども行いました。これは、企業が発行するCP等の信用リスクを日本銀行が肩代わりして、企業の資金繰りの悪化を防ぐための企業金融の円滑化措置を採ったことを意味します（逆にいうと、中央銀行は通常はリスク資産を購入することは、その必要もないですし、することもありません。普段は安全性の高い短期国債などを購入しています）。

　さらに、2010年10月、日本銀行は、**包括的緩和政策**と呼ばれる政策を実施しました。その際は、政策金利の誘導目標を０％〜0.1％に引下げ、フォワードガイダンスのほか、国債、CP、社債に加え、ETF（指数連動型上場投資信託）、不動産投資信託（J-REIT）など、より多様な金融資産の買い入れを行いました。これは、リスク資産を含めた多様な金融資産を買い入れ対象とすることで信用プレミアムや流動性プレミアムの縮小を意図したもので、「信用緩和」的側面と量的拡大を伴う措置で、先ほど説明した３つの手段でいうと、手段Ⅱも採用したわけです。日本銀行の白川総裁は、信用緩和と量的緩和の両方という意味で「包括緩和」と説明しました。

　リスク資産の購入は日本銀行のバランスシートを悪化させる可能性がある行為

であり、批判もあります（これは国内に限らず、2009年に米国 FRB が行った際にも批判がありました）。それまで日銀は、社債等のほか、量的緩和政策の際に銀行が保有する株式を購入したこともありましたが、その時も金融システムの安定化のためと説明していました。これに対し、今回は、金融緩和の一段の推進のためと位置づけ、新たな措置を採ったわけです。その後世界経済は危機から脱したものの、日本経済の景気回復の足取りは鈍く、物価も下落基調が続きました。

3　アベノミクスの下での異次元緩和

　2012年12月、民主党から自民党に政権が交代しました。2章で説明したアベノミクスの登場です。安倍晋三総理は、自民党総裁就任以降デフレ脱却のための金融政策の重要性を強調していました。安倍総理の下、政府・日銀は共同で2％という物価安定目標（インフレ・ターゲット）を掲げ、日本銀行はさらに新たな政策を導入していきます。

透明性向上と物価安定目標

　本章第1節の冒頭で日本銀行は金融政策運営において手段の独立性を持つという話をしました。独立性を持つということは自分達だけで決められるということですから、一方で、政策決定内容や決定過程について対外的に明らかにし透明性を高めることが求められます。日本銀行は、ゼロ金利政策や非伝統的金融政策を採用していく過程で、「物価安定」の定義や考え方、各種レポートの公表・速報化、金融政策決定会合後の総裁記者会見など、透明性を高めていきました。透明性向上により、中央銀行の政策運営について人々が正しく理解できるようになり、政策効果が高まることが期待できます。さらに、政策決定を受けて人々が反応し、そうした反応をさらに中央銀行が予測できるようになれば、また中央銀行はそれら予測を調整していく、といった相乗的な効果が働き、金融政策の効果のラグ（時間的な遅れ）が短くなるなどの改善効果が期待できることになります。

　ところで、物価安定目標とは、金融政策において目標とする具体的な物価上昇率を設定するという手法で、90年代初に英国などで採用されました。目標インフレ率が数値的に示されるというのは誰の目にも解りやすく、透明性の極めて高い方法といえるでしょう。

　日本銀行も、2006年に量的緩和政策を解除した際、物価安定の考え方を数値で公表して以降、物価安定と考えるインフレ率を明らかにしていましたが、目標値という形での採用はしたことはありませんでした。安倍政権成立後、2013年1月に政府との**共同声明**「デフレ脱却と持続的な経済成長の実現のための政府・日本銀行の政策連携について」を決定し、その中ではじめて2％の**物価安定目標**を採用しました。この共同声明により、政府・日銀が一体となってデフレ脱却を目指すことがより明確に示されたことになります。

「量的・質的金融緩和」（QQE）

　2013年4月、日本銀行は、黒田総裁の下、この物価安定目標を、2年程度の期間を念頭においてできるだけ早期に実現するため「量・質ともに次元の違う金融緩和」を行うとし、

①金融市場調節の操作目標を金利からマネタリーベースに変更し、年間60-70兆円に相当するペースで増加（2年間で2倍）

②長期国債買入れの拡大と年限長期化（年間50兆円増、平均残存期間3年弱→7年程度に）

③ETF，J-REITの買入れ拡大

を決定しました（「**量的・質的金融緩和**」）。次元の違う金融緩和ということで発表翌日のメディアは「異次元緩和」として大きく取り上げました。政策手段は、前述したⅠ～Ⅲの3つの分類でいうと3つ全てを含み、政策目標を金利から資金量にするなど、「量的緩和」と「包括緩和」を組み合わせた親戚のような面もありますが、その規模が大きくなっています。さらに異なる点として、何といっても、物価安定目標について2年程度と期限を切って日本銀行がコミット（約束）したということです。これは、人々の期待（予想物価上昇率）へ強く働きかけることにより、いわゆるデフレマインドを払拭することを意図したものです。当時の消費者物価上昇率はほぼゼロ、GDPギャップもマイナスという状況でしたし、金融政策は効果が出るのに時間がかかるものです。実際、1月に共同声明を出した時には「できるだけ早期に実現することを目指す」とするだけで特に時期を示してはいませんでした。そこに新たに就任した黒田総裁が2年という期限を自ら設定したわけですから極めて大きな一歩を踏み出したといえます。たとえゼロ金利の下でも、人々の期待インフレ率が上昇すれば期待実質金利が低下しますので、

コラム　「時間的整合性」とは

　マクロ経済政策を考える上で、「時間的整合性」（時間的不整合性、動学的不整合ともいいます）という考え方が重要視されるようになっています。キドランドとプレスコットはこの功績などにより2004年にノーベル経済学賞を受賞しています。

　時間的整合性の問題とは、現在から将来にわたりある目的を達成すべく、最も望ましい行動を決定するに際し、現在の時点で最も望ましいとされた行動が後に将来の時点になると望ましくなくなり、事前の決定が覆されるということです。

　例えば、ある国の中央銀行が「インフレ抑制的な金融政策運営を行う」ことを決定し、国民（企業や家計）の期待インフレ率が低下したとします。しかし、中央銀行にとってはインフレ率は低い一方で景気も良く失業率も低い、という状態が理想です。すると、国民の期待インフレ率が低下した時点では、金融緩和により景気を良くするという選択肢（短期的な目先の利益）が誘惑となって生じてしまうのです。

　もしこの時点で本当に金融緩和が行われると、一時的には景気が良くなるでしょう。しかし、この時国民は「裏切られた」と思うのではないでしょうか。また、もし実際に金融緩和が行われない場合でも、「中央銀行がインフレを抑制しつつ景気を良くしたいと思っている」ことを国民が知っていた場合は、中央銀行が「インフレ抑制的な金融政策運営を行う」というメッセージを出しても、実際には将来金融緩和が行われるかもしれないと予想するようになり、期待インフレ率が下がらなくなります。つまり、政策当局は時間的整合性を満たさないようなことはすべきでなく、市場に対しては中長期的な視点に立った明確なメッセージを出すことが望ましいということです。

それにより資本コストの低下を通じて設備投資が刺激されるというメカニズムが働きます。一方で、どのような波及経路で物価上昇率が２％になるかの明確な根拠を示したわけではないという点でその実効性には疑問もありました。

　新たな操作目標となったマネタリーベースは、「量的緩和」の際の操作目標であった日銀当座預金に現金通貨を加えたものですので、操作目標の変更自体は目新しいものではありません。とすると、それをどれだけ増やしたところでゼロ金利の下では「椅子取りゲーム」のようなものとすればそれ自体はあまり効果は期待できそうにありません。もっとも、②及び③の特定資産の買い入れなどもあって株価は上昇し為替はさらに円安になるなど、資産価格や為替レートには大きな影響を及ぼし、GDP ギャップも改善し、消費者物価もプラス基調となりました。

マイナス金利政策からイールドカーブコントロール（YCC）へ

　量的・質的金融緩和は予定通りに進められ、マネタリーベースも２年間で２倍に増加したのですが（図11-３）、物価安定目標２％のハードルは高く、2014年10月には追加緩和策（「量的・質的金融緩和の拡大」）もとられました。その後も２％は達成されず、2016年１月にはさらなる緩和策として「**マイナス金利付き量的・質的金融緩和**」が導入されました。日銀当座預金の一部にマイナス金利を導入というものでしたが、並行して量的緩和も継続したことや事前の市場とのコミュニケーションが十分でなかったために、長期金利も著しく低下しマイナスとなるなど、混乱を招きました。長短金利差が縮小すると銀行は利ざやを稼ぐことが難しくなるほか、生命保険会社も保険料を日本国債で運用することが難しくなり、貯蓄性の高い保険商品が販売中止になったり、保険料値上げにもつながりました。

　このため、９月には日銀のそれまでの政策についての見解をまとめた「総括的検証」を公表するとともに「**長短金利操作付き量的・質的金融緩和**」が新たに導入されました。この新たな政策のポイントは、

①長短金利の操作を行う「**イールドカーブ・コントロール（YCC）**」（日本銀行当座預金のうち政策金利残高に－0.1％、長期金利は概ね０％、長期国債買入れ額は現状のペース（増加額年間約80兆円）をめどとする）

②消費者物価上昇率の実績値が安定的に２％の「物価安定の目標」を超えるまで、マネタリーベースの拡大方針を継続する「オーバーシュート型コミットメント」

の2点です。より重要な決定は①で、長短金利を日銀が直接的にコントロールすることとなり、10年物国債金利もゼロ近傍で安定するようになりました。②は、「2％を超えるまで」という方針を示すことで人々の信任を得て期待物価上昇率を高めることを目指したものです。ただ、残念ながら人々の期待は日銀の思うようには上向かず、2018年4月には、日銀が年4回公表している「経済・物価情勢の展望（展望レポート）」で毎回明記していた2％達成時期の記述がなくなりました。それまでも達成時期は先送りされて来ましたし、黒田総裁は「達成時期の記述はあくまで見通しであって達成期限ではないため記述の仕方を変えた」と説明しましたが、2％達成に時間がかかることを改めて示したともいえるでしょう。

　その後も2018年7月には、政策金利（短期金利）にフォワードガイダンスを導入するなど、日本では「非伝統的金融政策」が10年近く続いています（表11-1）。GDPギャップはプラスに転じても（景気は改善しても）力強さに欠け、物価安定目標も達成できていないためです。

求められる「出口戦略」の議論

　日本銀行は多額の長期国債を購入し続け残存期間も長期化しています。黒田総裁は、国債購入は金融緩和のためで「**財政ファイナンス**」（財政赤字のために政府が発行した国債を中央銀行が引き受けること）を意図するものではないと説明していますが、たとえ目的はそうだとしても政府が発行する国債を日本銀行が購入しているという事実には変わりありません。

　また、国債の年限を長期化したことは、長期金利を引き下げる効果が期待できますが、一方で、これだけ日本銀行のバランスシートが拡大してしまうと、いざ日本銀行が引き締めたいと思った時に、その進め方次第では国債をはじめ金融市場に大きな影響が及ぶことが考えられます。そうなったときに、たとえば物価や長期金利がこんどは高騰し、物価安定目標達成のために急速な金融引き締めをするなどといった事態は避けたいものです。そのためには、政府は財政健全化の見通しを明確に示すとともにそれを着実に実現して行くことが望まれます。一方で、日本銀行は「（現在の緩和政策から通常の政策への）**出口戦略**について説明するのは時期尚早」として、未だに具体的な説明のない状況が続いています。YCC以降、長期国債の平均残存期間は頭打ち、国債購入額も増加ペースが減額するなど、ステルス・テーパリング（ひそかな金融緩和縮小）と指摘されたこともあり

表11-1　日本銀行の金融政策運営の推移（1999年〜）

年	月	
1999	2	ゼロ金利政策
	4	総裁記者会見で「デフレ懸念の払拭が展望できるような情勢になるまでゼロ金利を続ける」とコミットメント
2000	8	ゼロ金利政策を解除
2001	3	量的緩和政策
2003	10	緩和継続（量的緩和政策をいつまで続けるのか）のコミットメントの明確化
2006	3	量的緩和解除→金利政策へ（概ね0%） 新たな金融政策運営の枠組みの導入
2006年7月 〜2008年10月		ゼロ金利→徐々に0.5%に引き上げた後、0.3%まで引き下げ
	12	0.1%前後に引き下げ 金融調節手段の追加措置（長期国債の増額と購入対象拡大、CP買切オペの導入等）
2009	12	金融緩和の強化（タームもの（3か月もの）金利の誘導目標を導入（0.1%））
2010	10	包括緩和政策
2012	2	「中長期的な物価安定の目途」を公表（2%以下の領域で、当面1%）
	10	政府との共同声明「デフレ脱却に向けた取組について」公表
2013	1	政府との共同声明「デフレ脱却と持続的な経済成長の実現のための政府・日本銀行の政策連携について」公表 「物価安定の目標」を導入（2%）
	4	「量的・質的金融緩和」の導入（金利政策→マネタリーベースコントロールへ）
2014	10	追加緩和（マネタリーベース増加額拡大、長期国債の残存期間長期化等）
2016	1	「マイナス金利付き量的・質的金融緩和」
	9	「総括的検証」公表 長短金利操作付き量的・質的金融緩和(イールドカーブコントロール、量→金利政策重視へ) オーバーシュート型コミットメント
2018	4	「展望レポート」における物価2％目標達成時期の削除
2018	7	政策金利のフォワードガイダンス導入

（備考）日本銀行ホームページ等より筆者作成。

ました（黒田総裁は否定しています）。早めに議論を進め、その内容を公表していくべきでしょう。

フィンテックの成長可能性

　最後に、金融サービスで最近注目されている**フィンテック**について説明します。日本でもフィンテックという言葉をよく聞くようになりました。フィンテック（FinTech）とは、金融（Finance）と、技術（Technology）を組み合わせた造語です。金融分野においては、従来も IT 技術を活用し、フィンテックという言葉は2000年代からあったのですが、①スマートフォンの普及、②クラウドコンピューティングや AI（人工知能）の進展、③「ブロックチェーン（公開型の分散台帳）」、を背景に、これら技術を活用した新たな金融サービスを提供する「フィンテック企業」が次々と登場するようになっています。これら企業は銀行のように預金を預かる業務を担わないことも多い一方で、決済や信用仲介など、従来は金融機関が担ってきた機能を分解し、その一部の機能を担っています。スマートフォンによる送金もその一例です。店舗や ATM も不要のため新興国や途上国含めその影響はグローバルな動きとなり、既存の金融機関や各国中央銀行でもその技術活用の検討が進んでいます。

　フィンテックによる新たな金融サービスは、金融の効率性向上や新たなビジネスチャンスを通じ経済発展につながることが期待されるとともに、金融インフラを変えていく可能性を秘めています。米国の代表的な IT 企業である GAFA（グーグル、アマゾン、フェイスブック、アップル）も広い意味でフィンテックを活用しつつ（あるいは活用しようとしつつ）成長している企業といってよいでしょう。一方で、金融機関は、これまで顧客情報入手経路として出入金や取引時の面談等限られた情報源にその多くを依存していましたが、ICT（情報通信技術）活用により、デジタル化された顧客情報蓄積及び効率的処理の可能性が広がり、従来の BtoC 型のビジネスモデルから、「顧客情報（データ）の蓄積・分析に基づく顧客と企業との共通価値の創造によるテーラーメイド商品・サービスの提供」という、CtoB 型ビジネスモデルへの転換が進むことも期待されています。バブル崩壊を乗り越えた日本の金融機関は、フィンテックという新たな変革の波に直面しているのです。

参考文献

　日本の金融全体に関する概説書的なものはたくさんありますが、代表的なものとしては、

島村高嘉・中島真志（2017）『金融読本』（第30版、東洋経済新報社）

池尾和人（2010）『現代の金融入門』（ちくま新書）

藤木裕（2016）入門テキスト『金融の基礎』（東洋経済新報社）

家森信善（2018）『金融論』（中央経済社）

があり、金融政策については、

白川方明（2008）『現代の金融政策　理論と実際』（日本経済新聞社）

池尾和人（2013）『連続講義・デフレと経済政策　アベノミクスの経済分析』日経BP社

翁　邦雄（2015）『経済の大転換と日本銀行』（岩波書店）

早川英男（2016）『金融政策の「誤解」』（慶応義塾大学出版会）

翁　邦雄（2017）『金利と経済―高まるリスクと残された処方箋』（ダイヤモンド社）

が解説を行っています。

　バブル発生以降の金融行政を現場の視点から述べたものとしては、

植田和男（2005）『ゼロ金利との闘い』（日本経済新聞社）

岩田一政（2010）『デフレとの闘い』（日本経済新聞社）

宮尾龍蔵（2016）『非伝統的金融政策』（有斐閣）

があります。

▶▶**課題**

1．金融サービスと財が基本的に同じだとすると、金融も「国際競争力がないのであれば、輸入する、つまり海外の金融機関のサービスを利用してもかまわないのではないか」「日本の金融機関よりも外国の金融機関がより良いサービスを提供してくれるのであれば、日本の金融市場を海外の金融機関に任せてもいいではないか」と思いたくなります。しかし、こういう主張をすんなりと受け入れる人は少ないようです。皆さんはどう思いますか？　議論してみてください。

2．日本銀行は2006年に「物価の安定」についての考え方をホームページで公表しています（3月10日公表「新たな金融政策運営の枠組み」）。09年12月に公表された「『中長期的な物価安定の理解』の明確化」、2013年1月の「物価安定の目標」における見解とを比較し、何がどのように異なっていったか、またその理由を考えてみましょう。

3．名目金利と実質金利を考える上で重要な考え方として、「フィッシャー方程式」が

あります。調べてみましょう。

4．金融政策の運営は日々新しい動きに対応して変化します。本書執筆後も変化してい
くことが予想されますので、読者の皆さんも最新の金融政策の課題が何かを常にチェ
ックするようにして下さい。

第12章 | 格差問題を考える

　2000年代に入り、格差問題が注目されるようになりました。2006年には小泉政権下で格差を巡る問題が国会でも議論され、安倍政権下でも再び関心が高まっています。フランスの経済学者ピケティによる『21世紀の資本』がアメリカでもベストセラーになり、2015年にはディートン教授（プリンストン大学）が消費・貧困・福祉の研究の貢献によりノーベル経済学賞を受賞するなど、格差は世界の関心事ともなっています。

　格差問題が難しいのは、いくつか理由があります。第1に、どの程度なら望ましいのかという基準がはっきりしないことです。たとえば、所得や資産であれば、多いに越したことはありませんし、成長率は高い方が好まれます。しかし、格差はそう簡単にはいきません。極端な例として、何をしていてもみんな同じ所得を得ているような社会が良いのでしょうか。一所懸命働いてもそうでなくても所得が同じとなると、誰も一所懸命に働かなくなり、日本経済全体の活力が失われ、結果として皆の所得水準も低下してしまうかもしれません。では、たとえば努力して成功し年収1000万円になった人と、努力したが年収300万円の人がいたとします。この2人の間には大きな所得の差があるのは事実ですが、この格差は問題といえるでしょうか。では3000万円と300万円ではどうでしょうか。そう考えて行くと、難しいのです。どの程度なら格差があってもよいかという公平性の問題はその国・地域で暮らす人々の価値観とも関係する問題だからです。

　第2に、とはいえ、格差はあまり拡大すると社会的な活力を阻害する懸念があります。高度成長の頃は日本は世界の中で最も所得分布が平等な国と言われていました（1976年のOECD報告書。著者の名をとってソーヤー報告とも呼ばれています）。当時、日本人は多くが自分を中流と思っているという意識調査の結果を踏まえ「一億総中流」と言われたこともありました。「格差と成長」は専門家

の間でも議論のあるテーマです。格差が成長とあまり関係ないのであれば、政府は失業手当や生活保護などの雇用や生活の**セーフティ・ネット**に注力し、それ以外の格差問題にはそれほど神経を尖らせなくても良いのかもしれません。

　第3に、何で評価すべきか、という問題があります。所得が低くても資産を多く保有している人もいます。あるいは、今の所得がたまたま低くても将来上がるのであればその人はもしかすると裕福なのかもしれません。その場合、今の所得が低いからといって政策的な援助をすると、所得は多少高くても将来あまり上昇が見込めない人と比べ、かえって不公平になるかもしれません。

　以下では、日本の格差の現状を理解した上で、日本が抱える格差問題はどこにあるのかを考えていきましょう。

1　格差の考え方

ジニ係数とローレンツ曲線

　格差を論ずる上でよく用いられる指標に**ジニ係数**があります。聞きなれない人もいるかもしれませんが、格差を論ずる上でまず必ずといってよいほど登場する指標で、新聞や国会の論戦などでも、よく「ジニ係数が上昇し日本では格差が拡大している」というように使われます。「ジニ」は考案者であるイタリアの統計学者の名前です。

　ジニ係数を理解する準備として、まず**ローレンツ曲線**を理解しましょう。いま、たとえば100世帯あって、全ての世帯が同じ所得を得ていたとしましょう。この時、1番目の世帯の所得、1番目と2番目の世帯の所得、……と所得を順番に足し上げる作業を最後の100世帯目まで繰り返すとします。全世帯同額の所得ですから、この時の結果をグラフにすると、**図12-1**の直角二等辺三角形の斜辺（図の均等分布線）になります。次に、所得に差がある場合はどうなるでしょうか。現実の経済では、所得は世帯によって同じではありません。そこで、小学校の朝礼の時に背の順に並んだように、世帯に所得の低い順に並んでもらいましょう。そして、同じように所得を足し上げていきますと、今度は最初のうちは皆所得が低いので合計所得も低い水準に抑えられなかなか増えません。やがて、所得の高い世帯に順番がまわるようになると増加が加速していきますので、図12-1のO

図12-1　ローレンツ曲線とジニ係数

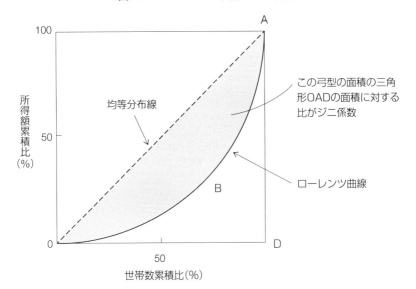

→B→Aのようなカーブを描いた曲線になることがわかります。こうして作成された線のことをローレンツ曲線といいます。

　より専門的にいうと、世帯所得の低い順に並べ、横軸に世帯数の累積比率をとり、縦軸はそれに応じた累積所得比率をとったものです。したがって、全員が同じ所得であれば、ローレンツ曲線は原点を通る傾き45度の直線になりますし（図の点線OA）、全員の所得が同一でない場合、所得の低い人の所得は平均値より低くなりますので、45度線よりも低くなるわけです。そして、所得が不均等であるほど、ローレンツ曲線は直線OAから遠ざかるようになります。これは、たとえば100人のうち、一人が極端に高額所得者となった場合のローレンツ曲線を想像してみればすぐ理解できるでしょう。

　ローレンツ曲線を描いたとき、直線と曲線の差となる弓型の部分（図のシャドウの部分）の三角形OADに対する比率によって所得の均等度（不平等度）を示したものがジニ係数です。したがって、ジニ係数は0から1までの値をとり、完全平等なら0、0に近いほど均等（直線OAに近くなる）、1に近いほど不平等（直線から離れカーブが大きくなる）ということになります。三角形OADの面積は1/2ですので、弓型の面積を2倍することでもジニ係数を求めることができ

ます。

格差拡大の要因をめぐる議論

　所得格差の長期的趨勢については、経済発展の初期の段階には拡大するものの、その後次第に縮小するという、クズネッツの「逆U字仮説」（クズネッツ・カーブ）が有名です。これは以下のような考え方です。まず、経済発展の初期段階では所得格差は低い水準にあります。工業化が進むにつれて、生産性が上昇する部門はそれに応じて賃金が上昇することにより格差が広がっていきます。やがて、ある時点を超えると、サービス産業化や高生産性部門への労働移動、民主化へ向けての法制度の整備などにより不平等度がこんどは低下していきます。このように、格差がいったん拡大した後低下するという、山型（逆U字）を描くというわけです。世界の国々の一人当たり GDP と格差指標をみると逆U字がみられる、あるいは、アメリカやイギリスなど、200年くらいの動きをみると、逆U字仮説があてはまるといった議論がありました。

　ところが、最近になって、80年代以降アメリカを含めた多くの先進国でジニ係数に上昇がみられるなど、所得格差が再び拡大しているのではないかという議論が起こりました。格差への関心は海外でも高まっており、OECD や IMF でも議論され、ピケティの『21世紀の資本』が話題になりました。どうして再び拡大するようになったのでしょうか。格差は単に拡大しているか否かだけでなく、その背景も重要です。それにより今後どうなりそうかをある程度予測することもできるようになりますし、政策的な判断にも影響を及ぼします。様々な議論が行われていますが、格差再拡大の主な要因として、①IT を含めた技術進歩、②グローバル化、③高齢化などがあります。

　技術進歩が起こると、技術のない労働者と比べ技術を扱うことのできる熟練労働者の価値が上昇しますので、労働者間で賃金の差が開きやすくなります。アメリカではパソコンの普及により単純な事務業務がパソコンに取って替わられたため、それまでそうした仕事を担い中間的な所得を得ていた労働者が減少し、高所得者と低所得者との二極分化が進んだとの指摘もあります。私（村田）も就職したばかりの頃は、パソコンが普及する前だったので、「清書」という仕事をすることが頻繁にありました。上司が書いた手書きの文書を読みやすいようにきれいに清書したり、当時導入されたばかりのワープロで文書を作成しきれいに印刷し

たりという仕事です。上司のスケジュールのために「アポ採り」（打ち合わせ等の予約）の電話をすることもしょっ中でした。パソコンが導入された後は上司も自分でパソコンやメールを利用するようになりましたので、こういう仕事はあっという間になくなり、その分残業も減り嬉しかった記憶があります。

　技術革新は経営者にも変化をもたらしました。技術革新の結果、必要とされる能力が企業特殊的なものからどの企業でも共通なものになっていったため、いわば企業間で経営者の奪い合いが起こるようになり、優秀な経営者の市場価値が上昇し高額所得者になっていったのです。日本企業でもたとえば日産自動車のカルロス・ゴーン社長（当時）の年棒が約10億円で、トヨタ自動車の社長の数倍と話題になったことがあります。

　また、グローバル化が進むと、先進国製造業の非熟練労働者は新興国との競争にさらされることにより、賃金が上昇しにくくなると言われています。一方、高齢化が進むと、高齢者のうち既に退職した人は現役時と比べ所得水準が大きく低下することが一般的ですので、高齢者層ではジニ係数も高い傾向があります。高齢者が増えると低所得者が増加することを通じ全体としても格差を拡大させる効果をもたらすわけです。

「トップ１％所得占有率」の意味するもの

　格差を測る指標として、代表的なジニ係数をみてきました。それ以外の格差指標として特に最近海外で利用されるようになった指標に、所得占有率があります。ジニ係数を計算するには、数多くの世帯所得のデータが必要となりますが、そういうデータはどの国でも比較的最近しかありませんし、国によって統計の整備状況や研究者にも利用を許しているかなどに差があったり、データの定義が異なるなど国際比較にも注意が必要です。これに対し、所得占有率とは、「上から（あるいは下から）数えて x ％の人々の所得が全体の所得に占める割合」のことです。たとえば、仮に全体で1,000人として、「上位１％」という場合、所得が高い方から10番目の人までの人々の所得を足し合わせた合計値が1,000人全員の所得の総額に占める割合ということです。とすると、上位１％の所得占有率が高いということは、その国で最も高額な所得を得ている極く一部の富裕層に、かなりの富が集中していることを意味します。

　ピケティの分析でも、トップ１％やトップ0.1％の所得占有率に着目し、特に

図12-2　上位1％の所得が全体に占める割合

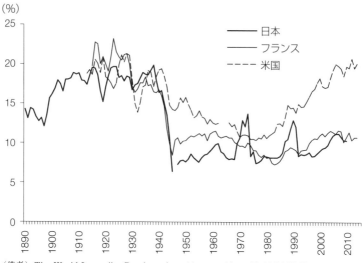

（備考）The World Inequality Database, http://www.wid.world, 04/11/2019.

アメリカでは上位1％の人の所得が2割近くを占めるようになっており、かつ上昇を続けていることが注目されました（**図12-2**）。ピケティらは、税務統計と国民経済計算を活用することによって、フランスを端緒に各国の長期にわたる所得占有率を計算することにより、格差の100年を超える長期的な変遷を分析しました。その結果、戦前多くの国で拡大し、戦後は縮小していた格差が、最近再び拡大していると主張したのです。つまり、クズネッツの逆U字カーブが戦後しばらくの間までは有効であったものの、最近では当てはまらなくなってきたということです。図12-2によると、日米仏とも、戦前は所得格差が高く「格差社会」だったのですが、戦後は「平等社会」になっていったことがわかります。そして、特に1990年代以降になるとアメリカの1％の所得占有率が再び上昇を始め、最近までその傾向が続いています。

　ピケティはこのような富の集中について、経営者の報酬が巨額になったことが背景にあることを認める一方で、『21世紀の資本』では、過去のデータをみると資本収益率（r）が経済成長率（g）を上回っていること（$r > g$）が格差拡大の要因になっており、将来も続くと指摘した上で、格差縮小のためにはグローバル

な視点で資産課税を課すべきと主張しました。ピケティの議論については、理論的な論考を含め、世界の専門家の間でも賛成派と反対派が入りまじり、格差に関する議論・研究が活発化するきっかけとなっています。

2　日本で格差は拡大しているのか

バブル崩壊後の所得格差拡大

　小泉政権最後の年である2006年1月の通常国会では、格差をめぐって激しい議論が行われました。その数年前から、日本では格差が拡大しているのではないかという指摘はあったのですが、不良債権問題などにより日本経済が「失われた10年」と呼ばれていた頃に登場した小泉政権下では、「改革なくして景気回復なし」とのスローガンの下、市場メカニズムを重視し様々な構造改革が進められていました。不良債権処理や年金制度改革などもありましたが、道路公団の民営化や郵政民営化など公的部門の改革にも及び、「聖域」なき構造改革とも言われるようになっていました。改革というのはされる側にとっては痛みが伴うものですから、小泉改革には常に批判もありました。そういうタイミングだったこともあり「格差問題」は一躍脚光を浴び、与野党間で激しい議論となりました。

　当時の議論の中心は、日本の所得格差は拡大している、というものでした。確かにジニ係数はバブル崩壊後の90年代以降上昇が見られていたのです。ただし、専門家の研究によってその拡大の大部分は高齢化による人口構成の変化で説明できることが既にわかっていました。実際にデータでそう示されていましたので政府・与党はそう説明するわけですが、野党は「格差指標が拡大しているということは、市場原理を極端に推し進めた小泉政権の政策が悪いからだ」との主張・批判を繰り返し、議論は並行線をたどりました。格差は単に拡大しているか否かだけでなく、その背景も重要なわけですが、残念ながら当時はその点についての建設的な議論はほとんど行われませんでした。

当初所得では格差拡大

　格差はその後どうなったでしょうか。国際的にみると日本は所得格差は英米よりは低く、仏独などよりは高い国となっています（OECDによる）。

図12-3　所得格差の拡大傾向（ジニ係数）

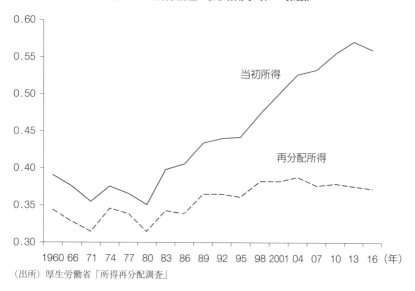

（出所）厚生労働省「所得再分配調査」

　では、小泉改革の結果格差は拡大したのでしょうか。再分配を行う前の当初所得ベースでみると、ジニ係数は、1980年代以降大きく上昇し、所得格差は拡大しています（**図12-3**）。これは高齢化が大きな要因となっています。自営業など高齢になっても働き続ける人もいますが、現役から引退した人は所得が大幅に低下しますので、高齢者が増えていくと低所得者が増加し全体としての所得分布にも大きな影響をもたらしていくためです。ところが、税・社会保障による再分配後の所得でみると、ジニ係数は80年代は上昇しているのですが、90年末頃からは頭打ちになっていることがわかります。2016年のジニ係数は再分配前の当初所得が0.559、再分配後が0.372でした。この差が再分配によるものですが、再分配による所得是正効果の内訳をみると、税による貢献は小幅（0.020）に過ぎず、ほとんど（0.158）が年金などの社会保障によるものです。残りが医療・介護・保育などの現物給付（0.010）です。再分配後の所得でみるとジニ係数は2000年代には上昇しておらず、格差は拡大していないことがわかります。

高齢化による所得格差拡大

　当初所得の格差拡大が高齢化によるものかを確認するため、年齢階級別のジニ

表12-1 世帯員の年齢階級別ジニ係数

	年	総 数	25〜29歳	35〜39歳	45〜49歳	55〜59歳	65〜69歳	70〜74歳	75歳以上
当初所得	① 2001	0.419	0.324	0.355	0.327	0.384	0.607	0.657	0.644
	② 2010	0.470	0.364	0.351	0.341	0.404	0.603	0.687	0.728
	③ 2016	0.480	0.328	0.340	0.350	0.406	0.567	0.669	0.745
(参考)	③-①	0.060	0.004	-0.015	0.023	0.022	-0.040	0.013	0.101
再分配所得	④ 2001	0.322	0.299	0.301	0.290	0.327	0.340	0.345	0.375
	⑤ 2010	0.316	0.297	0.288	0.282	0.328	0.319	0.307	0.364
	⑥ 2016	0.312	0.306	0.273	0.279	0.340	0.315	0.304	0.349
(参考)	⑥-④	-0.010	0.006	-0.028	-0.011	0.014	-0.024	-0.042	-0.027

(出所) 厚生労働省「所得再分配調査」。5歳刻みで全ての年齢階級について公表されているが、本表では紙面の都合で抜粋して掲載。年は調査実施年。

係数をみてみましょう。再分配前の当初所得では、ジニ係数は年齢層によってその水準も特徴も異なっています（表12-1）。まず、高齢者についてみると70〜74歳では2001年の0.657から2016年には0.669へ、75歳以上では0.644から0.745へと高齢層ではジニ係数の水準が高く、かつ上昇しています。次に、若年層をみてみましょう。25〜29歳では2001年の0.324から2016年には0.328へと、高齢層と比べ水準は低く、格差は拡大した後ほぼ2001年の水準並みに戻っています。一方で、35〜39歳や65〜69歳では変動しながらも2001年に比べて2016年には低下がみられ、45〜49歳、55〜59歳の中高年層では拡大しています。

　ところが、再分配後の所得でみると、すべての年齢層でジニ係数は当初所得に比べてその水準が低下しており、かつ多くの年齢層で係数に低下傾向がみられ、格差が縮小していることがわかります。高齢層のジニ係数も、70〜74歳では2016年に0.304と現役中高年層よりむしろ低く、かつ2001年と比べ低下しています。まとめると、所得格差は、当初所得では高齢層で水準が高くかつ高齢層を中心に拡大し、高齢化が全体としての格差を拡大させているものの、再分配後の所得では多くの年齢層で格差は拡大しておらず、高齢層では縮小がみられ、全体としても小幅ながら低下しているということになります。

若年層の所得格差は拡大しているのか

　若者の所得格差が拡大していると言われています。表12-1でも、当初所得では2010年には25〜29歳ではジニ係数が0.364と、35〜39歳や45〜49歳と比べ高く、

かつ上昇していました。その後2016年になると、25〜29歳のジニ係数は、当初所得は0.328まで改善がみられ、35〜39歳や45〜49歳をむしろ下回るようになりました。一方で、再分配所得では、25〜29歳のジニ係数は2016年で0.306と中年層より高く、2001年と比べても小幅ながら上昇しています。

　若者の格差拡大の背景としては、非正規雇用者の比率が増えたことが指摘されています。第4章でもみたように、非正規雇用者の増加には、団塊の世代をはじめとする高齢者が定年後非正規雇用者として働いていることがありますが、長期的にみると、若年層の非正規雇用者比率が増加しています。特に、1990年代後半頃から大きく上昇しました。25〜34歳の男性で雇用者に占める非正規雇用者の比率は、1990年代前半ではわずか3％程度にとどまっていました。それが90年代後半から上昇が続き、2010年には14％となりました。2014年に17％（16.9％）に達した後、2018年に14％まで若干改善しています（総務省「労働力特別調査」及び「労働力調査」）。

　女性の場合は元々パートなどの非正規雇用比率が高いので90年代前半には3割弱が非正規雇用でしたが、男性同様90年代後半から上昇し、2000年代半ばには4割を超えるようになりました。とはいえ、その後頭打ちとなり、最近では3割台となっています。男性では若年層以外でも非正規雇用比率は上昇したのですが、若年層でより顕著な上昇となっていました。賃金の低い非正規雇用者が増えたことが若年層においてジニ係数を高めているというわけです。

　では、2010年以降、当初所得のジニ係数が若年層で改善したのはなぜでしょうか。直接的な検証は難しいのですが、この間、若年層（25〜29歳）の非正規雇用比率は男性では若干上昇しており（2010年17.1％→2016年18.7％）、女性ではわずかに低下しています（2010年37.9％→2016年35.3％）。一方で、若年失業率が大幅に改善しました（2010年7.1％→2016年4.6％）。したがって、可能性としては、失業率低下や女性の賃金上昇（男女賃金格差縮小）が、若年層における当初所得均等化に寄与したことが考えられます。景気が悪くなると若者の所得格差が拡大し、人手不足になり改善したということです。

　ところで、格差の議論で日本とアメリカで異なる点として、アメリカの場合は一部の高額所得者に富が集中することによる格差拡大が注目されているのに対し、日本の場合は物価が下がるデフレーションの下で賃金上昇も抑制されるなか、低所得者が増えることによって格差が拡大する傾向がみられたということがありま

図12- 4　非正規雇用者は年齢上昇による賃金上昇が限られる

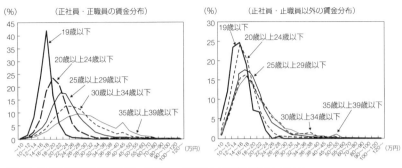

（備考）平成24年版労働経済白書。男女計。40歳以上の分布は省略している。

す。とくに、非正規雇用の若者の場合、若いときから賃金が低く、かつ、その後もたとえ望んでもすべての人が正規雇用者になれるとは限りません。非正規雇用にとどまるということは賃金がその後もあまり上昇しないということです。

「平成24年版労働経済白書」では、人々の賃金が年齢階層毎にどのように分布しているかを、正社員と非正社員それぞれについてみています（**図12- 4**）。正社員（左図）は年齢が上がるにつれ賃金も上がる人が多いので、分布の山が次第に右側へとシフトしていきます。これに対し、非正社員（右図）は年齢が上がっても分布の山が左に寄ったままであまり形が変わりません。年齢が上がっても賃金が上昇する人は限られているのです。本人が望んでいる場合は良いでしょうが、不景気などで仕方なく（不本意に）非正規に就いた雇用者には、正規雇用への転換を促していくことが望まれます。

格差を何でみるべきか

格差問題というと、まずは所得の格差が関心の対象となりますが、格差は所得だけの問題とは限りません。所得以外の主なものとして、以下では2点考えてみましょう。一つは、所得といっても生涯所得の視点です。たとえ現在の所得が同一で差がなくても、今後の賃金がどの程度上昇するかにより生涯所得には差が生じます。今は賃金が低いものの今後上昇が見込まれる人と、今はそれより少し高いが今後は上昇しない人がいた場合、現在所得の低い人を制度的に優遇すべきかは議論が分かれることでしょう。そういう意味では、格差の程度は生涯所得の視

点で評価することが望ましいことがわかります。ただ、生涯所得は計算が簡単ではないのが最大の難関です。

　そこで、格差の実態を評価する手段として生涯所得は難しいとしても、消費の不平等度でみる方法もあります。多くの人々は自分の生涯所得を念頭におきながら現在の消費支出を決めていますので、消費の方が（再分配後でみた）生涯所得を反映していると考えられますし、なにより生活水準のばらつき（格差）を見るという意味では、消費の方が役に立つ面があるからです。

　もう一つは、住宅・土地や金融資産などの資産の視点です。米誌フォーブスによると、世界長者番付の一位はアマゾン創業者のジェフ・ベゾスで、2019年の総資産は1310億ドル（約14.7兆円）だそうです。気が遠くなるような数値ですが、日本でも資産保有にはかなりのばらつきがあります。ベゾスほどの人ではなくても、人それぞれ所得に差がある状況で、高所得の人の方が消費せずに貯蓄や投資にまわす余裕があると考えれば、所得の格差よりも資産の格差の方が拡大しやすいことは容易に想像できるでしょう。ただ、資産の場合、過去に消費を我慢して蓄積したものだとすれば、それで格差を測られるのは「だったら使ってしまえば良かった」と不満に思う人もいるかもしれません。

　一方で、自分で稼いだ所得を蓄積した分のほかに、親などから相続・贈与により取得したものも資産には含まれます。この場合は、本人の能力や努力に関係なく、生まれた時から、いわばスタート時点で格差が存在していることを意味します。「我が子に遺したい」という親の気持ちは尊重したいですし、日本ではバブル崩壊後長期にわたり地価が低下基調に転じたこともあり、資産格差はあまり大きな話題となっていませんが、高齢化が進めば、所得に比べて保有資産の重要度が高まっていくことになります。少子化によりきょうだいの数が減少すれば、遺産を遺したいと親が思えば、子どもが生まれながらにして譲り受ける資産がより増えていくことも考えられます。

3　格差と政策

　日本では当初所得のジニ係数は上昇している一方で、再分配後の所得のジニ係数は低めに抑えられており、かつ2000年代以降は上昇していないという現状がわかりました。これだけをみると、日本では所得格差は拡大しておらず、再分配政

コラム　軽減税率導入の矛盾

　2014年4月、消費税率は5％から8％に、2019年10月には10％へと引き上げられました。10％引き上げと同時に一部品目の税率は据え置く**軽減税率**が導入されました。軽減税率の対象品目は「酒類と外食を除く食品全般」と「週2回以上発行され定期購読されている新聞」です。これらについては税率8％で据え置かれることになります。

　しかし、軽減税率の導入にはおかしな部分も多く、経済学者やエコノミストのほぼ全員が反対しています。理由はいくつかあるのですが、最も大きな問題としては、軽減税率は公平性の観点からは望ましい選択とは言いがたいということがあります。これはどうしてでしょうか。

　消費税にはもともと「**逆進性**」があると言われていました。所得税は所得が上がるに従い税率が高くなっていく累進性を採用していますが、消費税はそうではありません。すると、一般に所得の低い人の方が平均消費性向（＝消費／所得）が高いので、所得の低い人ほど、所得に対し消費税の負担（支払っている消費税／所得）は重くなってしまいます。これが逆進性です。

　軽減税率を導入する理由も「消費税率が上昇することによる低所得者の負担軽減のため」と説明されていました。確かに食品は誰もが日々購入する必需品ですので、税率が下がれば低所得者にとって負担が軽くなります。ただ、忘れてはいけないのは、食料品は誰にとっても必要な支出ですから、食品にかかる軽減税率の負担軽減の恩恵は当然豊かな人にも及びます。

　実際の数値をみてみましょう。家計全体を年収の低い順に5つのグループに分けた場合、一番低いグループでは食費に年間70万円使っているのに対し、一番豊かなグループでは113万円使っています。外食などを考慮しても、「酒類と外食を除く食料」と「新聞代」の合計は一番低いグループで61万円に対し、高いグループでは84万円となりますから、軽減税率2％による消費節約効果は、所得の高いグループのほうが多額になってしまいます。軽減税率を導入した結果、低所得者よりも高額所得者に多額な現金をばらまいていることになるのです。

（万円）

年収	消費支出	A 食料	B 酒類	C 外食	D 新聞	E A－B－C＋D	E＊2%
323万円未満	230	70.2	3.0	6.2	3.1	61.0	1.2
323〜449万円	296	80.3	3.6	9.4	3.1	67.4	1.3
449〜608万円	329	86.2	3.5	13.0	2.5	69.7	1.4
608〜843万円	378	94.2	4.0	15.8	2.5	74.4	1.5
843万円以上	492	112.9	4.7	24.0	3.1	84.1	1.7

（備考）総務省「家計調査」2人以上の世帯。2018年。外食は学校給食を除く。

　さらに困ったことに、軽減税率は「効率性」にも歪みを与えます。食品が安価になることで、本来は選択されなかったような高い食品が売れてしまうかもしれませんし、外食の代わりに消費税の安いテイクアウトが売れるのかもしれません。他の財が値上がりする中で、新聞が値段を据え置けば、本来は他の財に向かうはずの需要を引き留めることとなるかもしれませんし、それにより新聞のコスト削減努力が緩慢になるかもしれません。

　低所得者に配慮した再分配政策は必要ですが、それは効率と公平の観点から、別の手段で行うべきなのです。

策もうまく機能しているようにみえます。しかし、その背景には税や社会保障による再分配機能があり、結果として、第10章や13章でみるように財政赤字は拡大しています。これらについてどう考えればよいのでしょうか。

再分配政策はどうあるべきか

　社会保障や税による再分配に関する政策は再分配政策と呼ばれます。再分配政策を評価する上で代表的な考え方に**「効率性と公平性」**があります。効率性が高いというのは、市場で競争メカニズムが十分機能しているような状況で、競争もあり企業や個人の生産性に応じて賃金格差も発生しますが経済成長も高くなります。公平性は、そうして得られた経済活動による成果をどのように分配するかということで、それがどの程度公平であることが望ましいかは人々の価値判断に依存します。

　効率性を求めた時に公平性が保たれているとは限らないので、人々が望ましいと思う公平性を保つためには政策による再分配が必要になります。しかし、ここで問題があります。いま、AさんとBさん二人がいるとして、二人の経済状態が全く同じなのに、差別的な異なる対応をするのは不公平でしょう。しかし、たとえ同じ所得を得ていても、Aさんはとても努力して得た所得で、Bさんはたまたま運よく得た所得だったとします。その場合、運による部分については除いて評価した方が、本人たちの本来の意思や努力に報いるものとなります。そうなれば、勤労意欲も維持することができるので、経済成長も保たれやすくなります。しかし、運による部分を考慮しようと思っても、実際にはBさんの所得のどこまでが運や偶然によるものなのかを客観的に評価することは困難です。公平性と効率性をきめ細かく判断・評価して国民にとって望ましい再分配政策を決定しようとしても、限界があるということです。

　とはいえ、そうはいっても、もし経済的に恵まれていない人から恵まれている人へ再分配が行われるようなことがあったとすれば、それは不公平ですし、社会全体としても望ましくないといえます。経済学を学んだ人であれば「限界効用は逓減する」という話を聞いたことがあると思います。簡単に言うと、経済学ではりんごを食べる場合でも、1つ目を食べた時の満足度と比べ、2つ目を食べた時の満足度は少し減ると考えます。そうすると、一部の人々の所得が突出して高いよりも、すべての人の所得に差がない方が、全体としての満足度は高まることになり、所得は皆なるべく同じになるような再分配政策を選択すべきということになりそうです。

　実際、所得税には累進性が適用されており、所得が高いほど所得税率は高くなります。そして、年金や医療などの社会保障にも税金が財源として投入されています。日本の場合所得税率は所得に応じて5％から段階的に上昇していき、最高税率45％の6段階となっています。年収が一定水準より低い場合所得税は免除されていますので、所得が低い人は所得税を払う必要もありません。

　しかし、累進税制や社会保障制度が充実することには、それによる問題点も指摘されています。典型的な例が、労働供給への効果です。所得税率があまり高くなってしまうと、それ以上努力して働いても税金に多くを取られてしまうと思い、働く意欲がそがれるという作用が働くでしょう。また失業手当や年金などがあまり充実してしまうと、働かずに失業手当をもらったり、定年後も働き続けるより

は年金の方が得をするから辞めておこうという事態になりかねません。

　このように、本来働ける人の勤労意欲をそぐだけでなく、そう言う人が増えることにより、財政赤字や勤労者の負担（失業保険料・年金保険料の引き上げなど）の増加を招き、さらに健全に働く人の勤労意欲がそがれ、経済の効率性が下がってしまう懸念があるのです。また、社会保障が充実することにより、モラル・ハザードを招く可能性もあります。病気になっても医療保険が充実していれば、安心である一方で、病気に対する備えがおろそかになり、社会的コストが高まります。

最適所得税をめぐる議論

　つまり、経済の活力を失わず、所得再分配も好ましい水準となるような税制や社会保障政策が望ましいということです。所得税については、最適所得税はいかにあるべきかを巡る議論があり、内外問わず専門家の間でも重要なテーマとして研究が進められています。最適所得税の議論では、人々が得られる所得に応じてどのような労働意欲を持つか（逆に言うと、税率が高くなることにより労働意欲がそがれる効果）などを考慮した上で、人々が得られる効用・厚生が社会全体としてどのようにしたら高まるかを考え、一定の仮定の下で望ましい税率のパッケージメニューが導かれます。メニューの中からどれを選ぶかは国民の選択というわけです。

　しかし、税率というのはそう頻繁に変更するわけにもいきませんから、税率を変更した時に実際に人々がどのような行動を起こすかを見極めるのはそう簡単ではありません。日本の所得税の最高税率は80年代には75％と国際的にも高く、以降引き下げられて行ったのですが、それにより高所得者が増えたかというと、どうもそうでもないようです。税率変更により労働供給が増えたりするかというと、今のところ日本ではその効果はあってもあまり大きくないという結果が得られています。所得税率が下がれば所得税を払っている人にとっては朗報ですが、それにより経済活性化が期待できないのであれば財政赤字が増えるだけで、問題の方が大きくなってしまうことになります。

再分配政策の評価

　再分配前の所得である当初所得のジニ係数は近年大幅に上昇しているものの、

再分配後の所得のジニ係数は低めに抑えられかつ拡大はしておらず、その大部分は社会保障による移転によるものということを見てきました。これは一見とてもうまくいっているようにみえます。年金・医療などの今の社会保障制度に持続性があるのであればうまく機能するといえるでしょう。

　しかし、第10章や13章でみるように、日本の財政赤字は主要先進国の中でも最悪水準にあり、社会保障給付も税金により補填されるようになっており、残念ながら現在のような再分配政策は維持可能とはいえないのです。したがって、第1に、再分配政策をできるだけ同一世代内で行っていくように仕組みを変えていくことが望まれます。日本の公的年金制度は、第13章でみるように、賦課方式といって、現役世代が支払う保険料で高齢者の年金給付が行われています。つまり、再分配後の所得は、若年・中年層の負担した財源で高齢層の所得を平均的に引き上げるという形で、格差拡大は抑制されているわけですが、少子高齢化のもとで、先細る若年・中年層に格差是正機能を期待するのは難しく、それを補うために財政赤字が今後も拡大していくことになります。高齢者でも働きたい人にはなるべく働いてもらうこと、また豊かな人には相応の負担を求め、それを高齢者に再分配していく方策が重要となっています。

　第2に、社会を構成する単位が世帯から個人にシフトしていくことに対応していく必要があります。少子化は子ども数の減少だけでなく、同時に長寿化や未婚化による単身者の増加も進んでいるということに注意が必要です。50歳代女性の未婚率は2005年の約6％から、2055年には24％にまで高まるとの政府予測もあります。離別や死別も考慮すれば、高齢世帯のうちかなりが身寄りのない単身世帯となりますので、少子高齢化のもとで、人々は家族のインフォーマルな支援も従来ほど期待できず、様々な社会的リスクに個人で立ち向かっていかなければならないことになります。再分配政策はそうした個人をセーフティ・ネットの枠内にとどめるべく支援していくことが求められていくのです。

格差の固定化

　格差の固定化と呼ばれる別の問題もあります。格差は本来はその人の生涯所得で評価すべきと説明しました。若いときに景気が悪く非正規雇用となったため低所得になり、その後も本人が努力してもなかなか正規雇用者になれないような場合、生涯所得で測っても所得は低いままにとどまります。これは社会保障という

よりも雇用政策や雇用慣行の問題としてとらえるべきです。本人が希望する場合は正規雇用への転換が図られることが望ましく、政府も企業に助成金を出すなどの政策的な取り組みが行われています。

　また、財産の相続・贈与があまりに大きくなるのも問題でしょう。生まれながらに貧富が決まってしまえば、働く意欲が抑制され経済が活性化しなくなります。2015年には**相続税**が改正され、基礎控除額の引き下げなどの増税が図られたところです。もっとも、海外ではカナダやシンガポールのように相続税がゼロの国もありますので、あまり引き上げると相続財産がかえって海外に移転してしまう（租税回避）も起こり得ることには注意が必要です。

　格差問題を考える上では、どんな人でもチャレンジでき、努力すれば報われるという「機会の平等」を確保することが望ましいのです。子供の学歴も親の学歴や収入と相関があることは良く言われていますが、親が低所得なために子どもの教育機会が奪われるのであればそれは問題ですし、社会にとっても好ましくありません。これは教育政策の問題であると同時に、以下でみる貧困の問題とも関係しています。

貧困問題と子どもの貧困

　最後に、格差問題と関連し、貧困の問題について考えます。生活保護を受けている世帯は1993年を底に大幅に増加しています。2005年に100万世帯を超え、19年8月には164万世帯となりました。内訳としては高齢者世帯が多くなっています。受給者数は2011年に200万人を突破、その後も増加し19年8月には207.5万人となりました（**図12-5**）。受給者数は2015年をピークに頭打ちとなり、世帯数もここ数年はほぼ横ばいとなっています。景気改善とともに高齢者以外の世帯では減少がみられたのですが、高齢者世帯の増加は続いています。

　2008年のリーマン・ショック以降、生活保護世帯の増加が話題となりましたが、世界経済・社会問題を見る上で貧困を評価するときには、よく**絶対的貧困**に着目します。これは必要最低限の生活水準として、1日の所得が一定水準（例：1日1ドル）以下の人々がその国の人口に占める割合のことで、世界銀行などがその数値を公表しています。このほかに、最近先進諸国の貧困の程度を評価する指標として注目されているのが、**相対的貧困率**です。これは、総世帯の中で所得がちょうど真ん中（5世帯の場合3番目）にいる世帯の所得に対する一定の割合（た

図12-5　増加する生活保護世帯

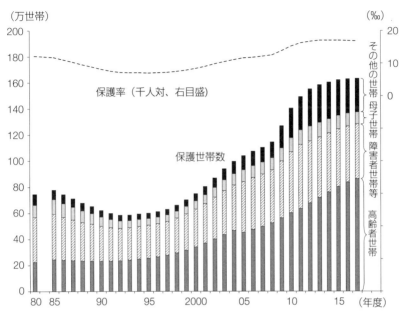

（備考）障害者世帯等は、障害者世帯・傷病者世帯。国立社会保障・人口問題研究所資料、厚生労働省「社会福祉行政業務報告」（2012年以降は「被保護者調査」）により作成。

表12-2　相対的貧困率

（%）

	1985	2000	2015
相対的貧困率	12.0	15.3	15.7
子どもがいる現役世帯	10.3	13.1	13.9
うち大人が2人	9.6	11.5	10.7
うち大人が1人	54.5	58.2	50.8

（出所）厚生労働省「国民生活基礎調査」より作成。子どもは17歳以下の者。

とえば半分）を貧困線と定義し、その貧困線以下の所得にとどまっている世帯の数が、全体の世帯数のうちどの位の割合を占めるかを意味します。そうすると、多くの人が真ん中の所得近くに集まっているような状態では、相対的貧困率は低くなります。これに対し、所得の低い世帯が多いと貧困線に届かない世帯が増え、貧困率が高くなるということです。日本の相対的貧困率は、2015年代後半には

15.7％で、OECD 加盟国の中では第6位（G7諸国の中ではアメリカ、イタリアに次ぎ第3位）の高さとなり、1985年の12％から緩やかではありますが上昇傾向にあります。

　再分配後所得のジニ係数では格差拡大は2000年代以降落ち着いているのに、貧困率は上昇傾向が続いているのはどうしてでしょうか。高齢者世帯における分配後の所得の改善に比べ、貧困世帯での再分配による改善が相対的に小さいことが考えられます。特に、子どものいるひとり親世帯（その多くが母子世帯）の相対的貧困率は5割と高い水準にあります（表12-2）。OECD 諸国と比べても、日本では子どものいるひとり親世帯の貧困率が突出して高いのです。子ども期の貧困は教育や成人後の就業、所得に悪影響をもたらし、社会にとっても大きな損失となります。子どもの貧困は機会平等を脅かし、格差の固定化にもつながる恐れがありますから、政策的に対応する必要があります。2013年に「子どもの貧困対策法（子どもの貧困対策の推進に関する法律）」が成立、2014年1月に施行され、改善に向け対応が進められています。

参考文献

　格差については

橘木俊詔（1998）『日本の経済格差』（岩波新書）

大竹文雄（2005）『日本の不平等』（日本経済新聞社）

が先駆的な著書です。

　格差について幅広い視点から論じたものとして

小塩隆士（2012）『効率と公平を問う』（日本評論社）

伊藤元重編（2008）『リーディングス　格差を考える』（日本経済新聞社）

橘木俊詔（2016）『21世紀日本の格差』（岩波書店）

があります。

　子どもの貧困については

阿部彩（2015）『子どもの貧困II─解決策を考える』（岩波新書）

があります。

▶▶課題

1. 格差がどの程度あることが望ましいかと思うかは人によって同じではありません。
どのような視点が重要か、どの程度であれば「公平」といえると思うか、議論してみ

ましょう。

2．少子高齢化が進むなかで、再分配政策はどうあるべきでしょうか。高齢者間の再分
　配はどのような方法が望ましく、また実現可能と考えますか。

第13章 | 改革が求められる社会保障

　少子高齢化の進展は、財政バランスや社会保障制度などの公的部門にも大きな影響を及ぼします。第14章でもみるように、日本では世界のどの国も経験したことのないスピードで高齢化が進んでいます。これまでは格差縮小にも大きく寄与していた日本の社会保障制度ですが、今後人口構造がさらに変化する中で、現在のような制度を維持し続けていると、世代間の不平等は極端に拡大し、財政赤字の処理が大問題となります。ということは、現在のような制度は維持不可能だということです。典型的な例が年金と医療で、団塊の世代が75歳以上となる「2025年問題」が注目されています。

拡大する社会保障給付費

　私たち国民が公的年金、医療、福祉などで受け取る社会保障給付費は増加し、かつ構成に変化がみられています。2018年度には121.3兆円となりました。図13-1でみるように、うち年金が57兆円と約半分を、医療費が39兆円と約3割を占めています。図の「福祉その他」には社会福祉サービスのほか、生活保護、介護、子育て支援、雇用保険による失業給付なども含まれ、最近では介護が増加しています。

　国民所得比でみると、社会保障給付費の国民所得に対する比率は、2017年度には30%になっています。この比率は1970年代前半頃までは概ね5％に過ぎなかったのですが、以降上昇に転じます。1973年は「**福祉元年**」といわれ、年金の給付水準引き上げ、物価スライド制の導入、老人医療費の無料化など、社会保障制度の充実が図られた年です。バブル期など経済が好調であったことなどから低下がみられた時もありましたが、その後再び上昇基調となりました。2010年代に入り、後はほぼ横ばいとなっています。

図13-1　社会保障給付費の推移

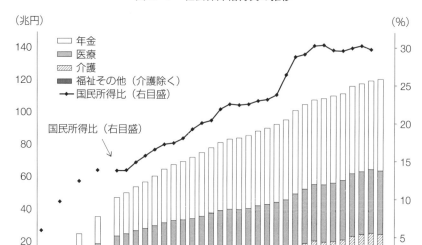

（出所）国立社会保障・人口問題研究所「社会保障費用統計」

　社会保障費の増加自体は、高齢化が進む中ではむしろ当然ともいえます。高齢者が増えれば年金を受け取る人も増え、医療費も増加するのが自然だからです。しかし、急速に進む少子高齢化の中で、年金や医療といった社会保障制度の給付と負担のバランスが保てなくなっていることが問題となっています。

　具体的に現状をみてみましょう。2019年度予算によると、社会保障給付費は2018年度よりさらに2.4兆円増えて123.7兆円です。ではこれをどのような制度で負担しているかというと、**図13-2**にあるように、保険料で6割を、残りの4割を公費で対応する仕組みとなっています。公費が4割に及ぶのは、生活保護など全額公費で賄っている分野が含まれることに加え（ただし、図13-1からもわかるように、それらは全体からみればあまり大した規模ではありません）、働いているサラリーマンの厚生年金（いわゆる2階部分）などは保険料で対応しているのですが、基礎年金や自営業者などの国民年金、2節でみる後期高齢者医療、介護保険など、保険料のみでは給付を賄うことが難しい分野があるためです。

図13-2　社会保障費の給付と負担の現状

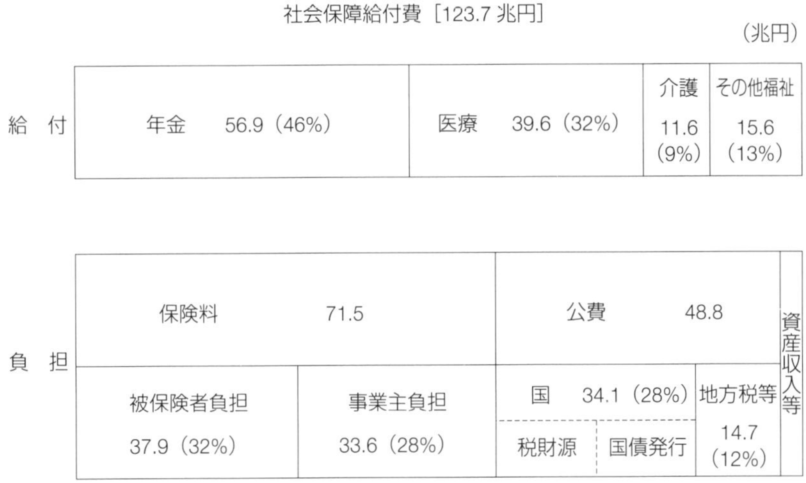

社会保障給付費［123.7兆円］

（兆円）

給付	年金　56.9（46%）	医療　39.6（32%）	介護 11.6（9%）	その他福祉 15.6（13%）

負担	保険料　　71.5		公費　　48.8		資産収入等
	被保険者負担 37.9（32%）	事業主負担 33.6（28%）	国　34.1（28%） 税財源 / 国債発行	地方税等 14.7（12%）	

（備考）内閣官房資料より作成。2019年度予算ベース。

第10章で財政赤字の問題をみましたが、社会保障関係費は財政赤字拡大の重要な要因となっています。既にみたように、社会保障給付のうち保険料で賄えない部分は、公費からその多くが拠出されているためです。社会保障関係費は1975年度には一般歳出の18%でしたが、2019年度には34%へと拡大し、一般歳出のうち最大のシェアを占めるようになっています（シェア2番目は国債費の24%ですから、国債と社会保障費で6割に近づいています）。

1　年金の仕組みと課題

公的年金はなぜ必要なのか

ところで、そもそも「公的」年金がなぜ必要なのかを考えてみましょう。国民の将来生活を安定させるために、安定的な公的年金システムを整備することは重要なことです。ただし、集団で保険をかけて老後に備えるという点だけを考えると、別に政府が介入しないでも、個人ベースで勝手に民間保険に入ればよいという考えも成立するような気がします。では、どうして公的な年金の仕組みが必要

なのでしょうか。

　公的年金が必要な経済学的理由としては、①長生きしそうな人だけが保険に加入するという「**逆選択**」が作用するため、保険料が割高になってしまうこと（強制的に全国民が加入すれば、寿命の分布がならされるので、平均的な保険料はずっと安くなる）、②低所得の高齢者は、生活保護を受けることによって、負担なしに最低限の生活を営めるという「**モラルハザード**」が作用するため、社会的コストが高くなってしまうこと（強制的に全国民が加入すれば、誰もが勤労時代に保険料を負担する）、③何十年に一度かの経済ショック（例えば、バブル崩壊や最近のデフレ、ゼロ金利）があると、民間保険会社は破綻する可能性があること（政府は徴税権を持っているから破綻しない）などが指摘されています。国民生活の安定のために不可欠の制度である年金制度の将来が不安定だということは、国民に大きな将来不安を与えることになります。

「積立方式」と「賦課方式」

　では、現在の公的年金システムはなぜ維持困難になっているのでしょうか。年金制度には二つのタイプがあります。一つは「**積立方式**」であり、各世代ごとに将来のために資金を積み立てておき、老後になったらそれを取り崩して年金として受け取るというやり方です。もう一つは、「**賦課方式**」であり、現在の勤労世代が負担して、現在の高齢者世代に年金を払うというやり方です。現在の日本の年金制度は、賦課方式に近いものとなっています。経済規模、人口規模が永遠に一定であれば、どちらの方式を取っても同じなのですが、現実の経済はそうではないので、両制度にはそれぞれメリット、デメリットが生じることになります。

　第1の差は、制度的に成熟するまでのスピードです。年金制度が整備されていない状態で、新たに年金制度を作ろうとする時は、賦課方式の方が圧倒的に速く制度を完成させることができます。現時点の勤労世代が現時点の高齢世代の年金を負担するわけですから、瞬時に制度を作り上げることができます。しかし、積立方式は、勤労世代が積み立てを始めて、その世代が老後になって初めて年金を受け取るわけですから、制度が完成するまでに何十年もの時間がかかります。

　第2の差は、高成長・インフレ進行への対応です。積立方式は、高成長やインフレに弱いという欠点があります。自分で積み立てるわけですから、勤労世代の時の成長率が低いと十分な積み立てができず、その後に成長率が高まって生活水

準が上昇しても、それに見合った年金給付水準を確保することはできません。また、途中でインフレが発生すると、予定していた給付水準の実質価値が低下し、年金によって保証される生活水準が下がってしまいます。これに対して、賦課方式であれば、年々の所得水準、物価水準に合せて負担と給付を弾力的に決めることが出来るので、高成長やインフレがあっても大丈夫です。

　第3の差は、人口構造への対応です。賦課方式は、人口が増加している時には有利です。相対的に少人数の高齢者のための負担を、大勢の勤労世代で分担し合うことができるからです。逆に、人口が減少する時には、勤労世代の負担が重くなるので、積立方式のほうが有利となります。

　こうして見てくると、かつての日本では賦課方式が有利だったと言えるでしょう。①年金制度を急いで確立する必要があり、②成長率は高く、時として大幅な物価の上昇があり、③人口は増加していたからです。しかし、近年ではこうした環境はいずれも賦課方式に不利な方向に変わってしまいました。①年金制度は成熟化し、②低成長時代となって、物価は上昇するどころか、むしろ下落気味であり、③人口減少時代に入っているからです。

　特に人口構造の変化との関係は重要です。第14章でみるように老年従属人口指数は、今後大幅に上昇します。すると、働く人が相対的に少なくなりますから、賦課方式の年金をそのまま維持することは不可能になります。これを改めるためには、基本的には負担を増やすか、給付を削るしかありません[1]。2004年の年金改革の前の段階では、その時点での給付（現役世代の平均所得の6割）を維持しようとすれば、その時点で13.58％だった保険料を24.8％に引き上げなければならず、保険料を据え置いていると、給付を4割もカットしなければならないという状況になっていました。

世代間の負担のバランス

　また、年金制度の維持可能性に加え、世代間の不公平の問題が注目されるようになりました。賦課方式は人口構成の影響を受けますので、少子高齢化が進むと

1）　年金や医療などの制度で賦課方式を辞めて積立方式に変更できるかというと、それは容易ではありません。なぜなら、賦課方式から積立方式に変更しようとすると、移行時点での勤労世代は、同時期の高齢者世代の年金給付の財源を負担すると同時に、老後のための積立も自分で行わなければならなくなるからです。これは**「二重の負担」**の問題と呼ばれています。

社会保障の受益と負担に世代間の差をもたらされるからです。いま年金を受け取っている人たちは、自らが負担したよりも多く受け取ることができますが、少子高齢化が今後も進むため、若い世代になると負担したほどには受け取れなくなる計算となります。

　この点は、「**世代会計**」の考え方を使うと問題点がクリアに分かります。世代会計というのは、各世代が政府からどの程度の受益を受け、負担をするかを見るという手法です。2003年の「経済財政白書」（以下、単に白書）で、この世代会計の計算を行っていますので、これに基づいて考えてみましょう。

　世代による受益と負担の違いには二つの種類があります。一つは、ある一時点をとって世代間の差を見た時（つまり現時点の20歳代、60歳代という具合に見る時）に現れる「クロスセクション的な世代差」です。例えば、受益について考えると、政府が提供する一般的な公共サービス（警察、消防、公衆衛生）、道路などの社会資本サービスは、世代の差なしに、国民全体が受益者となりますが、公的年金は高齢者だけが受益者となり、医療についても高齢者の方が医療コストがかかる分、どうしても受益の度合いが高くなりやすくなります。一方、負担については、消費税などは国民全体が負担しますが、所得税、社会保険負担などは勤労世代が主に負担しています。

　白書は、2001年時点での世代間の受益と負担を計算していますが、それによりますと、①60歳以上の高齢者は、年間338万円の受益超過、②それ以外の世代はいずれも負担超過で、特に50歳代は年間195万円の負担超過となっています。しかし、こうした世代間の差は、どの国でも、いつの時代でも見られることであり、それが直ちに問題だというわけではありません。私たちの一生を考えてみますと、勤労世代の間に政府への負担を担い、高齢世代になってから年金、医療などの形で受益を得るというのが自然な姿であり、それが本来の政府の役割だと言えるからです。

　もう一つの世代差は、生まれた時点ごとの世代間の差を見た時に（つまり、1940年代生まれの世代、1990年代生まれの世代、今後2010年以降に生まれる世代という具合に見る時）現れる「タイムシリーズ的な世代差」です。これも、現時点の制度、人口構造が維持されれば特に問題は生じないはずです。クロスセクション的な世代格差があっても、それぞれの人の一生を考えれば、勤労者もいずれは高齢者になるのですから、生涯を通じた受益と負担はちょうど均衡するはずで

図13-3 受益と負担の世代間格差

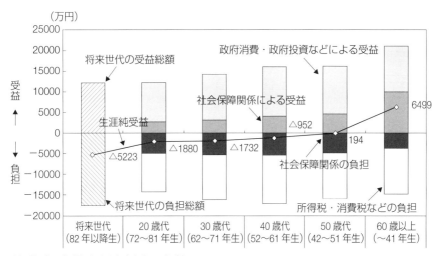

（出所）内閣府「経済財政白書」（2003年度）

す。

　しかし、実際にこの「タイムシリーズ的な世代差」を計算してみると、驚くべき姿が現れるのです。白書の計算によりますと、図13-3でみるように、2001年時点での60歳以上の世代（1941年以前に生まれた世代）は生涯を通じて6499万円もの受益超過、50歳代世代（1942〜51年生まれ）はほぼトントン（194万円の受益超過）ですが、40歳代以下はすべて負担超過となっています。最も負担が重いのは20歳代世代（72〜81年生まれ）で、1880万円の負担超過です。さらに、将来世代が累積した財政赤字をも解消していくと考えて、1982年以降生まれてくる将来世代の受益と負担を計算してみると、5223万円もの負担超過となります。タイムシリーズで見た世代間の不平等度は極めて大きいということになります。

　なぜこれほど大きな世代間格差が生じてしまったのでしょう。その理由としてまず考えられるのが今後も急速に進む少子化、高齢化です。少子・高齢化が進むと、受益が相対的に多い高齢者層が増え、その分、勤労者世代の負担が増えます。2001年時点での60歳以上の世代は、自分たちが勤労者世代の間は、高齢者への負担が少なく、もっぱら受益を得ることが出来ました。しかし1952年以降に生まれた人々は、それまでよりも多くの高齢者の面倒を見なければなりません。そこで、

コラム　保険料の企業負担分は誰のものか

　厚生年金や共済年金などの場合、年金の保険料は、その半分を勤務先が負担しています。たとえば、サラリーマンが実際に支払っている保険料が給料の８％だとしましょう。この場合、その同額の８％分を企業（勤務先）も負担しているわけです。

　では、年金の給付と負担を考える時に、この企業負担分をどう考えるべきでしょうか。「負担しているのは企業で個人は支払っていないのだから、実際に支払った８％が負担だ」という主張があります。しかし、これは経済学的にみるとおかしな話です。

　わかりやすい例として、例えば、労働の需要・供給曲線が図のような場合について考えてみましょう。図で、企業の労働需要曲線が D だとします（賃金が上がると労働需要は減少するので労働需要曲線は右下がりとなっています）。まず、保険料がない場合を考えてみましょう。労働市場の均衡は需要曲線と供給曲線が交わるところ E_0 で達成され、賃金は W_0 となります（賃金が上がると働きたいと思う人が増えるので、労働供給曲線は右上がりとなっています）。次に、保険料について考えるとどうなるでしょうか。保険料が課され企業が全額負担した場合、企業は保険料を負担することがわかっていますから、労働需要曲線は D ではなく、保険料分だけ下方にシフトし D_1 になり、賃金は W_0 より低い W_1 で決まります。この時、企業は労働者一人あたり保険料（＝ $E_1 G$）を支払います。保険料がない時に L_0 であった雇用量は、保険料が課されると L_1 へと減少します。

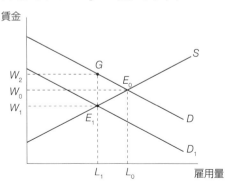

では、保険料を労働者が全額負担した場合はどうでしょうか。労働者は賃金を受け取っても保険料分が差し引かれることがわかっていますから、今度はその分だけ労働供給曲線 S が上方にシフトします。そうすると、結局供給曲線 S_1 は図で G を通るようになります（図では S_1 は省略してあります）。この時、労働者が受け取る賃金は W_2 となりますが、$W_2 = W_1 +$ 保険料が成立していることがわかります。

結局、企業と労働者のどちらがどれだけ実際に支払おうが、保険料は労働者が全額負担している状況と変わらないのです。

タイムシリーズ的に見た世代差が生じてしまうのです。このため、「保険料を支払っても、将来年金をあまり受け取れないのではないか（保険料を支払っても将来損をするのではないか）」という疑問も生じるようになりました。

2004年の年金改革

以上のような年金制度の危機的な状況に対して、2004年に年金制度の大改革が行われました。これはかなり抜本的な改革でした。この改革の主な特徴は次のような点でした。

①保険料を引き上げるのですが、上限を決めました…例えば、厚生年金の場合は、2004年10月から少しずつ引き上げ、2017年度には18.3％となり、これを上限とすることにしました。つまり「どこまで保険料が上がるのか分からなくて不安だ」ということはなくなったのです。

②給付を削減することにしました…今後ゆるやかに給付水準を引き下げ、現役世代の平均年収の50％程度を目指すことにしました。ただし、年金給付額の絶対水準が減ることにならないように、物価、賃金などが上昇した場合の調整時にのみ給付を抑制していくことにしました（これを「**マクロ経済スライド**」といいます）。

③積立金を取り崩すことにしました…日本には100兆円以上の年金積立金がありますので、これを100年程度の時間をかけて、順次取り崩すことにしました。その分負担は抑制されることになります。

④税金の投入を増やすことにしました…それまで基礎年金の3分の1は税金で

まかなわれていたのですが、この割合を09年度までに2分の1に引き上げることにしました。その分保険料は低くてすむのですが、税金も結局は国民が負担するのですから、国民全体の負担が減るわけではありません。

年金制度の維持可能性

この2004年改革では、負担も給付も特定の水準を約束してしまいましたから、経済・社会情勢や長寿化の推移によっては、年金制度は依然として維持できなくなる可能性を残しています。このため、政府は5年に一度、年金の「財政検証」により公的年金の現況および見通しを作成し、年金財政の健全性を検証しています。また、マクロ経済スライドは、スタート時点において1999年度の年金の水準を基準とした「特例水準」が設けられ、それを上回った時点で発動されるということになっていました。2004年当時は景気も持ち直していたので、給付水準は数年でこの特例水準を上回ることが想定されていました。しかし、実際にはその後物価は横ばい傾向となったため、発動できない（物価や賃金が低下しても給付水準は下がらない）状況が続き、2015年4月にようやく解消されました。

また、2004年の年金改革による保険料引上げは2017年で終了しましたが、マクロ経済スライドは、「賃金・物価による年金額の伸び－スライド調整率」により給付額の調整を行う仕組みで、スライド調整率は平均余命の伸びや労働力人口減少の影響に基づき毎年算出されます。しかし、負になった場合はマクロ経済スライドを実施しない（給付の引き下げは実施しない）措置（名目下限措置）があったため、賃金・物価がある程度上昇しないとスライド調整の効果が十分機能しないという問題がありました。2016年の年金額改定ルールの見直しにより、キャリーオーバー（引下げは行わないが、その後上昇した際にその分を抑制）が導入され、さらに2021年からは、賃金の変動がマイナスで、物価の変動より低下している場合、賃金変動に合わせて年金額が調整（減額）されることとなっています。

一方で、政府は少子化対策にも力を入れています。若い世代が増えれば賦課方式の維持が容易となるのは言うまでもありません。しかし、少子化対策が出生率向上につながっても、今年生まれた子供が現役世代として社会保険料を負担するようになるまでには20年程度かかるわけですから、少子化対策では年金問題はすぐには解決しないのです。年金の財政バランスを改善していくことが求められています。

2　高齢化と医療・介護

　医療問題も高齢化の中で難しい問題を抱えています。というか、今後の日本では年金よりも医療費の増大が見込まれているのです。大学で教えていたりすると、特に学部生などは、年金制度には関心が高いのですが、なぜか医療にはあまり関心を持たない人が多いようです。病気や医療に対しまだ実感がないためかもしれません。しかし、日本では高齢化のなか医療にも多くの公費が投入されるようになっており、改革を避けて通れない状況となっています。

医療サービスはなぜ特殊なのか

　医療問題を議論するとき難しいのは、多くの人が「医療のような重要な問題を自由な市場の取引に任せておくことはできないはずだ」「医療保険は公的に整備されるべきであり、病気になった人は、貧富の差に関係なく、最高の医療サービスを受けられるようにすべきだ」と直感的に考えていることです。

　しかし、健康に関係するから医療が特別だというわけではありません。もし「健康は国民生活の基本だから公的に管理すべきだ」と言うのであれば、「衣食住も生活の基本だから公的に管理すべきだ」と言わなければならないことになります。ではなぜ、医師の免許、公的医療保険への強制加入、医療価格の公定など、医療にはこれほど多くの公的介入があるのでしょうか。経済的には三つの理由が考えられます。

　第1は、逆選択とモラルハザードです。病気というリスクに対応するための保険は民間でも供給可能です。しかし、市場原理だけに任せておくと、保険会社は、病気にかかりやすい虚弱な人を排除したり、そういう人向けの保険料を高くするでしょう。すると、最も医療サービスを必要とする人たちが保険でカバーされなくなってしまいます。こうした弊害を避けるには、すべての国民を強制的に健康保険制度に加入させるのが合理的となります。

　第2は、**外部経済**（または不経済）の存在です。もし健康を損なうことの影響が本人だけであるなら、外部経済は存在しません。しかし、例えば、生産現場でチームを組んで働いているとき、一人が病気になると仕事全体が遅れてしまいます。伝染性の病気の場合にも回りに迷惑が及びます（外部不経済）。

図13-4　国民医療費の推移

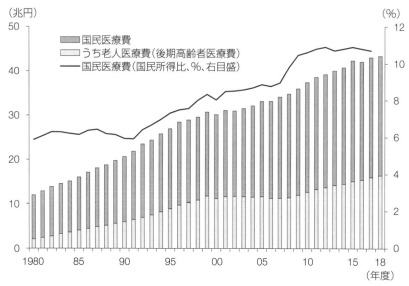

（兆円）　　　　　　　　　　　　　　　　　　　　　　　　　　　　　　　　（%）

- 国民医療費
- うち老人医療費（後期高齢者医療費）
- 国民医療費（国民所得比、%、右目盛）

（備考）厚生労働省「国民医療費」「医療費の動向」より作成。2018年度は実績見込み。

　第3は、**情報の非対称性**です。売り手と買い手が持つ情報に格差がある場合には、自由な市場取引がうまく機能しない可能性があります。どちらかが騙されてしまうからです。医療はその典型です。患者は、医師に比べて病気に関する知識が乏しいのが普通です。すると医師はこれにつけこんで、自分の都合の良いように医療サービスの量をコントロールすることができます。こうして医師が作り出す医療需要は「**医師誘発需要**」と呼ばれています。日本では、都道府県別に見た人口一人当たり医師の数と、一人当たり医療費には正の相関がありますが、これは医師誘発需要の存在を示すものだとされています。

増加する医療費

　日本の医療システムは、少し前までは比較的うまく機能してきました。国民皆保険のもとで、国民の医療に対する不安は小さく、乳幼児死亡率の低さ、平均寿命の長さなどの面でも日本は世界のトップクラスです。マクロ的に見ても、医療費支出の名目GDP比は、08年で8.5%と他の先進諸国に比べ低い方でした。し

図13-5　年齢階級別にみた一人当たり医療費と負担

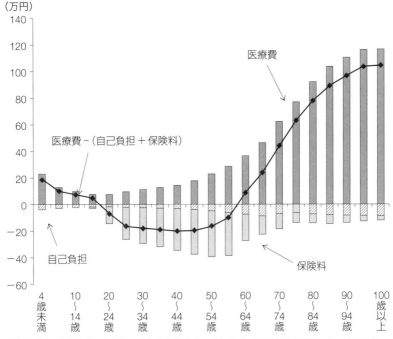

（備考）厚生労働省「医療保険に関する基礎資料」より作成。2016年度の実績に基づく推計値。

かし、2018年には10.9％となり他の先進諸国とあまり差がなくなってきています（アメリカ16.9％、フランス11.2％、ドイツ11.2％、イギリス9.8％）。

　日本の医療システムには多くの問題点があります。代表的な問題が高齢化に伴う医療費の増加です。当然ながら高齢者は健康を害する確率が高く、一人当たりの医療費も高くなりがちです。したがって高齢化が進むと、経済全体の医療費も増加することになります。1985年度には16兆円、国民所得比で6％であった国民医療費は、2017年度には43兆円、国民所得比11％と拡大しています（**図13-4**）。

　次に、年齢別に医療費をみてみましょう。一人当たり医療費は、20歳代前半では7.6万円ですが、年齢が上がるに従い徐々に増加し50歳代後半で28.5万円となります。しかし、**図13-5**でみるように70歳を境に大幅に増加し、70歳代後半になると77万円、80歳代前半で92万円と増加していきます。また、20歳代から50歳代までは自己負担額（保険料含む）が医療費を上回っていますが、60歳を境に逆

転します。その医療費と負担のギャップは年齢が上がるに従い拡大します。したがって、現行制度の下で高齢化が進むと、単に医療費が増大するだけでなく、医療費と負担のバランスが悪化していくのです。

　ここで注意すべきなのは、高齢化に伴って医療費が増えるのは当然のことであり、そのこと自体が問題ではないということです。例えば、今後高齢者向けのゆったりした日程の海外旅行ツアーへの需要が増えるとしましょう。そういう需要が増えるのはけしからんという人はいないでしょう。新しいビジネスチャンスだからどしどしサービスを提供すべきだと考えるでしょう。高齢者向けの医療サービスも同じことです。需要を抑えるのではなく、むしろそれを発展分野と考え、新技術、新雇用創出の場として位置づけることが必要なのです。

高齢化と医療保険制度への公費投入

　では、現在の医療システムのどこが問題かというと、それは、医療保険システム維持のために投入される国や地方自治体からの公費が拡大しているということと、医療サービスが必ずしも効率的に提供されていないことという二つです。

　まず、医療保険の問題から考えてみましょう。日本の医療保険では、74歳以下の人は①中小企業の従業員とその家族が加盟する「協会けんぽ」（2017年、3830万人）、②大企業の従業員と家族が加入する「健保組合」（同、2850万人）、③公務員や私学共済等が加盟する「共済組合」（同、860万人）、④自営業者や無業者を対象とする「国民健康保険」（同、3480万人）の４つがあり、国民はそのいずれかに属するしくみになっています。そして、2008年以降は、75歳以上になると全ての人が「**後期高齢者医療制度**」（同、1690万人）に移行するという仕組みになりました。

　サラリーマンが74歳以下で仕事を辞め無職になると、基本的には上述した４つの保険のうち最初の３つのいずれかから国民健康保険に移行します。それもあって国民健康保険は加入者には高齢者が多く、その５割は公費により賄われています。また、65〜74歳は**前期高齢者医療制度**といって、75歳未満の加入者数に応じて他の３つの保険から国民健康保険への拠出（調整）が行われています。75歳以上の人が対象となる後期高齢者医療制度は、公費５割、保険料１割、そして現役世代からの保険料４割により賄われています。

　これらを踏まえ高齢化と医療保険制度について考えてみましょう。高齢者医療

費のかなりの部分は、公費および保険料からの拠出金を通じて、勤労世代からの税金や保険料収入によって賄われていることがわかります。これは前述の年金の賦課方式と同様の仕組みだといえます。

この賦課方式の高齢者医療の仕組みは、人口が増えたり、経済が成長したりする状況の下ではうまく機能します。しかし、人口が減ったり、高齢者の比率が上昇したり、経済成長率が鈍化すると、とたんにうまく機能しなくなります。より少ない勤労者が、あまり増えない所得のもとで、より多くの高齢者の医療費を負担することになるからです。

近年現れてきている問題点はまさにここから生じています。高齢者の医療費が増加するにつれて、協会けんぽ、健保組合とも保険料を徐々に引き上げるようになっています。健保組合は4割が赤字とも言われていますが、解散すると協会けんぽに移行することになります。協会けんぽには健保組合と異なり16.4%の国庫補助が投入されているのですが、保険料率は平均すると健保組合の保険料率よりも高くなっています。また、協会けんぽ、健保組合とも保険料は労使折半ですから、引き上げ分の半分は企業が負担しており、結局のところ雇用者が受け取る賃金の引き下げ圧力となっています。

後期高齢者の保険料率も引き上げてはいるのですが、高齢者はもともと所得が低い人が多く限界があります。また、高齢者は患者の自己負担が低く抑えられているという問題もあります。自己負担率が低いのは患者にとっては助かりますが、軽い症状や市販薬ですむような場合でも病院に行くようであれば問題です。高額な医療費がかかった場合は還付制度もあるのですから（高額療養費支給制度）、一定の所得基準を下回る高齢者を除いては、高齢者の自己負担率を引き上げていくべきでしょう。実際、後期高齢者よりも若い70〜74歳の医療費の患者負担については、08年より1割から2割に引き上げることが決定されたのですが、毎年の予算措置により1割のまま据え置かれ、ようやく2014年以降徐々に引き上げられることになりました。たとえ議論を尽くし法改正しても、実施が先送りされてしまっては、財政赤字がそれだけまた膨らんでいくことになります。75歳以上の後期高齢者は、現役並みの所得者（3割負担）を除き、患者負担は1割となっています。安部政権が目指す「全世代型社会保障」の下、負担引き上げ（2割負担）に向け議論が行われています。

効率的な医療サービスの提供

日本の医療が直面している一つの大きな問題は、医療サービスが必ずしも効率的に提供されていないということです。これは人口の変化に伴う問題というよりは、日本の医療全体の問題ですが、高齢化に伴って医療費が増えるにつれて、その問題の重要性が多くの人に認識されるようになってきました。

この点については、①医師が診療点数を上げるために、必要以上に検査をしたり、過剰な医薬品を処方しているのではないか、②本来は社会福祉として対処すべき高齢者を、病気治療として入院させているのではないか（いわゆる「社会的入院」）、③治療にはつながらない延命だけの終末治療にコストをかけすぎているのではないかなどといった指摘があります。

これに関連して、データを2つ紹介しましょう。一つ目は、医師誘発需要を示唆するデータで、厚生労働省が毎年公表している、「医療費の地域差指数」です。都道府県別の一人当たり医療費を計算しているのですが、年齢構成を補正しても地域によりかなりのばらつきがあるのです。2017年度の1位は佐賀県、2位鹿児島県、3位長崎県と九州が高く、中国・四国地方も高い傾向があります。最も低いのは茨城県、次いで愛知県、千葉県で、西高東低といわれることもあります。高い県では入院費が高い傾向があり、ベッド数の多さ（病院数や医師数も多い）が背景にあるといわれています。

もう一つは、日本では外来患者数が69歳と70歳で大きく異なるという分析です。患者数は加齢とともに徐々に上昇するのですが、69歳と70歳の間に大きな上方ジャンプがあるというのです。たった1歳の差で突然病気になる人が急増するはずもないので不思議ですが、2013年までは69歳までは3割負担、70歳は1割負担でしたので、70歳になると医療の自己負担が低くなることで受診が誘発されていたことを示唆しています。

こうした問題に対処するためには、医療全体にわたる公的規制を見直して、競争原理がより強く働くようにし、「医師が競って効率的な医療を提供する」ような仕組みにしていく必要があります。具体的には、①出来高払い制の改革（出来高払いのもとでは、非効率な報酬が多くなってしまいます）、②参入規制の緩和（株式会社方式で専門のプロが経営する病院もあっていいはず）や病床数の適正化、③混合診療の規制緩和（保険料診療と全額自己負担となる保険外診療を同時

に行うことを混合診療と呼び、2006年に解禁されましたが、実施できる医療機関や治療法が限定されています）などが検討されるべきでしょう。保険者（協会けんぽ、健保組合など）による予防・健康づくりのインセンティブの見直し（成果に応じて報奨金を支給する仕組みなど）や薬価引下げも行われています。

　また、病気の種類ごとの治療の度合いと効果の標準化（情報の非対称性を解消するのに役立つ）、ITを活用した医療情報公開（電子カルテや電子レセプトの推進、医療IDの導入）と医療評価システムの確立といった新しい医療インフラの整備も必要となっています。

問われる介護保険制度の持続性

　年金や医療保険と比べ規模は小さいのですが、介護給付も増加し、かつ今後も増加が見込まれています。社会保障制度として2000年に導入された**介護保険制度**についてもみておきましょう。

　介護保険制度では、40歳以上の国民から徴収した保険料および公費により、要介護状態や要支援状態と認定された場合に在宅サービスや施設サービスを提供しています。介護保険の給付と負担の仕組みは年金や医療に比べればシンプルなもので、財源は公費5割、保険料5割です。保険料は高齢者も含め40歳以上のすべての人が負担しています。運営者（保険者）は市町村で、サービス利用にあたっては、原則1割が自己負担となっています。

　介護保険制度の利用者数は、2000年度の184万人から2017年度には553万人へと制度導入時と比べ3倍に増加しています。この間、保険給付（利用者負担分除く）も3.2兆円から9.4兆円へと大幅に増加しました。今後高齢者が増加するとサービス需要および介護費用の増大が見込まれています。

　介護サービスは老後の安心につながる重要な制度です。また、介護は医療と異なり情報の非対称性の問題は小さいといってよいでしょう。2005年度見直しの後、3年毎に見直しが行われており、「地域包括ケアシステムの推進」と「介護保険制度の持続可能性の確保」が2つの柱となっています。2014年改正では低所得者の保険料軽減を拡充する一方で、一定以上の所得のある利用者の自己負担が1割から2割へと引き上げられました。17年改正では、市町村による自立支援・重度化防止に向け取り組みを制度化（データに基づく分析、評価、インセンティブの付与等）したほか、現役並み所得者のサービス利用の自己負担3割への引上げな

どが行われています。

　介護も税金や保険料などを通じ現役世代や将来の人々の負担となっていることを踏まえれば、余裕のある高齢者の自己負担を増やすことは望ましい道筋です。一方で、介護についても認定率や給付費に地域差があることが公表されています。今後もサービス供給体制の効率化を図るなどにより、維持可能な仕組みにしていくことが重要です。

3　改革への道

望まれる制度への信頼確保

　既にみてきたように、社会保障関係費は拡大傾向が続き、年金や医療制度は今のままでは維持可能ではなく、かつ財政の持続可能性を損なう要因となっています。

　一方で、国民年金の納付率は年々低下し、2011年度には59％まで低下しました。その後景気回復や徴収対策により2018年度には68.1％まで持ち直したものの、3割は不払いということです。特に問題なのは、若年層で納付率が低い状況にある（20歳代前半で64％、後半56％、30歳代前半で60％）ということです。

　どうして若年未納率が高いのでしょうか。国民年金未納者にその理由を聞いたアンケート結果によると、まず、「保険料が高く経済的に支払うのが困難」と答えた人がどの年齢層でも6割を超えています。次に多いのが「年金制度の将来が不安」という理由で、20歳代から30歳代の1割弱を占めています。20代では「うっかり忘れていた、後でまとめて払おうと思った」と答えた人も1割を越えています。一方で、40歳くらいを超えると増えていた「これから保険料を払っても年金がもらえない」と答える人の比率は低下しました（厚生労働省「平成29年版国民年金被保険者実態調査」による）。これは2017年から年金を受給できる最低加入期間を25年から10年へと大幅に短縮されたことが功を奏したのかもしれません。しかし、加入期間が短いと受給額も少なくなってしまいますので、若い時から未納とならないことが重要です。

　未納者を減らすためには経済成長ももちろん重要ですが、それだけでなく、年金制度への信頼を高める必要もあります。そのためには、社会保障制度の透明性を高め、年金をはじめとする社会保障の将来の受益と負担についてのビジョンを

示していくことが望まれます。

社会保障と税の一体改革の遅れ

2012年2月、「社会保障・税一体改革大綱」が閣議決定され、8月に関連法案が成立しました。大綱では、少子高齢化が進むなか国民の安心を実現するために、「社会保障の機能強化」と「財政の健全化」を同時達成することが不可欠とし、①子供・子育て支援、②医療・介護サービス保障の強化、③貧困・格差対策、④年金・医療改革、⑤若者・非正規雇用者などの雇用対策などについて優先的に取り組むとしました。そして、当面の社会保障改革についての安定財源と財政健全化の同時達成への第一歩として、消費税を2014年4月より8％、15年10月より10％へと段階的に引き上げるとしました。税制改革としては、個人所得税の最高税率の引き上げを含む税率の見直し、法人実効税率の引き下げ、相続税・贈与税の見直しなどのほか、マイナンバーの導入なども盛りこまれました。

2012年には、社会保障制度改革推進法、税制抜本改革法（消費税引き上げ）、子供・子育て支援関連3法、年金関連4法などの関連法が成立し、同推進法に基づき、社会保障制度改革国民会議が設置され、その報告書をもとに2013年12月に改革の全体像や進め方を示した法律（いわゆる社会保障制度改革プログラム法）が成立しました。この法律に基づき、「社会保障の充実」（子育て支援の充実、医療介護の充実、年金制度の改善）と「社会保障の安定化」（財源確保）が図られ、消費税に関連しては、5％の引き上げに対し1％を充実策に、4％を安定化に割り当てるとしました。

2014年4月には消費税率が8％に引き上げられ、社会保障と税の一体改革の第一歩が実現しました。増収分は社会保障充実に1.8兆円、安定化（基礎年金の国庫負担分1/3→1/2への引上げなど）に6.5兆円が充当され、当時財政健全化中間目標であった2015年度のプライマリー・バランス赤字GDP比半減を達成することができました。

10％への引上げは2度にわたり延期され、その間に2017年12月「新しい経済政策パッケージ」において、消費税率引上げにより生ずる財源の使途が見直されました。社会保障充実と財政健全化の比率を1：1と健全化の比率を減らし、幼児・高等教育の無償化などのためにも消費税財源を充当することとなりました。10％への引き上げは、2019年10月に軽減税率制度導入とあわせて実施されました。

この間、消費税増税の延期や使途の見直しもあって、プライマリー・バランスの黒字化の2020年達成は困難となり、10章でもみたとおり、2020年から2025年へと先送りされました。

社会保障と税の一体改革はなぜ必要なのか

そもそも社会保障と税の一体改革はなぜ必要なのでしょうか。「社会保障は本来保険なのだから、給付と負担（保険料）のバランスを図るのが筋であり、税で手当てするのはおかしいのではないか」という意見もあるかもしれません。しかし、すでに説明したとおり、日本の社会保障制度は現状でも公費が投入されており、社会保障は財政赤字の大きな要因となっています。

政府の「2040年を見据えた社会保障の将来見通し」（2018年 5 月）によると、社会保障給付は、2018年度の121.3兆円（GDP 比21.5％）から、2025年度には140兆円（同21.7％）、そして2040年には約190兆円（同24％）になると見込まれています（ベースラインケース）。一方で、これを賄う保険料は2018年度の70.2兆円（同12.4％）から2025年度には81兆円（同22％）、2040年度には約107兆円（同13.5％）となり、足りない部分は公費負担で補うことを想定しています。公費は2018年度の47兆円（同20.8％）から、2025年度には57.9兆円（21.6％）、2040年度には80兆円（同23.6％）まで上昇します。

このような財政赤字を含む危機的な状況を踏まえた場合、社会保障制度を維持可能なものとし、世代間での負担をより公平なものとしていくため、多くの人が広く負担する消費税で対応することはとり得る現実的な選択肢といえるでしょう。一方で、上述した政府の試算でも今後公費負担の拡大が見込まれているわけですから、放っておくと消費税を今後もさらに上げ続けていかねばならなくなるでしょう。公費は GDP 比で2.8％の上昇が見込まれていますが、これを2018年度にあてはめると約15兆円に相当します。仮に消費税 1 ％による増収（軽減税率の影響は含まない）が2.8兆円程度とすると、軽減税率をやめた場合でも2040年にはあと 5 ～ 6 ％程度は引き上げる必要があることになります。既に説明したように医療の効率化を含め、不要な歳出拡大をもたらさないようにすることが重要です。

高齢化が進むなか、社会保障と税の一体改革決定後も社会保障給付費の増加のペースにブレーキがかかったとはいえない状況が続いているのは、図13- 1 でみたとおりです。2019年には「全世代型社会保障」への改革のため、全世代型社会

保障会議が設置されました。

問われる日本型意思決定

年金、医療についての問題点は、高齢化に伴う当然起こりうる問題として、相当前から議論されてきたことです。にもかかわらず、議論はなかなか前に進まず、2011年には社会保障と税の一体改革に関し民主党、自民党、公民党が「三党合意」したにもかかわらず、マクロ経済スライドの適用や消費税引上げが遅れ、高齢者医療の自己負担も引き上げが困難なまま時が過ぎていきました。それはなぜなのかを考えてみますと、次のような理由があるようです。

第1は、年金や医療の議論を始めると、弱者への配慮、生命・健康の尊重など経済以外の要素が入り込みやすくなることです。このため、経済的な効率の話をはじめると「弱肉強食でよいのか」「経済計算に基づいた冷たい議論だ」という批判を受けることになります。しかし、医療も年金もすぐれて経済的な問題であることもまた間違いありません。経済の論理だけで割り切ることはできないことはもちろんですが、複雑な問題を整理して考えるためには、一度「経済の論理だけで考えるとどうなるのか」ということを徹底させてみることも必要だと思います。

第2は、年金や医療は国民の一人一人にとっても身近な問題であるため、だれもが議論に参加しやすいことです。しかし「誰もが喜ぶ解決を」と考えると、ともすればポピュリズム的な人気取り政策が行われがちとなります。年金・医療をサステナブルなものとするためには、一部の人は不満に思うような解決策もやむをえないのかもしれません。

第3は、年金・医療問題には議論に参加してくるプレーヤーたち（高齢者と勤労者、医師と患者など）の利害が錯綜しているということです。全てのプレーヤーが満足する解決策はないことが普通なのですから（あればとっくに実行されているはず）、議論が紛糾し時間がかかってしまうのです。

これは日本型のコンセンサス重視型意思決定の問題なのかもしれません。コンセンサスを重視していると、一部の不満を抑えることが難しく、どうしても先送り型の対応が取られやすくなります。これまでは、先送りしているうちに経済が成長して財源が生み出され、いつの間にか全員が満足する解決が可能になったり、貿易・資本の自由化のように、外圧で国内の不満が抑えられたりするということがありましたが、今後はそうしたことは期待できません。

　年金・医療問題への対応は、単に日本が人口構造の変化に対応できるかということだけではなく、私たちが、自らの力で制度を改革していくことができるのかということが問われているのだと言えます。

参考文献

　社会保障（年金、医療、介護）に関しては、次のようなものがあります。

小塩隆士（2013）『社会保障の経済学［第4版］』（日本評論社）

駒村康平（2014）『日本の年金』（岩波新書）

八代尚宏（2013）『社会保障を立て直す　借金依存からの脱却』日経プレミアシリーズ

小塩隆士（2014）『持続可能な社会保障へ』（NTT出版）

鈴木亘（2009）『だまされないための年金・医療・介護入門』（東洋経済新報社）

鈴木亘（2014）『社会保障亡国論』（講談社現代新書）

　以下は医療・介護について課題を考え、また現在の制度についての評価を行っています。

翁　百合（2017）『国民視点の医療改革』（慶応義塾大学出版会）

岩本康志・鈴木亘・両角良子・湯田道生（2016）『健康政策の経済分析』（東大出版会）

　本文で紹介した医療の自己負担と外来患者数については、以下の英語論文にある分析ですので、ここに紹介しておきます。

Shigeoka, Hitoshi（2014），"The effect of patient cost sharing on utilization, health and risk protection," *The American Economic Review*, Vol. 104(7), pp. 2152-2184

▶▶課題

1．年金・医療問題はいまや最もホットな問題となっており、これからも当分のあいだ多くの議論が繰り返されるに違いありません。読者の皆さんは必ず何らかの形で、自分自身が年金・医療問題に直面するのですから、是非関心を持ってこの問題をフォローし、「年金はどうあるべきか」「医療・介護はどうあるべきか」について自分なりの考えを持つようにしてください。

2．「逆選択」「モラルハザード」という考え方を、自分なりの例を使って説明してください。

3．バブル経済のピークであった1990年度と今年度の予算（一般会計歳出）を比較し、歳出の内訳（文教及び科学振興、公共事業、防衛、社会保障、地方交付税交付金、国債等）がこの間にどのように変化したかを調べ、それがなぜかを説明してください。

第14章

人口構造の変化と日本経済

　日本の経済社会の将来を考えるとき、人口問題は決定的に重要です。これには二つの理由があります。一つは、人口の予測は、他の経済予測に比べて圧倒的に不確実性が小さいことです。現存する人々の分布と平均余命は分かっているのですから、出生率さえ仮定すればかなり確実に将来の人口構成を予測することが可能です。つまり「人口の変化は確かな未来」なのです。もう一つは、その日本の人口構造が今後大きく変化し、それが経済社会に大きな影響を及ぼすこともまた分かっていることです。その影響は既に現われており、今後ますます大きくなることが確実です。

　つまり、人口に関しては、それが将来の我々の経済社会に重大な影響を及ぼすということが確実に分かっているということなのです。これほどこれから起きる重要な問題点が、事前に分かっているということは非常に珍しいことでしょう。せっかく事前に分かっているのですから、事前に対応策を講じるべきだと誰もが考えますが、これが全くできていないのが現実なのです。

1　今後の人口構造の変化

　日本の人口構造は、今後かなりドラスティックな変貌を示すことが明らかになっています。国立社会保障・人口問題研究所の将来人口推計（2017年4月）に基づいてその変化の姿を見てみましょう（以下、基本的には中位推計―出生中位、死亡中位―を使います）。日本の人口構造は今後次のような三つの大きな変化に見舞われることになります（表14-1）。

表14-1　日本の将来人口の姿

（単位：万人）

	2015年	2040年	2060年
総人口	12,709	11,092	9,284
年少人口 （0〜14歳）	1,595 （12.5%）	1,194 （10.8%）	951 （10.2%）
生産年齢人口 （15〜64歳）	7,728 （60.8%）	5,978 （53.9%）	4,793 （51.6%）
老年人口 （65歳以上）	3,387 （26.6%）	3,921 （35.3%）	3,540 （38.1%）

（出所）　1．国立社会保障・人口問題研究所「日本の将来推計人口」
　　　　　　　（2017年4月）、死亡中位・出生率中位推計による。
　　　　　2．下段の数字は総人口に占める構成比。

人口減少と少子化

　第1の大きな変化は、人口の絶対水準が減少することです。日本の人口は既に
2008年頃から減少し始めているのですが、今後さらに人口は減り続けます。国勢
調査によると2015年の日本の総人口は1億2709万人でしたが、2060年には9284万
人まで減少することになります。

　第2は、少子化の進展です。年少人口（0〜14歳）が全人口に占める比率は、
2015年の12.5%から、2060年には10.2%に低下します。

　さて、こうして少子化が進み、人口が減少する基本的な背景は、**合計特殊出生
率**が低いということです。合計特殊出生率というのは、一人の女性が平均的に見
て一生に生む子供の数です。男は子供を産めないわけですから、この数字が約2
であれば、長期的に見た人口規模は不変となります。ただし厳密には、人口規模
を一定とする合計特殊出生率（人口の置き換え水準といいます）は2.07です。
0.07は、子供を産めるような年齢に達する前に亡くなってしまう女性の分と、男
性の出生数が女性よりもやや多いことをカバーする必要がある分です。ところが
最新時点（2018年）の日本の合計特殊出生率は、1.42であり、2を大幅に下回っ
ています。

　こうした出生率の低下、人口の減少と経済との関係を整理しておきましょう。
これには、「経済が出生率、人口に影響する」というルートと、「出生率、人口が

経済に影響する」というルートがあります。まず前者の問題から考えましょう。

　世界的に見てどの国でも、経済が発展すると、出生率が低下し、人口が増えなくなるという傾向が見られます。どうやら「所得水準が上昇すると、人口は増えなくなる」という関係が存在するようです。

　これは次のように理解されます。まず、経済的観点からは、それぞれの家計は、「子供を持つことの効用」と「子供を持つことのコスト」とを比較して「子供を持つか持たないか」「何人持つか」の選択をしていると考えます。「子供を持つことの効用」としては、①成人に達した後、働き手として家計所得に貢献する、②両親の老後の面倒を見てくれる、③子供を育てることそのものが生き甲斐になるといったことがあります。一方、「子供を持つことのコスト」としては、親の子育ての手間がかかる、教育費などの費用がかかるといったことが考えられます。

　さてこうして子供を持つことのコスト・ベネフィットを経済的に整理してみますと、経済が発展し、所得水準が上昇するにつれて、コストは上昇し、ベネフィットは低下すると考えるのが自然です。なぜなら、①教育年限が長期化し、就労年齢が遅くなるので、家計のために働かせることはできなくなる、②核家族化が進み、家族の絆が弱まって、「子供は子供、親は親」という考え方が強まるので、子供がいても老後の頼りにはならない、③高学歴が当たり前となり、教育費は高くなる、④女性にとっての子育てのための**機会費用**が高まるといった点があるからです。

　最後の4点目は重要なポイントですのでさらに詳しく解説しましょう。経済が発展すると、男女の機会均等化、女性の社会参加が進み、女性も自己の能力を生かして社会で働くことが当然になってきます。それによって得る所得も増えます。ところが、家庭に入って子育てに専念すると、こうした社会参加の機会、それによって得られる所得が失われてしまいます。これが女性にとっての大きな機会費用となるのです。

　ただし、「所得が上がると子供の数が減る」という関係は、決して運命的なものではありません。スウェーデン、フランス、イギリスといった国では、いったん低下した出生率が再び2近くに上昇しました。これは、女性の就業と子育てが両立しやすい環境を整備するといった政策的な効果が大きかったからだと考えられています。

高齢社会への移行

　第3は、**高齢化**の進展です。人口に占める65歳以上人口の比率は、2015年の26.6％から2060年には38.1％に上昇します。

　日本の高齢化が特徴的なのは、そのスピードが速く、レベルが高いということです。高齢化率が7％から14％に達するまでの年数を比べてみますと、フランスは115年、スウェーデンは85年、イギリスは45年かかっているのですが、日本は30年弱です。また、日本の高齢化の水準は、世界のトップレベルとなっています。つまり、日本は世界のどの国も経験したことのないスピードで、世界のどの国も経験したことのないレベルの高齢社会を迎えるのです。

　さて、図14-1を見れば分かるように、21世紀に入ると高齢化が進展するのは、日本だけではなく世界の先進国での共通の現象です。その中でも、日本の高齢化がレベルもスピードも国際標準以上であるのはどうしてでしょうか。その理由としては、次のような点が考えられます。

　第1は、日本人の平均寿命が長いことです。日本人の平均寿命は、男性が81.3歳、女性が87.3歳（2018年）ですが、これは男女ともに世界最長クラスです。その長寿化の要因も、70年ころまでは0〜4歳児の死亡率の低下が主因でしたが、70年代以降は65歳以上の高齢者の死亡率の低下が主因となっています。それだけに長寿化が高齢化を加速させるわけです。

　第2は、終戦直後に生まれた**団塊の世代**が21世紀初頭に一斉に老年人口入りしたことです。1940年代当時の平均的な出生者数は200万人程度でしたが、1947〜49年の出生者数は年間270万人となりました。この巨大な「人口のこぶ」が、2010年を過ぎたころから高齢者の仲間入りを始めることとなり、それが高齢化率を急上昇させたのです。

　第3は、**日本の少子化**が急速に進展していることです。先進諸国の中でも、日本の出生率の低下は特に急速に進んでいます。新しく生まれてくる人が少なければ少ないほど、相対的に高齢者の割合が高くなるのです。

人口ボーナスから人口オーナスへ

　ここで重要なことは、人口のバランス関係が変化することです。これは「**人口ボーナス**」から「**人口オーナス**」への動きだと考えることができます。

図14-1　老年人口比率の国際比較

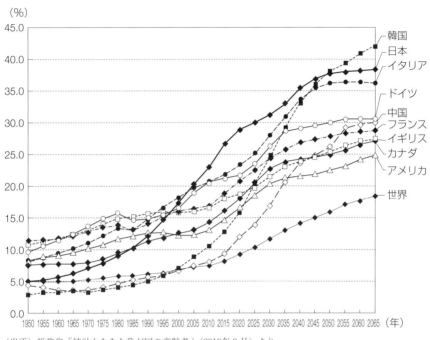

（出所）総務省「統計からみた我が国の高齢者」（2019年9月）より

　今、増加していた人口が、出生率の低下により減少し始めるとします。人口が増加しているときは、新しく生まれる人が増えるわけですから、人口ピラミッドは底辺が広い正三角形の形をしています（**図14-2の左**）。人口が減るときに、この三角形を維持することはできません。新しく生まれる人が減ってくるので、底辺の部分が次第に狭くなってくるからです。

　すると、途中の段階で、それまで広かった年齢層が中央部に来て、ピラミッドが中膨れ状態になる局面がきます（同図中央）。この時は、人口の中で働く人の比率が上昇するので、これが経済にプラスに作用することになります。これが「人口ボーナス」と呼ばれる状態です。

　しかし更に時間がたつと、中膨れだった層が高齢者になって行きますから、今度はピラミッドは逆三角形になって行き（同図右）、働く人の割合が低下します。これを「人口オーナス」と呼ぶのです。

図14-2　人口ボーナスから人口オーナスへ

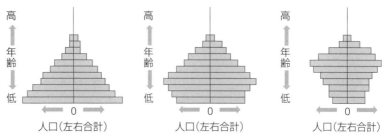

（出所）内閣府「世界経済の潮流 2010年Ⅰ」より

　この変化は従属人口指数を見ることによって明らかとなります。伝統的な人口区分では、15〜64歳の人口を「**生産年齢人口**」と呼びます。年少人口と老年人口の和が「**従属人口**」であり、従属人口を生産年齢人口で割ったものが「**従属人口指数**」です。「働き手一人で何人の面倒を見るか」を示す指標だと考えればいいでしょう。この従属人口指数は、2015年には64.5でしたが、2030年で73.3、2060年には93.8に上昇します。つまり、2015年には1.6人で1人の従属人口を支えているのですが、2030年には1.4人で1人、2060年には1.1人で1人を支えなければならないのです。この従属人口をさらに年少人口と老年人口に分けることにより、「従属人口指数」を、「年少従属人口指数」と「老年従属人口指数」に分解することができます。すると、今後少子化が進展するため、「年少従属人口指数」はある程度まで低下して、その後はほぼ一定となりますが（2015年20.6→2030年19.3→2060年19.8）、高齢化が進むため「老年従属人口指数」はかなり大幅に上昇します（2015年43.8→2030年54.1→2060年73.8）。つまり、今後働き手の負担が重くなるのは、もっぱらより多くの高齢者を支えなければならないからです。現在は2.3人で1人の高齢者を支えているのですが、2030年には1.8人で1人、2060年には1.4人で1人を支えなければならないのです。

　考えてみると、人口変化がもたらす問題はほとんど全て、この「人口オーナス」によってもたらされる問題だともいえます。人口オーナスの下では、①働く人の割合が下がるので人手不足になる、②貯蓄をする人の割合が下がるので貯蓄率が低下する、③社会保障を支える人の割合が下がるので、社会保障制度が立ち行かなくなるということが起きるからです。その具体的な姿を以下で見ることにしましょう。

2　人口オーナス下での日本経済

人口オーナスによって日本経済にどんな影響が現れるかを考えましょう。

人口オーナスと一人当たり所得

まず、この人口オーナスによってもたらされる問題を一人当たり所得（GDP）という観点から考えてみましょう。一人当たり所得を取り上げるのは、経済の最終目標は、国民一人ひとりが幸せに暮らすことであり、その幸せの程度は、基本的には一人当たり所得によって示されると考えられるからです。

定義上、国民一人当たり所得は、次のように、「人口に占める労働力人口の比率（労働参加率）」と、「労働力人口一人当たりの生産性」の積となります。

$$Y/P = (L/P) \times (Y/L)$$

Y：国民総生産、P：総人口、L：労働力人口

この式から容易に分かるように、人口ボーナス期には、労働参加率が高まりますから、生産性が同じでも、国民の一人当たり所得は上昇します。逆に、人口オーナス期には、生産性が同じであっても、労働参加率が低下するので、国民の一人当たり所得は下がってしまうのです。

この人口オーナスが一人当たり所得を引き下げる力についておおよその見当をつけてみましょう。前述の式を、伸び率の形で表すと、

一人当たり GDP の伸び＝労働参加率の変化率＋労働力人口一人当たり生産性上昇率

となります。これに実際の数字を当てはめてみたのが表14-2です。2010年以降は、労働参加率の低下という人口オーナス要因が、おおよそ毎年0.5％程度の力で一人当たり GDP を引き下げることになります。また人口そのものも0.5％程度減少するので、全体の GDP 成長率には、人口要因が合わせて1％の引き下げ要因となります。

この表では、2010年以降の生産性上昇率は、1990〜2010年の平均上昇率を参考に、1.5％程度としてあります。この程度の生産性上昇率を保っていけば、一人

表14-2　GDP・一人当たりGDPの要因分解

年	GDP成長率	人口変化率	一人当たりGDP変化率	生産年齢人口の変化率	生産性変化率
1950～70	9.6%	1.1%	8.5%	0.8%	7.7%
1970～90	4.7%	0.8%	3.9%	0.1%	3.8%
1990～2010	1.1%	0.1%	1.0%	-0.4%	1.4%
2010～2030	(0.6%)	-0.4%	(1.0%)	-0.5%	(1.5%)
2030～2050	(0.3%)	-0.6%	(0.9%)	-0.6%	(1.5%)

（注）人口は国勢調査、2010年以降は国立社会保障・人口問題研究所出生・死亡中位推計による。
　　　GDPは1955～70、70～90年は90年基準（68SNA）、90～2010年は2000年基準（93SNA）による。
　　　変化率はいずれも平均年率。

当たりGDPが減少したり、経済規模が縮小することはなさそうですが、それでも、毎年1～2％の成長がせいぜいである日本経済にとってはかなり大きな下方圧力だと言えます。

人口オーナスと労働力

　人口オーナスが経済に及ぼす影響を、成長という観点からもう少し細かく考えていきましょう。第3章で述べたように、長期的な経済成長は主に供給面によって決まり、その供給面の成長力を決めるものとしては、労働力、資本、全要素生産性（主に技術）の三つが重要です。人口オーナスは、このうちの労働力と資本に大きく影響しそうです。

　まず、人口オーナスは労働面に大きな影響を及ぼします。働き手の数が減ることが成長率を低下させるでしょう。日本ではすでに少子化が始まっているので、生産年齢人口は減少局面に入っています。日本の生産年齢人口は、1995年の8730万人をピークとして一貫して減少を続けており、今後を展望しても、2015年の7728万人から2040年5978万人、2060年4793万人へと減少するものと見込まれています。

　生産年齢人口の減少は、労働力人口を減少させるはずですから、これが成長を大きく制約することになります。ただし、生産年齢人口の減少が直ちに成長力を低下させるわけではありません。生産年齢人口の減少がそのまま労働力人口の減少となるわけではありませんし、労働力の減少がそのまま生産の減少に結びつく

わけではないからです。

　まず、生産年齢人口と労働力人口の関係について考えましょう。まず注意しなければならないのは、生産年齢人口と労働力人口は、重なってはいますが、同じではないということです。15〜64歳の生産年齢人口に属する人でも働いていない人はたくさんいます（例えば、学生や専業主婦）。また、生産年齢人口ではなくても働いている人もたくさんいます（65歳以上で働いている人）。すると、生産年齢人口が減っても、女性や高齢者の就業率が上昇すれば、労働力人口はあまり減らないかもしれません。

　次に、労働力人口が減っても、労働生産性が上昇すれば生産の減少は避けることができます。一人で2人分働くようになれば（労働生産性が2倍になれば）、労働力人口が半分になっても同じ生産を続けることができます。

　では現実には何が起きているのかを見ましょう。まず、生産年齢人口の動きを見ると、2012年から18年にかけて473万人も減少しています（年平均1.0％の減少）。人口オーナス現象は着実に進行しているのです。ところが、この間労働力人口は155万人も増えているのです。なぜこのようなことが起きたのでしょうか。内訳をみると、この間に、非労働力人口が280万人減少しています。つまり、今まで働いていなかった人が働くようになったのです。

　その供給元は大きく分けて二つ、女性と高齢者です。これまでの日本は他の先進諸国に比べて、結婚して子育てのため専業主婦となる女性の割合が高いという特徴がありました。その姿を見たのが図14-3です。これは、横軸に年齢、縦軸に各年齢階級毎の労働力率をとったものです。どの国でも、結婚して家に入ってしまう女性がいるので、30〜40歳のあたりが下がるM字型をしていますが、日本は特にM字のくびれが大きくなっています。図を見ると、このくびれが近年になって次第に小さくなっていることが分かります。このくびれの小さくなった部分が女性労働力の増加となっているのです。

　高齢者の労働力については、政策的に下支えが行われています。法律（高年齢者雇用安定法）で、企業は①定年の引き上げ、②嘱託や契約社員などによる継続雇用制度の導入、③定年廃止のいずれかによって、希望者に対して65歳まで雇用機会を提供することが義務付けられているのです。こうして65歳までの雇用が底上げされる中で、高齢者の雇用も増加し続けているのです。

　こうして、生産年齢人口が減っても近年の日本では労働力人口は増えているの

図14-3　女性の年齢階級別労働力率の推移

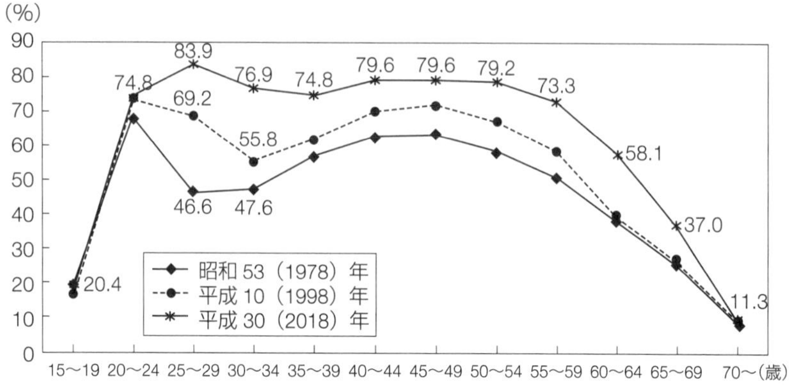

（出所）内閣府「2019年版男女共同参画白書」より。

です。これは一見すると人口オーナスを、女性、高齢者の労働力率引き上げによってうまく乗り切っているように見えます。しかし、次のような問題があることに留意すべきです。

　第1は、労働力率の引き上げはやがて限界に直面するだろうということです。私は、労働力不足問題に対して、これを女性や高齢者の参入で乗り切ろうとしていることを「動員型」の対応と呼んでいます。動員型はいつまでも続けることはできず、いずれ行き詰まるでしょう。

　第2は、新たに参入してきた女性や高齢者の多くが非正規労働であることです。もともと子育てが終わってから労働市場に参入してくる女性は時間的制約も大きいことから非正規であることが多かったのですが、定年後の高齢者雇用も嘱託などの形で非正規となる場合が多いようです。非正規雇用については、第4章でも説明しましたが、総務省労働力調査（2018年）によりますと、雇用者に占める非正規雇用の割合は、女性は平均で56.1％であり、年齢が上がるとこの比率はさらに高まります。男性は、64歳までは非正規雇用比率は30％以下なのですが、65歳以上になるとこれが72.4％に高まっています。

　日本では、正規と非正規ではかなり賃金格差が大きいという特徴があります。賃金格差が大きいということは、労働生産性の格差も大きくなっているものと考えられます。こうして、現状のまま労働力に占める女性・高齢者の比率が高まっ

て行くと、低賃金・低労働生産性の労働力が増えることにより、全体としての賃金・生産性も上がりにくくなります。「人手不足なのに賃金が上がらない」「なかなか労働生産性が高まらない」と言われている一つの大きな理由は、この非正規労働者の増加にあると考えられます。

　人口オーナスが進展すると、労働力の制約にいかに対応するかが大きな問題となります。それには、動員型ではなく、労働者一人当たりの生産性を高めていくことが王道だと思います。

高齢化による貯蓄率の低下

　次に、人口構造の変化は、経済全体の貯蓄率に大きな影響を与えそうです。私たちの一生を通じた貯蓄・消費行動を考えてみますと、働いているうちに老後への備えを行い（貯蓄率は高い）、引退してからこれを取り崩して生活を維持する（貯蓄率は低下しマイナスになる）というパターンを取るのが自然でしょう。これが「**ライフサイクル仮説**」の考え方です。ただし、個々人がこうした行動をとっても、人口構造が変化しなければ、経済全体の貯蓄・消費行動は変化しません。常に同じ割合の人が貯蓄し、同じ割合の人がそれを取り崩すことになるからです[1]。

　しかし、人口構造が変化し、勤労世代と引退世代のバランスが変わると、経済全体の貯蓄率も変わるはずです。すなわち高齢化が進展すると、貯蓄を積み重ねる勤労世代よりも貯蓄を取り崩す高齢世代の方が増えるため、経済全体としても貯蓄率が低下するのです。

　もっとも、単純な形でこのロジックが成立するかどうかについては疑問もあります。理論的に見ても、各人が自分の子供や孫のことまで考えて貯蓄・消費行動をしていると考えると、自分の代で貯蓄を使い尽くすことをせず、子孫に遺産として残すという選択をするかもしれません（これを「**王朝仮説**」といいます）。

　ただし、高齢化の進展によって経済全体の貯蓄率がある程度低下するという結論自体は、間違いないようです。現に家計貯蓄率を国際比較しますと、日本はかつては貯蓄率の高い国だったのですが、このところ低下が続いており、最近では

1）ここでは、説明を簡単化するため、成長率などの要因は考えていません。例えば、成長率が高くなると、引退世代の生涯所得に比べ、現役世代の生涯所得が大きくなるため、人口構造は変化しなくても貯蓄率は上昇することが考えられます。

むしろ低いほうの国となってしまいました。これは高齢化の進展の影響も大きい
と考えられています。

　こうした貯蓄率の低下は、貯蓄・投資バランスの姿を変えることによって、経
済全体に大きな影響を及ぼすでしょう。将来は投資比率も変化するので、バラン
スがどう変化するかは一概には言えませんが、投資比率は貯蓄率ほどは低下しな
いと考えられるので、貯蓄・投資バランスは貯蓄超過が減少する方向に変化する
と考えるのが自然です。これによって、21世紀には経常収支が赤字になるという
見方については、第7章で述べました。また国内貯蓄の増加テンポが低下するこ
とは、投資を抑制し、供給面から基調的な成長率を引き下げることになるでしょ
う。

人口オーナス下の産業・企業

　産業・企業というミクロの側面についても人口オーナスは大きな影響を及ぼし
そうです。この点については、多くの人が「人口が減ると、国内マーケットの規
模が縮小するので、産業・企業にとって厳しい経済環境になる」と言います。し
かしこの考え方には次のような三つの問題があります。

　第1は、経済全体の経済環境と個々の産業・企業の経済環境を混同しているこ
とです。確かに人口が減ると、全体としてのマーケットサイズが縮小する産業・
企業が出てくることは避けられないでしょう。人口減少に伴って食事の回数は減
るでしょうから、食品産業、外食産業の規模は縮小するかもしれません。また、
学校の生徒数も減りますから、教育産業は厳しい環境に陥る可能性があります。

　しかし、人口が減ることによって日本の経済規模は縮小するでしょうか。人口
が減ると経済規模も小さくなるような気がしますが、必ずしもそうとは限りませ
ん。既に表14-2で示したように、ある程度の生産性の上昇率があれば、一人当
たり所得も経済全体の規模も縮小することはありません。

　ということは、衰退する産業・企業もあれば発展する産業・企業もあるでしょ
うが、発展産業のほうが多いということなのです。人口減少で退出産業・企業が
現れることを心配するよりも、日本の将来のためには、発展分野を積極的に見出
していくことの方が重要だと思います。

　第2は、量と質（付加価値）を混同していることです。確かに、人口が減れば
食事の回数は減り、学生の数も減るでしょう。これは量の話です。しかしだから

といって、食品業界、教育業界のマーケットが縮小するとは限りません。質（付加価値）が高くなる可能性があるからです。例えば，日本人全体の食事の総回数が減っても、1回あたりの食費が増えれば食品マーケット全体の規模が縮小するとは限りません。食の安全、健康への配慮が強まるにつれて、食事の付加価値が高まることは大いに考えられることです。同様に、生徒総数が減っても、学生一人当たりの教育費が増えれば、教育業界全体としてのマーケットサイズが縮小するとは限りません。子どもの数が少なくなると、一人当たりにより多くの教育費をかけようとすることは大いに考えられることです。

　産業・企業にとってもっと重要なことは、時代に先行して新たな需要を先取りしていくことです。人口オーナス下では、高齢者の比率が高まりますから、当然ながら高齢者向けの需要が増えることは確実です。いわゆるシルバー・マーケットです。今後増加する高齢者層は、相対的に貧困な層ではなく、むしろ経済的蓄積を持った余裕層であることを考えれば、今後、高齢者向けの製品・サービスの開発によって発展する企業が続出する可能性があります。

　中でも有力なのは医療・福祉分野でしょう。日本では、医療や介護というと、負担が大きい、歳出を削るという話ばかりになりがちですが、今後はこうした分野を成長産業として位置づけていくことが重要です。日本の製造業で培ってきた擦り合わせ型技術という点でも、例えば、医療器械や介護ロボットの開発などはかなりの成長分野となる可能性があるのではないでしょうか。

　これは輸出という観点からも重要なポイントになります。後述するように、今後はアジア全体が高齢社会に入っていくのであり、その先頭に立つのが日本です。すると、日本で生み出された高齢者向けの製品・サービスは、やがてアジア全体で大きな需要を生み、日本にとっての大きな輸出機会になるはずです。

グローバル化にも関係する人口オーナス

　人口オーナスは成長という面だけでなく、いくつかの当面の問題にも関係しています。例えば、TPP（環太平洋経済連携協定）問題です（詳しくは第9章参照）。国論を二分したとまで言われ、賛否両論が分かれたTPP問題ですが、人口オーナス下でこそTPP加入の必要性は更に高まると言えます。

　TPPに限らず自由貿易を進めていくことのメリットは、大きく分けて二つあります。一つは、得意なものを輸出し、苦手なものを輸入することによって、国

内の資源配分をより効率的なものにしていくことであり、もう一つは、既存のバリアによって守られてきた国内生産を海外との競争にさらすことによって、国内の供給体制を効率化することです。

　人口オーナス下では、労働力をはじめとした生産資源がより貴重なものになるのですから、グローバル化を通じて供給構造を効率化していくことはますます重要になります。多くの人は「輸出を増やすことがプラスで、輸入が増えることはマイナス」と考えることが多いのですが、輸入が増えることによって、国内の資源がより発展性の高い分野にシフトすることも、自由貿易の大きなメリットなのであり、そのメリットは人口オーナス下で更に大きなものとなるのです。

3　人口オーナスの超先進国日本

　こうして日本が現在既に直面しつつあり、今後ますますその度合いを強めていく人口オーナスについては、国際比較という点から次の2点が重要なポイントになります。

日本は世界有数の人口オーナス国

　第1は、人口オーナスのレベルが国際的に見ても非常に高いものとなるものと予想されることです。国連の2010年世界人口予測に基づいて、主要50カ国の中から従属人口の高い国を拾ってみたのが表14-3です。これをみると、2010年の時点では、日本の従属人口指数は第7位ですが、2050年には世界一になることが分かります[2]。

　つまり、日本は世界の中で最も人口オーナスの重荷を強く受ける国なのです。ということは、日本は、世界で最も人口オーナス問題について真剣に考え、それによってもたらされる問題に最大限力を注ぐべき国であることになります。

日本に続くアジアの国々

　第2は、近い将来、特にアジアの国々が日本の人口の軌跡をそのまま辿るということです。今後約50年間のアジアの人口を展望しますと、「雁行形態型の人口

[2]　2050年のレベルは、国連予測では96、社会保障・人口問題研究所推計では93です。第2位はスペインの90ですから、いずれにせよ世界一であることは変わりません。

表14-3　主要50カ国中の従属人口指数ランキング

2010年			2050年		
順位	国名	従属人口指数	順位	国名	従属人口指数
1	ナイジェリア	86	1	日本	96
2	ノルウェー	83	2	スペイン	90
3	パキスタン	66	3	イタリア	89
4	フィリピン	64	4	ポルトガル	87
5	イスラエル	60	5	韓国	85
6	エジプト	58	6	ドイツ	83
7	日本	56	7	スイス	82
8	インド	55	7	ギリシャ	82
8	メキシコ	55	9	シンガポール	81
8	アルゼンチン	55	10	オーストリア	78
（参考）	世界全体	52		世界全体	58
	先進国	48		先進国	73

（出所）国連「2010年版世界人口予測」より。経済規模の大きな50カ国を対象として
順位づけしたもの。

変動」が起きることになります。アジアでは日本⇒新興工業経済群（NIES）⇒
東南アジア諸国連合（ASEAN）⇒中国という順番で産業構造の高付加価値化が
進展してきました。これが「雁行形態型の経済発展」なのですが、これからはそ
の人口バージョンが発生するのです（表14-4参照）。

　先頭はここでも日本です。日本はアジア諸国の中で先頭を切って、「少子化の
進展」→「高齢社会への移行」→「労働力人口の減少」→「総人口の減少」とい
う順番で人口の変化が進んできました。今後は後続のアジアの国々でも同じこと
が、同じ順番で起きるのです。

　韓国、シンガポール、タイ、中国などでは既に出生率が低下しており、今後急
速に高齢化が進みます。これにやや遅れて、タイ以外の ASEAN 諸国、インド
が続きます。これらの国々では、今後所得水準の上昇とともに出生率が低下し、
2025年から2050年にかけて高齢化が進むことになります。

　すなわち、アジアの国々も順番に人口オーナス状態になっていくということで

表14- 4　アジアの人口局面の変化

時期	合計特殊出生率が2.1 を下回る時期	老年人口割合が14%以上に達する時期	労働力人口が減少に転じる時期	総人口が減少に転じる時期
1950–1955				
1955–1960				
1960–1965	日本			
1965–1970				
1970–1975				
1975–1980	シンガポール			
1980–1985	香港			
1985–1990	韓国			
1990–1995	中国	日本		
1995–2000	タイ			
2000–2005			日本	
2005–2010	ベトナム			日本
2010–2015		香港		
2015–2020	インドネシア	韓国、シンガポール	中国、香港	韓国
2020–2025	マレーシア		韓国、シンガポール	
2025–2030		中国、タイ		中国
2030–2035	インド			
2035–2040	フィリピン	ベトナム	タイ、ベトナム	シンガポール
2040–2045		マレーシア、インドネシア		タイ、ベトナム
2045–2050				

(注)　合計特殊出生率と、労働力人口・総人口の増減率は 5 年間の平均値で測定した。老年人口割合は 5 年刻みの数字でみたもので、例えば1995年の割合は「1990-1995年」に分類した。

す。それはこれまで成長を支えていた人口ボーナス状態が消えるということでもあります。成長環境はより厳しいものとなり、相対的に増大する高齢者の生活の安定をどう確保するかという大きな課題に直面するでしょう。

　以上のように考えてくると、これからの日本の役割は明らかでしょう。日本はこれまで「産業構造の雁行形態」の先頭に立ち、貿易と産業構造の高付加価値化を通じた成長の姿を示すことによって、後に続く国々をリードしてきました。今後は「人口の雁行形態」の先頭に立つ日本が、人口オーナスというチャレンジに応えて経済社会の活力を維持することができれば、それが21世紀における新たな成長モデルとなるでしょう。

人口オーナスへの対応

　では、我々はこの人口オーナスの超先進国として、この問題にどう対応すべき
でしょうか。主な処方箋は次のようなものとなるでしょう。

　第1は、少子化対策です。人口オーナスへの対応には、「人口オーナスになっ
ても困らないようにする」方法と、「人口オーナスそのものをなくしていく」方法
があります。後者の代表が少子化対策です。しかし、日本の経験は、少子化対策
はどうしても遅れがちになることを示しています。これは、少子化が問題である
ことを社会的に認識されるのに時間がかかること（認知のラグ）と効果が現れる
までに時間がかかること（効果のラグ）があるからです。

　それだけに日本は言うまでもなく、後に続く国々はなるべく早く少子化対策を
開始する必要があるでしょう。

　第2は、人口変化に伴う成長へのマイナスの影響を最小限にとどめることです。
前述の定義式から導かれることは、人口オーナスに伴う一人当たり所得の減少を
避けるには、「労働参加率を高める」か「生産性を高める」ことが必要だという
ことです。特に重要なのは生産性を高めることです。そのためには、労働の質を
向上させ、労働・資本・経営資源などの流動性を高め、技術開発を促進していく
必要があります。

　第3は、社会保障制度を出来る限り世代中立的なものにしていくことです。現
在の日本の年金・介護・医療の仕組みは現時点での勤労世代がその費用を負担す
る賦課方式となっています。この方式は人口が増え、経済が成長している時には
うまく機能しますが、人口オーナス時代になると、一方的に勤労世代の負担が増
え、世代間の不平等という大問題を引き起こすことになります。それぞれの給付
を極力合理化するとともに、できるだけ積立方式に舵を切って行くことが必要で
しょう。

　第4は、産業構造、消費構造の変化への対応です。日本では既に、相対的に豊
かな高齢者層が多様なシルバー・マーケットを生み出しつつあり、医療・介護な
どの分野が成長産業として拡大していくことが期待されています。こうした潜在
的需要を顕在化させていく中で、産業構造・消費構造が時代の変化に合わせて柔
軟に変化していけば、新たな経済活動や雇用機会が生まれやすくなります。こう
した点について日本は先駆者としてマーケットをリードしていくことができるは

ずです。

　以上のような対応策はいずれもいつの時代においても必要とされることばかりです。「子供を持ちたい人が持てるような世の中にする」「女性の社会参画を進め、生産性を高める」「世代格差をなくす」「満たされない潜在需要を解き放つ」。いずれも普遍的な政策目標です。つまり、人口オーナスに対応するための特別な政策はないのです。人口オーナス時代には、いつの時代にも必要となる政策をより真剣に実行していくことが求められるのです。その代わり、必要とされる政策を怠れば、その結果はより悲惨な状況になるということが普通の時代とは異なるところなのです。

　では日本はこうした取り組みを果たしてきているかというと、残念ながらそうは言えない面が目立ちます。それは次のような点です。

　第1に、公的規制が待ち行列を生んでいます。女性の社会参加を進めつつ少子化に歯止めをかけるためには、保育園の充実が必要ですが、現実には待機児童が解消されません。また、医療機関、介護施設も供給が足りません。このことは、規制を緩和して民間参入を促し、サービスの多様化を図ることによって潜在需要を顕在化させる余地が大きいことを示しています。

　第2に、女性が能力にふさわしい形で参加率を高め、優秀な海外の人材を引き付けるには、日本的な従来型の働き方の改革が必要です。従来型の長期雇用慣行の下で、新卒を一括採用して企業内中心に人材育成を図るというやり方は、女性の再参入や海外の人材の受け入れの障害となっているからです。

　第3に、政治が社会保障改革を阻んでいます。人口オーナス下で賦課方式の社会保障制度が世代間格差を拡大させるのを防ぐためには、現在の高齢層の負担を高めることが必要となります。このため各方面で、年金の支給開始年齢の引き上げ、物価下落にスライドした年金額の引き下げ、医療費の窓口負担の増額などが提案されてきましたが、ことごとく政治的な介入で先送りとなってきました（高齢者の医療負担は2021年以降部分的に引き上げられることになりました）。有権者に占める高齢者の割合が高まると、政治的には高齢者に有利な政策が選択されるようになるという**「シルバー民主主義」**の弊害が現実化しているのです。

　このまま行けば、日本は人口オーナスへの対応という点でモデルとなるどころか、後に続く国々が「日本のようにはならないようにしよう」という反面教師になるだけに終わってしまうでしょう。国家的な課題として改めて人口オーナスに

挑戦して行くべきだと思います。

参考文献

　人口についての基本については、次のような白書類が基本になります。

内閣府「高齢社会白書」（各年）

内閣府「少子化社会対策白書」（各年）

　人口と経済の関係については次のようなものがあります。

小峰隆夫（2010）『人口負荷社会』（日経プレミアム文庫）

小峰隆夫（2015）『日本経済に明日はあるのか』（日本評論社）

加藤久和（2007）『人口経済学』（日経文庫）

櫨　浩一（2006）『貯蓄率ゼロ経済』（日本経済新聞社）

清家篤・山田篤裕（2004）『高齢者就業の経済学』（日本経済新聞社）

吉川洋（2016）『人口と日本経済』（中公新書）

▶▶課題

1．「機会費用」という概念を、自分なりの例を使いながら説明してみてください。

2．人手不足、社会保障問題、産業・企業の将来像などを、人口オーナスという観点から見直してみると、色々新しい切り口が出てくると思います。やってみてください。

3．同様に、国連のホームページには世界の人口に関する細かいデータを取り出すことができます。人口について種々の指標を国際比較してみてください。

第15章

日本経済と地域の振興

　このところ「地方創生」への動きが盛り上がっています。大変結構なことであり、是非前進させて欲しいものです。ただし、こうした動きには希望と同時に懸念すべき点もあります。この絶好のチャンスを生かして、希望の持てる点を伸ばし、懸念すべき点を解消し、地方再生に取り組んで欲しいものです。

　本章では、日本の地域がどんな問題を抱えているか、それを解決するには（大変難しい問題ですが）どうしたらいいかを考えてみます。

1　地域から見た人口変化

　長期的に地域を考えた時、確実に影響しそうなのが人口構造の変化です。日本全体の人口構造の変化については第14章で説明しましたが、人口構造の変化が経済社会を大きく変えるという点では地域も同じです。日本の各地域もまた「人口オーナスにどう立ち向かうか」を問われているのであり、これにどう対応するかがそれぞれの地域の将来を左右すると言えるでしょう。

　この時問題になるのは、人口構造の変化は、全地域で同じように進むのではなく、地域ごとに大きく異なるということです。これは、①既に出発点の人口構造が異なっており、②出生率、平均寿命などが地域によって差があり、③さらに人が地域を移動するからです。

地域の将来人口推計

　具体的に考えてみましょう。国立社会保障・人口問題研究所は、2017年に「日本の将来推計人口」を発表しましたが、これに基づいて、2018年に「日本の都道府県別将来推計人口」を発表しています。その推計結果によると、次のような結

果が示されています。

　①全ての都道府県で人口が減少します。2010～2015年では人口が減少した県は39でしたが、2030～35年以降はすべての都道府県で人口が減少します。

　②都市部への人口集中が続きます。つまり、人口の多い都市部は人口減少が小さいのですが、ただでさえ人口の少ない地方部でさらに人口が減ります。例えば、2015～45年の人口変化率は、東京都は0.7％の増加ですが、もっとも人口が減る秋田県では41.2％も減ることになります。

　③生産年齢人口の割合が低下しますが、その度合いは地域によって異なります。2040年に至るまで、東京はもっとも高い生産年齢人口比率を続けます。生産年齢人口の動きが労働力人口に対応すると考えると、このことは、経済の成長力の差が開いてくるということです。この点は人口オーナスとの関係で後述します。

　④高齢化が進展します。2045年にはもっとも高齢化が進む秋田県では、高齢者比率は50.1％となります。これまで相対的に高齢化比率が低かった都市部でも、今後は急速に高齢化が進むことになります。

地域別に見た人口オーナスの姿

　第14章で説明したように、人口に占める働く人の割合が低下するのが人口オーナスであり、そのオーナスの程度は、従属人口指数によって見ることができます。そこでこれを都道府県別に見てみましょう（図15-1）。この図では2010年のレベルで、低い順に左から並べてあります。これを見ると次のようなことが分かります。

　第1に、2010年の都道府県別の姿を見ますと、左の方に東京周辺、大阪、愛知といった都市部が来て、右の方には地方部が軒並み並んでいます。つまり現状においては、大都市圏の方が働く人の割合が相対的に高く、経済力という点で有利であり、地方部は、働く人の割合が低くて不利ということになります。これは、相対的に働く人の割合が高いから経済が成長しているとも言えますし、経済が成長しているから働く人が集まってくるのだとも言えます。おそらく両方が作用しているのでしょう。

　第2に、今後を展望しても、都道府県別の順番はそれほど変わりません。ということは、現状のままでは都市部と地方部との成長力の格差がそのまま維持されるということです。

図15-1　都道府県別に見た人口オーナス

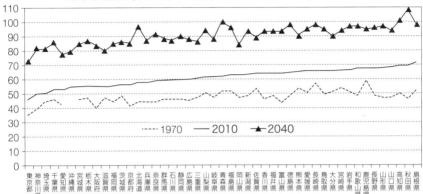

従属人口指数【（年少人口＋老年人口）／生産年齢人口】の都道府県別推移

（資料） 2010、2040年は国立社会保障・人口問題研究所の「日本の地域別将来推計人口（平成25年3月推計）」より。
　　　　1970年は、同所 WEB サイト掲載の「人口統計資料集」2013年版より。

　第3に、同じく将来を展望すると、全ての地域で従属人口指数が上昇します。つまり、全ての地域が人口構成の変化によるマイナスの作用を受けるのです。

　地域別の発展性の格差は、発展性の低い地方部から発展性の高い都市部への生産年齢人口の移動を引き起こします。すると、地方部の人口オーナスはますます加速します。つまり、人口オーナス度合いの差が発展性の格差を生み出し、その格差が人口移動を引き起こすことによって人口オーナスの地域差をさらに大きくし、それが発展性の格差をさらに拡大させるという悪循環が生じているのです。

地域問題は人口移動がポイント

　以上のように、これからは日本全体も、それぞれの地域も人口オーナス状況になっていくのですが、日本全体の人口オーナスを考えるのと地域の人口オーナスを考えるのとでは大きな違いがあります。それは、地域については人口移動があるということです。これによって、次の2つの差が現れます。

　第1は、予測の精度です。国の場合は、移民や海外移住がないとすると、出生率さえ決めれば、あとはかなり確実に将来の人口を予測できます。しかし地域の人口については移動を考えなければなりません。ところが人口移動は、経済情勢

によって大きく左右されますから簡単に予測できませんし、予測したとしても誤差がどうしても大きくなります。

それは経済情勢、産業構造の変化、地域政策の効果などによって変わるものなのであり、決して運命的なものだと思ってはいけないのです。

第2は、地域ごとの差が人口移動によってさらに大きくなることです。人はどうしても、不便な地域から便利な地域へ、雇用機会のない地域からある地域へと移動します。すると、便利な地域はますます便利になり、雇用機会はますます増えますから、人の移動が人の移動を加速させることになります。

これはまさに現在進行中のことです。近年の日本における人口移動を見ますと、地方部から都市部への人口集中が目立っています。こうした傾向が続くと、地方部では全国に輪をかけた人口減少が起きることになります。

こうした人口オーナスの悪循環を防ぐためには、実りのある地域活性化策を講じることによって地域の雇用機会を増やし、地方部からの人口流出を抑制していく必要があります。

2　地方創生の動き

最近の地方創生への取組の特徴

2014年以降、地方創生の動きが大きな盛り上がりを見せています。これまでも地域の再生を目指した取り組みはあったのですが、今回の地域創生には、いくつかの特徴がみられます。

第1は、地域問題への危機感がこれまでになく高まっていることです。そのきっかけになったのは、増田寛也氏が中心となってまとめた日本創成会議の「ストップ少子化・地方元気戦略」という報告でした。この報告では、独自の地域別将来人口推計に基づいて、若年女性人口が2040年に5割以上減少する市町村を「消滅可能性都市」だとし、その中で人口規模が1万人を切る523の市町村（全体の29.1％）は、さらに問題が深刻であるとして、これらの地域は「このままでは消滅の可能性が高い」という衝撃的な結論を示しました。

この**「消滅自治体論」**は、その自治体名が具体的に明らかになったこともあって、全国の自治体に大きなショックを与えました。名指しで消滅可能性を指摘さ

れた自治体では、早速「消滅しないためにはどうしたらいいか」という議論が始まりました。日本の地域の低迷状況を打破するには、まずは当事者である地域が「このままでは将来は大変なことになる」という危機感を持つ必要があります。その危機感は、これまでになく高まっていると言えるでしょう。

第2は、政府がかなり力を入れていることです。政府は「地方創生」を旗印に、地域の活性化を図ろうとしています。その一環として、2014年にまず国が日本全体の人口の将来展望を示す「長期ビジョン」と、それを踏まえた「総合戦略」を策定し、2015年度にはこの国のビジョンと戦略を勘案して全自治体が「地方版人口ビジョン」と「地方版総合戦略」を策定しました。全自治体が一斉に、人口の展望に基づいてそれぞれの地域の戦略を描くことになったわけです。これは、各地域の将来を自らが考え直す良い機会になったものと考えられます。

こうした地方創生の中で、もう少し議論を深めておいた方がいい点がいくつか浮かび上がってきています。以下ではその中から「東京一極集中是正という政策の方向をどう考えるか」「少子化と地方創生との関係をどう考えるか」「大都市でこれからどんな問題が起きそうか」という三つの問題を考えることにします。

一極集中か多層的集中か

「東京一極集中是正」という考えは、地方創生の重要な柱となっています。例えば、「まち・ひと・しごと推進本部」が決定した「地方創生推進の基本方針」（2014年9月12日）では、「50年後に1億人程度の人口を維持するため『人口減少・地方創生』という構造的な課題に正面から取り組むとともに、それぞれの『地域の特性』に即した課題解決を図ることを目指し、以下の3つを基本的視点とする。」とした上で、「若い世代の就労・結婚・子育ての希望の実現」「『東京一極集中』の歯止め」「地域の特性に即した地域課題の解決」という三つの基本的視点を挙げています。

東京一極集中是正が多くの人に受け入れられやすいのは十分理解できます。東京圏に住む人は、自分の選択で東京圏に居住しているわけですから特に不満はないでしょう。東京圏以外で、何とか自らの地域を活性化しようとしている人たちは、東京一極集中は要するに東京の一人勝ちだと考える傾向があります。東京の一人勝ちが是正されれば東京圏以外の地域の地位が上がるはずだと考えるのは自然だとも言えます。

図15-2　東京と地方中核都市の人口の伸び

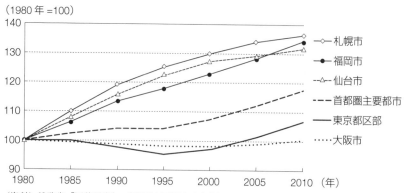

（資料）総務省『国勢調査』。首都圏主要都市は東京都区部，横浜市，川崎市，千葉市，さいたま市。現在の行政区域で遡及したデータ。
（出所）日本経済研究センター大都市研究会報告書（2015年7月）より。

　しかし、この東京一極集中という診断は正しいでしょうか。実際のデータを見ますと、人口が集中しているのは東京だけではなく、東京よりも集積が進んでいる地域もあります。図15-2は、地方中核都市と東京の人口の伸びを比較したものです。これを見ればわかるように、札幌、仙台、福岡など地方中核都市の人口増加率は、東京都区部や首都圏主要都市よりも高いのです。

　すなわち、全国では東京への集中が生じているのですが、各ブロック（北海道、東北、九州など）ではブロック中心都市（札幌、仙台、福岡など）への集中が進んでおり、「各府県では府・県域の中心（府・県庁所在地）へ」「各地域では中心都市へ」という具合に、各階層において集中が起きていると考えるべきではないでしょうか。「東京一極集中」というより「多層的集中」とでも呼ぶべき現象ではないかと思われます。

　つまり、全国に1つあればいいもの（例えば、企業の本社機能）は東京に、ブロックに1つあればいいもの（例えば、プロ野球の球団）はブロック中心都市に、県に1つあればいいもの（例えば、県立大学）は県庁所在地にという具合に、機能の階層ごとに地域集中が起きており、それが総合されて日本全体で多層的な集中が起きているのだと考えられます。

強まる集積のメリット

　ではなぜ各層において集中が起きているのでしょうか。これだけ広範に集中が起きているということは、集中することに大きなメリットがあるからだと考えるのが自然です。しかも、このところ多層的集中傾向が強まっていることを考えると、近年における経済社会の流れがその集中のメリットを強めていると考えるべきでしょう。集積のメリットを強めている経済社会の流れとしては、次の3点が考えられます。

　第1はサービス化です。サービス産業には規模の経済性が強く作用します。それはこういうことです。サービス産業の特徴は、サービスの購入者が生産者のところに行かなければならないということです（これは「生産と消費の同時性」と呼ばれています）。製造業であれば、九州で車を作って、それを全国の購入者に配達することができます。しかし、床屋で頭を刈って欲しい人（購入者）は、床屋さん（生産者）に行かなければなりません。

　すると、人口が多いほど多様なサービス産業が成立するようになります。国土交通省国土計画局がまとめた「新たな『国土のグランドデザイン』骨子参考資料」（2014年3月）に、都市の規模別に各種サービス施設が立地する確率を分析した資料があります。これによると、例えば、郵便局、理容業などは人口2,000人以下の小さな自治体でもほぼ100％立地しています。しかし、学習塾は人口4,500人規模以上でないと立地確率が50％に達しません。以下、立地確率が50％を超える人口規模を見ると、病院は9,500人、不動産賃貸業は12,500人、百貨店32,500人、フィットネスクラブ67,500人などとなっており、人口規模が10万人を超えると、ほとんどのサービス施設の立地確率が50％を上回ります。

　こうして人口規模が大きくなると、より多様なサービスを享受できるようになり、さらにそのサービス産業で働く人が集まってきますからさらに人口が増えるという人口増加のメカニズムが生まれるわけです。

　第2の流れは情報化です。我々の身の回りには、二種類の知識があります。一つは、文字や映像で知ることのできる**「形式知」**であり、もう一つは、フェイス・ツー・フェイスでしか知ることのできない**「暗黙知」**です。私たち経済学者の場合で言えば、原稿を書くときに集める統計情報は形式知であり、同じような問題意識を持っている人が集まって研究会を開くことによって得られる情報が暗

黙知です。

　さて、情報化が進むと、形式知の相対的な価値は低下します。インターネットの発達で、距離を無視して、簡単に無料で入手できるようになってきたからです。すると、逆に暗黙知の相対的な価値が上昇します。暗黙知は人と接しないと入手できませんから、暗黙知を求めて人は集まるようになります。産業構造が高付加価値化し、顧客との細かい擦り合わせを通じて初めて競争力のある製品・サービスが供給されるようになってきたこともこうした傾向をさらに強めている可能性があります。

　第3は、高齢化です。高齢者はどうしても移動が不自由ですから、中心部に集まったほうが買い物、通院などに好都合です。高齢化と共に「歩いて暮らせる町作り」を目指す地域も増えています。また、高齢者に限らず、地域全体の人口が減少していくと、行政的なコストという点でも集約した方がコストを抑えることができます。

　以上のように、経済主体が集積のメリットを追求した結果が多層的集中となって現われているのだとすれば、こうした集中を政策的に是正しようとすることは、都市の生産性、効率性を損ない、経済的にマイナス効果が大きいということになります。

少子化と地方創生の関係をどう考えるか

　このところ進められている地方創生の大きな柱が「東京一極集中の是正」であることは既に見ました。これまでも、東京一極集中を是正すべきだという議論は繰り返し現われてきました。そうした中で、最近の議論の特徴は、それが少子化対策と密接に関連付けられていることです。

　では、なぜ東京一極集中を是正することが少子化対策になるのでしょうか。この点について、例えば、「まち・ひと・しごと創生長期ビジョン」では次のように述べられています。「こうした人口移動は、厳しい住宅事情や子育て環境などから、地方に比べて低い出生率にとどまっている東京圏に若い世代が集中することによって、日本全体としての人口減少に結びついていると言える。」つまり、東京の出生率は全国で最も低い。その東京に人が集まってくるから、全国の出生率も低くなる。東京一極集中を是正すれば、より出生率の高いところに人口が移るわけですから、日本全体の出生率は高まるはずだという議論だと思われます。

図15-3　都道府県別に見た出生率、有配偶率、有配偶出生率

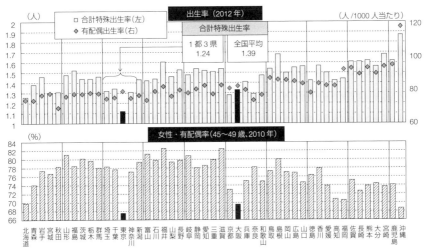

（資料）総務省『国勢調査』、厚生労働省『平成20〜24年人口動態 保健所・市町村別統計』
（出所）日本経済研究センター大都市研究会報告書（2015年7月）より。

　しかし、この議論は十分実証的に検証されたものだとは言えません。結婚市場と居住コストという観点を考慮すると、東京だけを取り上げて低出生率を議論するのは不適当だからです。以下の議論は、日本大学の中川雅之教授が、日本経済研究センター「老いる都市、『選べる老後』で備えを」第4章「東京は『日本の結婚』に貢献」（2015年7月）で詳しく述べていることなのですが、筆者なりに要約すると次のようなことになります。

　まず、出生率を都道府県別に比較すると、「東京の出生率が低い」ということは事実です（図15-3）。さて、出生率が低い理由としては二つが考えられます。一つは、女性の有配偶率が低い（つまり未婚率が高い）ことであり、もう一つは有配偶出生率が低い（つまり結婚した後産む子供の数が少ない）ことです。

　では東京の低出生率の原因はどちらなのでしょうか。再び図15-3を見ると、東京の場合、有配偶出生率は全国並みなのですが、有配偶率が極端に低いことが分かります。つまり、未婚女性が多いことが東京の出生率が低い原因なのです。

　ではなぜ東京の未婚率は高いのでしょう。この点については、前述論文で中川教授は、結婚に関する地域選択モデルを提示しています。このモデルによると、

人々はまず東京で結婚相手を探します。東京は多くの人が集まり、強いマッチング機能を果たす場所だからです。次に、こうして結婚相手が見つかると、次にどこに居住するかを選択するのですが、ここで郊外が選択されます。東京は居住・生活コストが高いからです。すると、結果的に東京に未婚者が集中し、郊外に結婚カップルが集中することになるのです。

このモデルは現実にもほぼ当てはまることが確かめられています。具体的なデータは参考文献に示した報告書を見ていただくとして、「女性の婚姻率を年齢別に見ると、東京都は20代以降未婚率が高い状態が続くが、東京周辺部では30代以降婚姻率は全国平均より高い」「東京の人口当たり結婚件数は全国で最も多い」ということが示されるのです。これは、東京でマッチングに成功したカップルが郊外に移住していることを示しているものと考えられます。

なお、東京だけでなく、日本全体としても、少子化が進展している原因は、有配偶出生率の低下ではなく、有配偶率の低下です。すると、「いかに結婚を増やすか」が少子化対策の鍵を握ることになります。その点で、東京は効率的マッチング機能を発揮して、その結果生まれたカップルを周辺地域に供給していることになります。すると、東京は少子化の原因ではなく、少子化に歯止めをかける役割を果たしているとさえ言えることになるのです。

老いる都市の課題

地域を都市部と地方部に分けると、どうしても都市部は人口も集まり、就学・就労の機会も多いのに対して、地方部では人口が減り、経済基盤も弱いという考えを持ちやすくなります。したがって、政策的な対象としてはどうしても地方部を活性化するという面に注意が向きがちになります。しかし、大都市にも大きな課題があります。

国立社会保障・人口問題研究所の地域別人口推計（2013年3月）によりますと、人口に占める高齢者の比率は、2040年まで全ての都道府県で上昇します。つまり、「率でみた高齢化」は全ての地域で続くということです。

これに対して、「数」で高齢化の姿を見ると、イメージが変わってきます。同じ人口推計によりますと、高齢者の数は2020年まではすべての都道府県で増加するのですが、その後は減少に転ずる県が現われはじめます。65歳以上の人口が減少する道府県の数は、2020〜25年の間では14ですが、25〜30年の間では32となり

図15-4 地域別に見た後期高齢者数の見通し

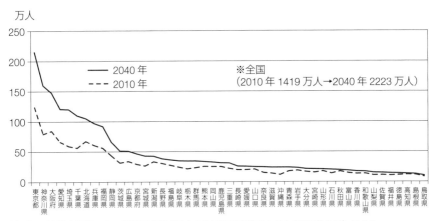

(出所) 国立社会保障・人口問題研究所「日本の地域別将来推計人口」(2013年3月) による。

ます。

　一方、大都市圏では高齢者の数が急増します。埼玉県、千葉県、東京都、神奈川県、愛知県、滋賀県では、2010年から40年の間に高齢者数が40%以上も増加します。大都市圏は、高齢者の数が多く、その伸び率も高い地域となるのです。

　「2025年問題」という言葉があります。これは、2025年には団塊の世代が後期高齢者入りすることから生ずる数々の問題を指すものです。この2025年問題は大都市圏において集中的に現われることになりそうです。図15-4は、75歳以上の後期高齢者数が2010年から2040年の間にどの程度変化するかを地域別に見たものです。これを見れば、後期高齢者の増加はもっぱら大都市圏であることが分かるでしょう。

　後期高齢者の増加は膨大な介護需要を生じさせるはずです。日本経済研究センターでは、地域別に要介護者の推計を行っているのですが、2040年の要介護者は、東京都単独でも90万人、東京、千葉、神奈川、埼玉を合わせると245万人となります（2010年の111万人に比べて2倍以上です）。東京都の全国総数に占めるシェアは9.6%、これに千葉、神奈川、埼玉を合わせると26%となります。要介護者の4分の1は、首都圏に集中するということです。

　この計算からも分かるように、このまま推移すれば大都市圏で要介護者は飛躍的に増大します。その数はあまりに大きいので、従来型の対応をそのまま延長し

て処理することは不可能でしょう。現在でも、特別養護老人ホームの入所待機者は29万人に達しています（2019年4月）。大都市においては施設の建設コストが高いこと、今後、単身高齢者が増え、家族による介護が難しくなる中で、高齢者施設へのニーズはさらに高まることを考えれば、従来型の対応はほぼ絶望的に見えます。

これに対して、政策的に画一的な対応をするのは不可能ですから、高齢者自身が多様な選択肢を持ち、自らの選択で介護需要への対応の道を選べるようにしておくことが必要となります。高齢者が地方部に移住することも有力な対応策です。政府もこれを奨励しようとしており、「まち・ひと・しごと創生総合戦略」（2014年12月）で、「健康時から地方に移住し、安心して老後をすごすための『**日本版CCRC**』の導入に向け所要の措置を講じていく」としています（CCRCはContinuing Care Retirement Communityの略で、高齢者が移り住み、健康時から介護・医療が必要となる時期まで継続的なケアや生活支援サービス等を受けながら生涯学習や社会活動等に参加するような共同体を指します）。

前述のように、高齢者の数は大都市圏で増加し、地方部ではむしろ減少する地域が増えてくるわけですから、高齢者自身の地方への移住を促進することは、大都市圏の介護需要増加の圧力を緩和するための有力な手段になるでしょう。

地方創生の流れの中で、大都市にも注目し、その利点を伸ばしながら、問題点に先行的に対処していくことが必要です。

3　地域政策の基本方向を考える

実りのある地域活性化策を講じていくためには、地域政策のあり方を時代に合ったものに革新していく必要があります。ではどう変えるべきなのでしょうか。

これからの地域政策の基本方向

地方再生への取り組みはこれまでの何度か盛り上がりを示したことがあります。例えば、1972年に総理となった田中角栄が同年に著した『日本列島改造論』は、大ベストセラーとなり、いわゆる「列島改造ブーム」が起きました。88〜89年には竹下内閣の下で「ふるさと創生事業」が行われ、各市町村に1億円が交付されて話題になりました。

　全国総合開発計画の策定も、そのたびに話題になりました。日本では戦後5回の全国総合開発計画が策定されています。例えば、1962年に策定された第1回の「全国総合開発計画」は、高度成長の中で「拠点開発構想」を掲げ、工業分散を図ることにより地域間の均衡ある発展を目指しました。また、87年に策定された「第四次全国総合開発計画（四全総）」は、「交流ネットワーク構想」を掲げ、多極分散型の国土形成を図るとしました。

　しかし、こうした何回もの取り組みにもかかわらず、必ずしも地方の再生は結実していません。地域からの人口流出は止まらず、地域間格差も縮小の動きは見られません。その理由は多岐にわたりますが、地域政策が時代の流れに適合しなくなっていることも大きな理由であるように思われます。それは次のような点です。

　第1は、「誰が地域の活性化を担うのか」という点です。従来型の地域づくりでは、国が地域政策の主役でした。前述のように、国土作りについての基本的な方針は国が策定する「全国総合開発計画」によって示され、それに基づいて国の施策が次々に立案されていきました。

　こうした国主導型の地域政策は、キャッチ・アップ段階でこそ有効だったと言えるでしょう。キャッチ・アップの下では、目指すべき目標、そのための産業構造の姿などが比較的明確でしたから、中央政府が目標を示して、手厚い誘導措置を講じ、地方がそれに従って施策を実施していくという手法が効率的だったのです。しかし、キャッチ・アップが終わり、日本が世界のフロントランナーになると、政府が特定の産業をピックアップして、誘致したり、振興することは難しくなります。

　また、キャッチ・アップ型は、全国一律のサービスを行き渡らせるには適当ですが、ある程度のサービスが行き渡るとうまく機能しなくなります。ある水準以上の地域サービスをどの程度提供するかは、それぞれの地方によってニーズが異なり、地方政府と住民の意思によって選択される方が効率的になってくるからです。

　財政制約の強まりも重要です。キャッチ・アップ過程で成長率も高かった時は、成長の成果を財政を通じて地方に再分配するという政策が可能であり、有効でした。しかし、90年代以降、経済が停滞する中で、財政赤字が巨額なものとなりました。すると、国から地方に流れる補助金や社会資本整備などの財政措置も絞り

込まざるを得なくなります。必然的に国に頼ることは出来なくなるのです。

　また、キャッチ・アップ段階ではまず供給サイドの充実が求められるため、企業を誘致するという手段が中心になりがちです。しかし、ポスト・キャッチアップの時代になると、生活面の充実、市民の参画が求められるようになり、企業だけでなく、NPO、市民などを含めた多様な主体が関係するようになります。

　これからは、地方が開発の主役になり、地方政府、企業、大学、NPO、市民が多様に参画していくべきでしょう。

　第2は、「どんな方向を目指すのか」ということです。かつては、「集中」を抑え「分散」を促進するというコンセプトが維持されてきました。具体的には、①発展産業の基点となる地域を全国に分散的に展開しようとする施策（新産・工特都市、テクノポリス、拠点都市などの整備）、②既存の大都市への集中にペナルティを課し、周辺地域への移転を助成しようとする施策（工場等制限法など）、③立ち遅れた地域に様々な優遇措置を講じようとする施策（離島、半島、過疎地域などのいわゆるハンディキャップ地域の振興）、④東京の首都機能を他の都市に移そうとする首都機能移転構想などがそれです。

　しかし、こうした「集中を抑制し分散を推進する」という考え方もまた時代に合わなくなってきました。これからはむしろ「集中化」「コンパクト化」が志向されるべきです。既に述べたように、経済の流れがむしろ集積のメリットを強めるように作用しているからです。

　第3は、「どんな地域を対象にするか」という点です。地域政策はもともと「伸ばすべき地域を伸ばす」政策と「取り残された地域を救う」という政策に二分されます。問題はどちらに重点を置くかですが、かつての政策の中心は「遅れた地域をいかに救うか」ということでした。過疎地域、離島地域、中山間地域などを対象に特別立法措置が取られ、財政的な支援が行われてきました。

　しかし、90年代以降、成長率の底上げが求められるようになると、地域においても、地域の成長力をいかに最大限に発揮するかが問われるようになってきました。もちろん、後進地域への配慮は必要ですが、これからは「本当に必要な地域を選択的に助ける」ことが求められるでしょう。さらに進んで、人口減少下で、過疎化の進んだ集落が増加してくると、大きなコストをかけて集落を維持するよりも、残された人々を移動させるという政策の方が効率的になっていく可能性があります。

表15-1　地域づくりの新たな方向

	従来型	今後は？
主体	国主導型	地方主導型（企業、住民、NPOなど）
目標	分散を志向して国土の均衡ある発展を目指す	選択的集中も必要（クラスター、コンパクトシティなど）
手法	公共投資、ハード中心	知識、ソーシャル・キャピタルなどのソフト資源中心
対象地域	後進地域	伸びる地域を伸ばす一方で、取り残された地域に集中対応

（出所）筆者作成。

　これからは、「伸びる地域をできるだけ伸ばし、立ち遅れた地域は対象を絞って集中的に助成する」という方向に進むべきでしょう。

　第4は、どんな手段を使うかです。かつては、公共投資の拡大を中心としたハード路線が中心でした。前述のように、公共投資は相対的に所得水準の低い地域に重点的に投入され、地域間所得再配分の機能を果たしてきました。

　しかし、この方式もまた限界に達しています。まず何よりも財源の制約があります。財政再建下で、公共投資を増やす余裕はなくなってきたのです。また、長年にわたって公共投資を増やしてきたので、かなり社会資本整備が行き渡ってしまい、むしろ「無駄だ」と非難されるような分野にまで投資が行われるようになってきました。また何よりも、公共投資中心の地域活性化は、投資が続いている間は経済水準を高めるのですが、投資がなくなるとたちまち経済が立ち行かなくなるという面が強く、自律的でサステナブルな発展は望めないということも分かってきました。

　近年では、ハード面よりも、歴史的な伝統や人間同士の信頼関係などの「**ソーシャル・キャピタル**」をベースとして地域を成長させていくという考え方や、大学、研究拠点、起業環境などの知的資源を組み合わせることによって地域の成長力を高めていくという発想が強まりつつあります。これからは、ソフトな社会的、知的資源を重視した地域政策手段が有効になるでしょう。

　以上のような考えをまとめたのが**表15-1**です。こうした変化の方向を先取りした地域が今後成功体験を積んでいくことにより、新しい時代の地域政策が形成されていくことが期待されます。

逆流する地域づくりの基本方向

　以上４つの点は、これからの地域政策が向かうべき方向について考えてみたものですが、このところ進められている地方創生の流れの中で、再び流れが逆流しつつあるように思われます。

　第１に、主体としては再び国が中心になりつつあるように見えます。2015年度中には全自治体が「地方人口ビジョン」と「地方版総合戦略」を策定していますので、その内容を見ますと、例えば、人口ビジョンについては、ほとんどの自治体が、2030年ころまでに合計特殊出生率を1.8程度に、2040年ころまでに2.07にするとしています。これは「人口１億人達成のためには、2030年までに出生率1.8、40年までに置き換え水準（2.07）にする」という国のビジョンをなぞっているだけのようです。

　第２に、最近の地域政策は再び分散志向になりつつあります。政府を挙げて推進されているし地方創生の大きなテーマは「東京一極集中の是正」であることは既に紹介しました。

　第３に、やはり現時点で盛んに進められている地方創生は、どちらかと言えば立ち遅れ気味の地方部の活性化に焦点が置かれています。しかし、都市部に人口が集まるということは、それだけ生産性が高く、魅力があるという証拠でもあります。地方部を活性化することはもちろん必要ですが、同時にこれまで成長してきた都市部の経済力をさらに最大限に発揮させるようにしていくことも重要だと思います。

　また、特に2025年以降を考えると、現在人口が集中している都市部で後期高齢者が激増し、これが大きな問題となりそうなことはすでに述べました。都市部の将来の問題点についても真剣に考えていく必要がありそうです。

　第４に、安倍政権になってから、公共投資に大きな期待が寄せられる傾向があります。そもそも当初掲げられたアベノミクス三本の矢のうちの第２の矢は公共投資の増加だったのですし、自民党内では「国土強靭化」の考え方が根強く人気を得ています。これは、東日本大震災などを受けて、安全な国土を築こうというもので、その趣旨は誰も反対しないのですが、問題はその流れに乗って、各地で公共投資を増やそうという動きが出ていることです。残念ながら、公共投資による地域活性化は、短期的な効果しかなく、公共事業が終わった後は逆に地域経済

の停滞を生むことになってしまいます。

　こうした逆流をストップさせ、新たな時代にふさわしい地域政策の枠組みを作っていって欲しいものです。

参考文献

　地域経済についての白書的なものとしては、

内閣府「地域の経済」各年版

があります。

　近年の地方創生のきっかけになった自治体消滅論については、

日本創成会議（2014）「人口減少問題検討分科会　提言　ストップ少子化・地方元気戦略」

増田寛也編著（2014）『地方消滅』（中公新書）

を参照してください。

　こうした政府の地方創生の動きを批判的な面も交えて議論したものとしては、

小峰隆夫（2015）『日本経済に明日はあるのか』（日本評論社）

日本経済研究センター大都市研究会報告（2015）「老いる都市、『選べる老後』で備えを」（ネット上で読めます）

を参照してください。

　また、都市問題を中心に、地域問題を経済学的視点で論じたものとして

山崎福寿（2014）『日本の都市の何が問題か』（NTT 出版）

があります。

▶▶課題

１．2015年度には、全自治体の「人口ビジョン」「地方版成長戦略」が明らかになっています。各地域の戦略を自分の目で見て、分析してみてください。

２．「暗黙知」と「形式知」の具体的な例を考えて、応用してみてください。

３．地域おこし策には多様なものがあります。身近なテーマでもありますから、特定の地域を取り上げて、その地域を元気にする方策を考えてみてください。

おわりに

　本書の第 1 版は、1995年 4 月から96年 3 月まで、12回にわたって『経済セミナー』誌に連載した「図表で読む日本経済」を加筆し、最新のデータを補充してまとめ直したものです。その後、2003年に第 2 版、2008年に第 3 版を出した後、2012年の第 4 版からは共著者として村田啓子さんに参加していただきました。2016年の第 5 版に、今回再び新しいデータを加えて、全面的に書き直したのがこの第 6 版です。

　以下は、これまでの版で私（小峰）が使ってきた「おわりに」をほぼそのまま再録させていただきます。

　私は本書を、日本経済についての標準的な解説を提供しようという意図で書き始めました。ところがいざ書き始めてみると、この「標準的な解説」というのが結構難しいということが分かってきました。常識的な議論でも、いざ自分の文章で説明してみると「本当かしら」という疑いが出始め、良く吟味してみると「間違いではないか」と思うようになる、というものが次々に出てきたからです。そこで私としてもいろいろ考え、結局「一般に受け入れられるような標準的な解説」を提供することは諦め、「私が正しいと考える」解説を提供することにしました。

　こうした執筆を続ける中で、私はしきりに「経済的な真実とは何か」ということを考えたものです。

　まず、「一般に信じられている説、ベストセラーの経済書に述べられている説」が正しい説であるとは限りません。経済的真実は民主主義のように多数決で決まるものではないからです。

　また「明快な分かりやすい説明」が真実であり、「あいまいな分かりにくい説明」が誤りだとも限りません。明快な議論の中には、良く分からない部分も分かったように振る舞っているだけの場合があるからです。「正しい結論を分かりやすく説明する」ことは大変重要なことです。しかし「間違った結論が分かりやすく説明される」場合もありますから注意が必要です。

さらに、ジャーナリズムに人気のある「リベラルで革新的な議論」が正しく、「現状肯定的で保守的な議論」が誤りだとも限りません。ハンサムな人が立派な人だとは限らないように、経済的議論の是非は見栄えで判断すべきものではないからです。

　結局のところ「何が経済的真実か」ということは、健全な理論と客観的なデータに基づいて、「何が経済的真実か」ということのみを唯一の判断基準として、私たち自身が考えていかなければならないのです。

―完―

索　引

著者紹介

小峰隆夫（こみね・たかお）

1947年　埼玉県生まれ

1969年　東京大学経済学部卒業

同　年　経済企画庁入庁

　　　　調査局内国調査第一課長、経済企画庁経済研究所長、物価局長、調査局長、
　　　　国土交通省国土計画局長などを経て

2003年より法政大学に移り、2008年4月から同大学院政策創造研究科教授

2017年3月定年退職。同年4月より大正大学地域創生学部教授。2020年4月より同大
学地域構想研究所教授。日本経済研究センター研究顧問

主要著書：『日本経済　適応力の探求』（東洋経済新報社、1980年）

　　　　　『石油と日本経済』（東洋経済新報社、1982年）

　　　　　『経済摩擦　国際化と日本の選択』（日本経済新聞社、1986年）

　　　　　『株価・地価変動と日本経済』（東洋経済新報社、1989年）

　　　　　『日本経済の構造転換』（講談社現代新書、1989年）

　　　　　『日本経済・景気予測入門』（東洋経済新報社、1992年）

　　　　　『経済データの読み方（第2版）』（日本評論社、1995年）

　　　　　『日本経済の新局面』（中央公論新社、2006年）

　　　　　『日本経済の構造変動』（岩波書店、2006年）

　　　　　『超長期予測　老いるアジア』（共編、日本経済新聞出版社、2007年）

　　　　　『女性が変える日本経済』（共編、日本経済新聞出版社、2008年）

　　　　　『データで斬る世界不況　エコノミストが挑む30問』（編著、日経BP出版、
　　　　　　2009年）

　　　　　『政権交代の経済学』（編著、日経BP社、2010年）

　　　　　『人口負荷社会』（日本経済新聞出版社、2010年）

　　　　　『貿易の知識（第3版）』（共著、日経文庫、2012年）

　　　　　『日本経済論の罪と罰』（日本経済新聞出版社、2013年）

　　　　　『日本経済に明日はあるのか』（日本評論社、2015年）

　　　　　『日本経済論講義：ビジネスパーソンの「たしなみ」としての』（日経BP社、
　　　　　　2017年）

　　　　　『ビジュアル　日本経済の基本（第5版）』（編著、日本経済新聞出版社、
　　　　　　2018年）

　　　　　『平成の経済』（日本経済新聞出版社、2019年）ほか。

村田啓子（むらた・けいこ）

1962年　生まれ

1986年　東京大学経済学部卒業

同　年　経済企画庁入庁

　　　　国民生活局国民生活調査課課長補佐、OECD 経済局エコノミスト、調査局
　　　　内国調査第一課総括補佐、内閣府参事官補佐（経済財政分析担当）、日本銀
　　　　行金融研究所シニアエコノミスト、内閣府参事官（経済財政分析・海外担
　　　　当）、首都大学東京教授、内閣府経済社会総合研究所上席主任研究官などを
　　　　経て、

2011年10月から首都大学東京大学院社会科学研究科教授。現在、首都大学東京大学院
　　　　経営学研究科教授。2020年 4 月より東京都立大学大学院経営学研究科教授

　　　　1999年 オックスフォード大学博士（D. Phil in Economics）

　　　　2014年 Kendrick Prize Award 受賞（IARIW 共著論文）

主要著書：『データで斬る世界不況　エコノミストが挑む30問』（共著、日経 BP 出版、
　　　　2009年）

　　　　『ビジュアル　日本経済の基本（第 5 版）』（共著、日本経済新聞出版社、
　　　　2018年）

　　　　『貿易の知識（第 3 版）』（共著、日経文庫、2012年）

　　　　『日本経済読本　（第21版）』（共著、東洋経済新報社、2019年）

　　　　『日本経済のマクロ分析：低温経済のパズルを解く』（共著、日本経済新聞出
　　　　版社、2019年）

著者

小峰隆夫（こみね・たかお）
　　大正大学地域創生学部教授

村田啓子（むらた・けいこ）
　　首都大学東京大学院経営学研究科教授

最新｜日本経済 入門 ［第6版］

1997年 9 月30日　第 1 版第 1 刷発行
2003年 7 月20日　第 2 版第 1 刷発行
2008年 4 月20日　第 3 版第 1 刷発行
2012年 4 月10日　第 4 版第 1 刷発行
2016年 3 月25日　第 5 版第 1 刷発行
2020年 3 月20日　第 6 版第 1 刷発行

著　者――小峰隆夫・村田啓子
発行所――株式会社日本評論社
　　　　　〒170-8474　東京都豊島区南大塚3-12-4　電話　03-3987-8621（販売）、8595（編集）
　　　　　振替　00100-3-16
印　刷――精文堂印刷株式会社
製　本――株式会社難波製本
装　幀――林　健造
検印省略　© T. Komine, K. Murata, 2012, 2016, 2020
Printed in Japan
ISBN978-4-535-55902-8